# 民國文化與文學研究文叢

## 六 編

李 怡 主編

## 第 24 冊

## 論「輕型知識分子」
### ——以張愛玲爲中心

王 婉 如 著

國家圖書館出版品預行編目資料

論「輕型知識分子」——以張愛玲為中心／王婉如 著 -- 初版
-- 新北市：花木蘭文化出版社，2016〔民 105〕
目 2+208 面；19×26 公分
（民國文化與文學研究文叢 六編：第 24 冊）
ISBN 978-986-404-698-0（精裝）
1. 張愛玲 2. 中國文學 3. 文學評論
541.26208                                      105012799

ISBN-978-986-404-698-0

9 789864 046980

民國文化與文學研究文叢
六　編　第二四冊　　　　　ISBN：978-986-404-698-0

## 論「輕型知識分子」
### ——以張愛玲為中心

作　　者　王婉如
主　　編　李　怡
企　　劃　四川大學現代中國文化與文學研究中心
　　　　　北京師範大學民國歷史文化與文學研究中心
總 編 輯　杜潔祥
副總編輯　楊嘉樂
編　　輯　許郁翎、王　筑　美術編輯　陳逸婷
出　　版　花木蘭文化出版社
社　　長　高小娟
聯絡地址　235 新北市中和區中安街七二號十三樓
　　　　　電話：02-2923-1455 ／傳真：02-2923-1452
網　　址　http://www.huamulan.tw 信箱 hml 810518@gmail.com
印　　刷　普羅文化出版廣告事業
初　　版　2016 年 9 月
全書字數　187299 字
定　　價　六編 24 冊（精裝）新台幣 44,000 元　　版權所有‧請勿翻印

# 論「輕型知識分子」
## ——以張愛玲爲中心

王婉如　著

## 作者簡介

王婉如，女，1986 年 8 月生於臺北市（臺灣）。先後畢業於國立臺北教育大學語文教育學系、北京大學中國語言文學系中國現當代文學專業。研究方向從學士到博士均爲現代文學，2008 年獲文學學士學位、2011 年獲文學碩士學位、2015 年獲文學博士學位。現爲四川大學文學與新聞學院講師。曾在《現代中國文化與文學》、《民國文學與文化研究》等多種刊物發表論文，並有散文見於報章雜誌，部分散文獲中國經濟出版社，中國人民出版社收錄出版。2015 年 12 月獲四川大學人文社科課題啓動基金、2016 年 2 月獲大陸中央高校基本科研業務費研究專項青年教師項目課題基金。

## 提　　要

　　近年來兩岸三地張愛玲研究方興未艾，多數集中探討其小說、散文中流露出的原生家庭、性格、婚戀以及特殊地域環境所形成的特色。並對張愛玲文章中所使用的華麗與蒼涼的筆法給予高度的評價。從 1984 年柯靈《遙寄張愛玲》開始，張愛玲及相關論述的論文數量呈現直線上陸，可以說是在解析的過程中逐漸深入地理解了一個曾經在歷史研究上出現空白的作家。從內在而言，文學作品是一個作家主體的生命體驗，是與外在環境融會昇華的產物。透過對文學現場的追蹤、考證，可以還原作者在怎樣的時空條件和生活氛圍下進行寫作，以及可能遇到的壓力與限制。從外部而言，在這些研究的過程中能夠從張愛玲間斷零散的政治表述輪廓中，進一步看出她的政治思想全貌。借由這種方式可避免因政治立場褒貶其個別作品，以更爲公正客觀的方式審視張愛玲。當張愛玲以「輕型知識分子」的面貌映入讀者眼簾時，能以一種新的角度對其進行深入研究，也能檢視從 80 年代起這股「張愛玲熱」背後所蘊含的國家、民族情感意義。

　　本文擬從張愛玲研究的熱與冷現象開始，探討張愛玲在歷史上從被人注視到遺忘及再進入的問題，即其自身是否秉持前後一致的政治理念，以及其研究者是出於何種心境對張愛玲展開研究以及追捧。爲了清楚解答這些問題，筆者將討論向前延伸到抗戰後知識分子的分化，以當時知識分子的處境對比當代的研究者。探討出現今「張愛玲熱」其實形成了一種「兩難」的局面，即推崇張愛玲的研究者一方面具有知識分子的政治責任意識；另一方面這些知識分子也希望能爲自己的靈魂找到了休憩的場所，由此產生了「內在矛盾」。本文將著重在張愛玲晚期作品上，分析這類作品遠離家、國、民族概念的創作能折射出張愛玲在離開這些條件之下所面臨的問題——張愛玲的「輕」在其中是否仍包含著「重」，同時這些「重」是否得到進一步的成長，還是在創作及時間推移的過程中，因場域的改變等外在原因，造成寫作的枯竭。本文嘗試以張愛玲作爲一個典型，表述出在時代的特殊性下，時代究竟給了張愛玲什麼？而張愛玲又給了時代什麼？最終以張愛玲在整個文學坐標系中所處的位置，分析喜歡張愛玲、研究張愛玲的人是什麼樣的人，透過作家、評論者在與張愛玲對話中所流露出的意識形態，完整勾勒出「輕型知識分子」與民族國家的關係，找出張愛玲這類人的「代表性」。

受到四川大學中央高校基本科研業務費研究專項項目
（skq201617）資助。
英文：funded by Sichuan University (skq201617)

# 作爲方法的「民國」
## ——第六輯引言

李　怡

　　「作爲方法」的命題首先來自日本著名漢學家竹內好，從竹內好 1961 年「作爲方法的亞洲」到溝口雄三 1989 年「作爲方法的中國」，其中展示的當然不僅僅是有關學術「方法」的技術性問題，重要的是學術思想的主體性追求。日本學人通過中國這樣一個「他者」的參照進行自我的反省和批判，實現從「西方」話語突圍，重新確立自己的主體性，這對同樣深陷「西方」話語圍困的中國學界而言也無疑具有特殊的刺激和啓發。1990 年代中期以後，中國（華人）學人如孫歌、李多木、汪暉、陳光興、葛兆光等陸續介紹和評述了他們的學說，〔註1〕特別是最近 10 年的中國思想文化與文學批評界，可以說出現了一股竹內——溝口的「作爲方法」熱，「作爲方法的日本」、「作爲方法的竹內好」、「亞洲」作爲方法，〔註2〕以及「作爲方法的 80 年代」等等

〔註 1〕　如 Kuang-ming Wu and Chun-chieh Huang （吳光明、黃俊傑）:〈關於《方法としての中國》的英文書評〉(《清華學報》新 20 卷第 2 期，1990 年)，溝口雄三、汪暉:〈沒有中國的中國學〉(《讀書》第 4 期，1994 年)，孫歌:〈作爲方法的日本〉(《讀書》第 3 期，1995 年)，李長莉:〈溝口雄三的中國思想史研究〉(《國外社會科學》第 1 期，1998 年)，葛兆光:〈重評九十年代日本中國學的新觀念——讀溝口雄三《方法としての中國》〉(《二十一世紀》12 月號，2002 年)，吳震:〈十六世紀中國儒學思想的近代意涵——以日本學者島田虔次、溝口雄三的相關討論爲中心〉(《東亞文明研究學刊》第 1 卷第 2 期，2004 年) 等。

〔註 2〕　刊發於《臺灣社會研究季刊》12 月號，總第 56 期，2004 年。2005 年 6 月，陳光興參加了在華東師範大學舉行的「全球化與東亞現代性——中國現代文學的視角」暑期高級研討班，將論文〈「亞洲」作爲方法〉提交會議，引起了與會者的濃厚興趣。

在我們學術話語中流行開來，體現了一種難能可貴的自我反思、重建學術主體性的努力。竹內好借鏡中國的重要對象是文學家魯迅，近年來，對這一反思投入最多的也是從事中國現當代文學研究的學者，因此，對這一反思本身做出反思，進而探索眞正作爲中國現代文學的「方法」的可能，便顯得必不可少。

在「亞洲」、「中國」先後成爲確立中國學術主體性的話語選擇之後，我覺得，更能夠反映中國現代文學立場和問題意識的話語是「民國」。作爲方法的民國，具體貼切地揭示了中國現代文學的生存發展語境，較之於抽象的「亞洲」或者籠統的「中國」，更能體現我們返回中國文學歷史情境，探尋學術主體性的努力。

一

日本戰敗，促成了一批日本知識分子的自我反省，竹內好（1908～1977）就是其中之一。在他看來，「脫亞入歐」的日本「什麼也不是」，反倒是曾經不斷失敗的中國在抵抗中產生了非西方的、超越近代的「東洋」。通常我們是說魯迅等現代中國知識分子從「東洋」日本發現了現代文明的啓示，竹內好卻反過來從中國這個「東洋」發現了一條區別於西歐現代化的獨特之路：借助日本所沒有的社會革命完成了自我更新，如果說日本文化是「轉向型」的，那麼中國文化則可以被稱作是「迴心型」，而魯迅的姿態和精神氣質就是這一「迴心型」的極具創造價值的體現。「他不退讓，也不追從。首先讓自己和新時代對陣，以『掙扎』來滌蕩自己，滌蕩之後，再把自己從裏邊拉將出來。這種態度，給人留下一個強韌的生活者的印象。像魯迅那樣強韌的生活者，在日本恐怕是找不到的。」「在他身上沒有思想進步這種東西。他當初是作爲進化論宇宙觀的信奉者登場的，後來卻告白頓悟到了進化論的謬誤；他晚年反悔早期作品中的虛無傾向。這些都被人解釋爲魯迅的思想進步。但相對於他頑強地恪守自我來說，思想進步實在僅僅是第二義的。」〔註3〕就此，他認爲自己發現了與西方視角相區別的「作爲方法的亞洲」，這裡的「亞洲」主要指中國。溝口雄三（1932～2010）是當代中國思想史學家，他並不同意竹內好將日本的近代描述爲「什麼也不是」，試圖在一種更加平等而平和的文化觀

---

〔註3〕 （日）竹內好：《近代的超克》，11、12頁，李冬木、趙京華、孫歌譯，三聯書店，2005年。

念中讀解中國近代的獨特性：「事實上，中國的近代既沒有超越歐洲，也沒有落後於歐洲，中國的近代從一開始走的就是一條和歐洲、日本不同的獨自的歷史道路，一直到今天。」〔註4〕作爲方法的中國，意味著對「中國學」現狀的深入的反省，這就是要根本改變那種「沒有中國的中國學」，「把世界作爲方法來研究中國，這是試圖向世界主張中國的地位所帶來的必然結果……這樣的『世界』歸根結底就是歐洲」。「以中國爲方法的世界，就是把中國作爲構成要素之一，把歐洲也作爲構成要素之一的多元的世界」。〔註5〕

海外漢學（中國學）長期生存於強勢的歐美文明的邊緣地帶，因而難以改變作爲歐美文化思想附庸的地位，這一局面在海外華人的中國研究中更加明顯。而日本知識分子的反省卻將近現代中國作爲了反觀自身的「他者」，第一次將中國問題與自我的重建、主體性的尋找緊密聯繫，強調一種與歐美文明相平等的文化意識，這無疑是「中國學」研究的重要破局，具有重要的學術啓示意義，同時，對中國自己的學術研究也產生了極大的衝擊效應。

在逐步走出傳統的感悟式文學批評，建立現代知識的理性框架的過程中，中國的學術研究顯然從西方獲益甚多，當然也受制甚多，甚至被後者裹挾了我們的基本思維與立場，於是質疑之聲繼之而起，對所謂「中國化」和保留「傳統」的訴求一直連綿不絕，至最近 20 餘年，更在國內清算「西化」的主流意識形態及西方後現代主義、西方馬克思主義的自我批判的雙重鼓勵下，進一步明確提出了諸如中國立場、中國問題、中國話語等系統性的要求。來自日本學者的這一類概括──在中國發現「亞洲」近代化的獨特性，回歸中國自己的方法──顯然對我們當下的學術訴求有明晰準確的描繪，予我們的「中國道路」莫大的鼓勵，我們難以確定這樣的判斷究竟會對海外的「中國學」研究產生多大的改變，但是它對中國學術界本身的啓示和作用卻早已經一目了然。

我高度評價中國學界「回歸中國」的努力與亞洲──中國「作爲方法」的啓示意義。但是，與此同時，我也想提醒大家注意一個重要的現實，所謂的「作爲方法」如果不經過嚴格的勘定和區分，其實並不容易明瞭其中的含義，而無論是「亞洲」還是「中國」，作爲一個區域的指稱原本也有不少的遊

〔註4〕 （日）溝口雄三：《作爲方法的中國》，12 頁，孫軍悅譯，三聯書店，2011 年。
〔註5〕 （日）溝口雄三：《作爲方法的中國》，130、131 頁，孫軍悅譯，三聯書店，2011 年。

移性與隨意性。比如竹內好將「亞洲」簡化為「中國」，將「東洋」轉稱為「中國」，臺灣學人陳光興也在這樣的「亞洲」論述中加入了印度與臺灣地區，這都與論述人自己的關注、興趣和理解相互聯繫，換句話說，僅僅有「作為方法」的「亞洲」概念與「中國」概念遠遠不夠，甚至，有了竹內與溝口的充滿智慧的「以中國為方法」的種種判斷也還不夠，因為這究竟還是「中國之外」的「他者」從他們自己的需要出發提出的觀察，這裡的「中國」不過是「日本內部的中國」，而非「中國人的中國」，正如溝口雄三對竹內好評述的那樣：「這種憧憬的對象並不是客觀的中國，而是在自身內部主觀成像的『我們內部的中國』。」〔註6〕那麼，溝口雄三本人的「中國方法」又如何呢？另一位深受竹內好影響的日本學者子安宣邦認為，溝口雄三「以中國為方法，以世界為目的」的「超越中國的中國學」與日本戰前「沒有中國的中國學」依然具有親近性，難以真正展示自己的「作為方法」的中國視點。〔註7〕所以葛兆光就提醒我們，對於這樣「超越中國的中國學」，我們也不能直接平移到中國自己的中國學之中，一切都應當三思而行。〔註8〕

問題是，中國學界在尋找「中國獨特性」的時候格外需要那麼一些支撐性的論述與證據，而來自域外的論述與證據就更顯珍貴了。在這個時候，域外學說的「方法」本身也就無暇追問和反思了。例如竹內好與溝口雄三都將近現代中國的獨特性描述為社會革命：「中國的近代化走的是自下而上的反帝反封建社會革命、即人民共和主義的道路。」〔註9〕在他們看來，太平天國至社會主義中國的「革命史」呈現的就是中國自力更生的道路。這的確道出了現代中國的重要事實，因而得到許多中國現代文學研究者的認同，當然，一些中國學者對現代中國革命的重新認同還深刻地聯繫著西方後現代主義對西方文化的自我批判，聯繫著西方馬克思主義及其它左派對資本主義的嚴厲批判，在這裡，「西洋」的自我批判和「東洋」的自我尋找共同加強了中國學者對「中國現代史＝革命史」的認識，如下話語所表述的學術理念以及這一理念的形成過程無疑具有某種典型意義：

---

〔註6〕（日）溝口雄三：《作為方法的中國》，6頁，孫軍悦譯，三聯書店，2011年。

〔註7〕參看張崑將：〈關於東亞的思考「方法」：以竹內好、溝口雄三、子安宣邦為中心〉，《臺灣東亞文明研究學刊》第1卷第2期，2004年。

〔註8〕葛兆光：〈重評九十年代日本中國學的新觀念——讀溝口雄三《方法としての中國》〉，《二十一世紀》12月號，2002年。

〔註9〕（日）溝口雄三：《作為方法的中國》，11頁，孫軍悦譯，三聯書店，2011年。

從 1993 年起，我逐步地對以往的研究做了兩點調整：第一是將自己的歷史研究放置在「反思現代性」的理論框架中進行綜合的分析和思考；第二是力圖將社會史的視野與思想史研究結合起來。在中國 1980 年代的文化運動和 1990 年代的思想潮流之中，對於近代革命和社會主義歷史的批判和拒絕經常被放置在對資本主義的全面的肯定之上；我試圖將近代革命和社會主義歷史的悲劇放置在對現代性的批判性反思的視野中，動機之一是爲了將這一過程與當代的現實進程一道納入批判性反思的範圍。……而溝口雄三教授對日本中國研究的批判性的看法和對明清思想的解釋都給我以啓發。也是在上述閱讀、交往和研究的過程中，我逐漸地形成了自己的一個研究視野，即將思想的内在視野與歷史社會學的方法有機地結合起來。〔註10〕

東洋與西洋的有機結合，鼓勵我們對現代性的西方傳統展開質疑和批判，同時對我們自身的現代價值加以發掘和肯定，在中國現代文學研究領域中，這些「我們的現代價值」常常也指向革命文學、左翼文學、延安文學與新中國建立至新時期以前的文學，有學者將之概括爲新左派的現代文學史觀。姑且不論「新左派」之說是否準確，但是其描述出來的學術事實卻是有目共睹的：「以現代性反思的名義將左翼文學納入現代性範疇，並稱之爲『反現代的現代主義文學』、『反現代的現代先鋒派文學』，高度肯定其歷史合理性，並認爲改革前的毛澤東時代可以定位爲『反現代的現代性』，其合法性來自於對西方資本主義現代性的批判。」〔註11〕爲了肯定這些中國現代文化追求的合理性，人們有意忽略其中的種種失誤，包括衆所周知的極左政治對現代文學發展的傷害和扭曲，甚至「文革」的思維也一再被美化。

理性而論，前述的「反思現代性」論述顯然問題重重：「那種忽略了具體歷史語境中強大的以封建專制主義文化意識爲主體的特殊性，忽略了那時文學作品巨大的政治社會屬性與人文精神被顛覆、現代化追求被阻斷的歷史内涵，而只把文本當作一個脱離了社會時空的、僅僅只有自然意義的單細胞來

---

〔註10〕 汪暉、張曦：〈在歷史中思考──汪暉教授訪談〉，《學術月刊》第 7 期，2005 年。

〔註11〕 鄭潤良：〈「反現代的現代性」：新左派文學史觀萌發的語境及其問題〉，《福建論壇》第 4 期，2010 年。

進行所謂審美解剖。這顯然不是歷史主義的客觀審美態度。」〔註12〕

值得注意的現實是，爲了急於標示中國也可以有自己的「現代性」，我們學界急切尋找著能夠支持自己的他人的結論和觀點，至於對方究竟把什麼「作爲方法」倒不是特別重要了。

「悖論」是中國學者對竹內好等學者處境與思維的理解，有意思的是，當我們不再追問「作爲方法」的緣由和形式之時，自己也可能最終陷入某種「悖論」。比如，在肯定我們自己的現代價值之際，誕生了一個影響甚大的觀點：反現代的現代性。中國革命史被稱作是「反現代的現代性」，中國的左翼文學史也被描述爲「反現代性的現代性」，姑且不問這種表述來源於西方現代性話語的繁複關係，使用者至少沒有推敲：「反」的思維其實還是以西方現代性爲「正方」的，也就是說，是以它的「現代」爲基本內容來決定我們「反」的目標和形式，這是眞正的多元世界觀呢？還是繼續延續了我們所熟悉的「二元對立」的格局呢？這樣一種正／反模式與他們所要克服的思維中國／西方的二元模式如出一轍：把世界認定爲某兩種力量對立鬥爭的結果，肯定不是對眞正的多元文化的認可，依舊屬於對歷史事實的簡化式的理解。

## 二

「中國作爲方法」不是學術研究大功告成之際的自得的總結，甚至也還不是理所當然的研究的開始，更準確地說，它可能還是學術思想調整的準備活動。在這個意義上，眞正的「中國」問題在哪裏，「中國」視角是什麼，「中國」的方法有哪些，都亟待中國自己的學人在自己的歷史文化語境中開展新的探討。對於中國現代文學研究而言，我覺得，與其追隨「他者」的眼界，取法籠統的「中國」，還不如眞正返回歷史的現場加以勘察，進入「民國」的視野。「作爲方法的中國」是來自他者的啓示，它提醒我們尋找學術主體性的必要，「作爲方法的民國」，則是我們重拾自我體驗的開始，是我們自我認識、自我表達的眞正的需要。

海外中國學研究，在進入「作爲方法的中國」之後，無疑產生了不少啓發性的成果，即便如此，其結論也有別於自「民國」歷史走來的中國人，只有我們自己的「民國」感受能夠校正他者的異見，完成自我的表述。包括竹

---

〔註12〕董健、丁帆、王彬彬：〈我們應該怎樣重寫當代文學史〉，《江蘇行政學院學報》第 1 期，2003 年。

內好與溝口雄三這樣的智慧之論也是如此。對此，溝口雄三自己就有過眞誠的反思，他說包括竹內好在內他們對中國的觀察都充滿了憧憬式的誤讀，包括對「文革」的禮贊等等。〔註13〕因爲研究「所使用的基本範疇完全來自中國思想內部」，而且「對思想的研究不是純粹的觀念史的研究，而是考慮整個中國社會歷史」，溝口雄三的中國研究曾經爲中國學者所認同，〔註14〕例如他借助中國思想傳統的內部資源解釋孫中山開始的現代革命，的確就令人耳目一新，跳出了西方現代性東移的固有解說：

> 實際上大同思想不僅影響了孫文，而且還構成了中國共和思想的核心。
>
> 就民權來看，中國的這種大同式近代的特徵也體現在民權所主張的與其說是個人權利，不如說國民、人民的全體權利這一點上。
>
> 大同式的近代不是通過「個」而是通過「共」把民生和民權聯結在一起，構成一個同心圓，所以從一開始便是中國獨特的、帶有社會主義性質的近代。〔註15〕

雖然這道出了中國現代歷史的重要事實，但卻只是一部分事實，很明顯，「民國」的共和與憲政理想本身是一個豐富而複雜的思想系統，而且還可以說是一個動態的有許多政治家、思想家和知識分子共同參與共同推進的系統。例如在五四新文化運動前夕，出於對民初政治的失望，《甲寅》的知識分子群體就展開了「國權」與「民權」的討論辨析，並且關注「民權」也從「公權」轉向「私權」，至《新青年》更是大張個人自由，個人情感與欲望，這才有了五四新文學運動，有了郁達夫的切身感受：「五四運動的最大成功，第一要算『個人』的發現。從前的人是爲君而存在，爲道而存在，爲父母而存在的，現在的人才曉得爲自我而存在了。」〔註16〕不僅是五四新文學思潮，後來的自由主義者也一直以「個人權利」、「個人自由」與左右兩種政治主張相抗衡，雖然這些「個人」與「自由」的內涵嚴格說來與西方文化有所區別，但也不

---

〔註13〕 （日）溝口雄三：《作爲方法的中國》，12 頁，孫軍悅譯，三聯書店，2011 年。
〔註14〕 （日）溝口雄三、汪暉：〈沒有中國的中國學〉，《讀書》第 4 期，1994 年。
〔註15〕 （日）溝口雄三：《作爲方法的中國》，12、16、18 頁，孫軍悅譯，三聯書店，2011 年。
〔註16〕 郁達夫：《〈中國新文學大系・散文二集〉導言》，上海良友圖書印刷公司，1935 年。

是「大同」理想與「社會主義性質」能夠涵蓋的，它們的發展在不同的歷史時期各有限制，但依然一路坎坷向前，並在 20 世紀 80 年代的海峽兩岸各有成效，成為現代中國文化建設所不能忽略的一種重要元素，不回到民國重新梳理、重新談論，我們歷史的獨特性如何能夠呈現呢？

　　治中國社會歷史研究多年的秦暉曾經提出了一個耐人尋味的觀點：當前中國學術一方面在反對西方的所謂「文化殖民」，另外一方面卻又常常陷入到外來的「問題」圈套之中，形成有趣的「問題殖民」現象。〔註 17〕我理解，這裡的「問題殖民」就是脫離開我們自己的歷史文化環境，將他者研討中國提出來的問題（包括某些讚賞中國「特殊價值」的問題）當作我們自己的問題，從而在竭力掙脫西方話語的過程中再一次落入到他者思維的窠臼。如何才能打破這種反反覆復、層層疊疊的他者的圈套呢？我以為唯一的出路便是敢於拋開一些令人眼花繚亂的解釋框架，面對我們自己的歷史處境，感受我們自己的問題，對中國現代文學的研究而言，就是要在「民國」的社會歷史框架中醞釀和提煉我們的學術感覺，這當然不是說從此固步自封，拒絕外來的思想和方法，而是說所有的思想和方法都必須在民國歷史的事實中接受檢驗，只有最豐富地對應於民國歷史事實的理論和方法才足以成為我們研究的路徑，才能最後為我所用。在中國現代文學研究領域，並沒有異域學者所總結完成的「中國方法」，而只有在民國「作為方法」取得成傚之後的具體的認知，也就是說，是「作為方法的民國」真正保證了「作為方法的中國」。下述幾個中國現代文學研究中影響較大、也爭論較大的理論框架，莫不如此。

　　例如，在描述中國歷史從封建帝國轉入現代國家的時候，人們常常使用「民族國家」這一概念，中國現代文學也因此被視作「現代民族國家文學」，不斷放大「民族國家」主題之於中國現代文學的意義：「在抗戰文學中，由於抗日民族統一戰線的建立，民族國家成為了一個集中表達的核心的、甚至唯一的主題。」〔註 18〕甚至稱：「『五四』以來被稱之為『現代文學』的東西其實是一種民族國家文學。」〔註 19〕這顯然都不符合中國現代文學在「民國」

---

〔註 17〕http：//www.360doc.com/content/10/0626/01/875791_35273755.shtml
〔註 18〕曠新年：〈民族國家想像與中國現代文學〉，《文學評論》第 1 期，2003 年。
〔註 19〕劉禾：《文本、批評與民族國家文學——〈生死場〉的啟示》，1 頁，北京大學出版社，2007 年。對中國現代文學研究中民族國家理論的檢討，已有學者提出過重要的論述，如張中良《中國現代文學的「民族國家」問題》，臺灣花木蘭文化出版社，2012 年。

的歷史事實，不必說五四新文學運動恰恰質疑了無條件的「國家認同」，民國
時期文學前十年「國家主題」並不占主導地位，出現了所謂「民族國家意識
的延宕與缺席」現象，〔註20〕第二個十年間的「民族主義」觀念也一再受到
左翼文學陣營的抨擊，就是抗日戰爭時期的文學，也不像過去文學史所描繪
的那麼主題單一，相反，多主題的出現，文學在豐富中走向成熟才是基本的
事實。不充分重視「民國」的豐富意義就會用外來概念直接「認定」歷史的
性質，從而形成對我們自身歷史的誤讀。

　　文學的「民國」不僅含義豐富，也不適合於被稱作是「想像的共同體」。近
年來，美國著名學者本尼狄克特‧安德森關於民族國家的概括──「想像的共
同體」廣獲運用， 借助於這一思路，我們描繪出了這樣一個國家認同的圖景：
中國知識分子從晚清開始，利用報紙、雜誌、小說等媒體空間展開政治的文化
的批判，通過這一空間，中國人展開了對「民族國家」的建構，使國民獲得了
最初的民族國家認同。誠然，這道出了「帝國」式微，「民國」塑形過程之中，
民眾與國家觀念形成的某些狀況，但卻既不是中華民族歷史演變的眞相，〔註21〕
也不是現實意義的民國的主要的實情，當然更不是「文學民國」的重要事實。
現實意義的民國，在一個相當長的時間裏，依然處於殘留的「帝國」意識與新
生的「民國」意識的矛盾鬥爭之中，專制集權與民主自由此漲彼消，黨國觀念
與公民社會相互博弈，也就是說，「國家與民族」經常成爲統治者鞏固自身權利
的重要的意識形態選擇，與知識分子所要展開的公眾想像既相關又矛盾。在現
實世界上，我們的國家民族觀念常常來自於政治強權的強勢推行，這也造成了

〔註20〕李道新在剖析民國電影文化時指出：「南京國民政府成立以前，亦即從電影傳
　　　　入中國至1927年之間，中國電影傳播主要訴諸道德與風化，基本無關民族與
　　　　國家。民族國家意識的延宕與缺席，與落後保守的價值導向及混亂無序的官
　　　　方介入結合在一起，使這一時期的中國電影幾乎處在一種特殊的無政府狀
　　　　態，並導致中國電影從一開始就陷入目標／效果的錯位與傳者／受眾的分裂
　　　　之境。」（李道新：〈民族國家意識的延宕與缺席：南京國民政府成立前中國
　　　　電影的傳播制度及其空間拓展〉，《上海大學學報》第3期，2011年。）這樣
　　　　的觀察其實同樣可以啓發我們的文學研究。
〔註21〕關於中華民族及統一國家的形成如何超越「想像」，進入「實踐」等情形，近
　　　　來已有多位學者加以論證，如楊義、邵寧寧：〈描繪中國文學地圖──楊義訪
　　　　談錄〉（《甘肅社會科學》第5期，2004年）、郝慶軍：〈反思兩個熱門話題：「公
　　　　共領域」與「想像的共同體」〉（《中國現代文學研究叢刊》第5期，2005年）、
　　　　吳曉東：〈「想像的共同體」理論與中國理論創新問題〉（《學術月刊》第2期，
　　　　2007年）等。

知識分子國家民族認同的諸多矛盾與尷尬，他們不時陷落於個人理想與政治強權的對立之中，既不能接受強權的思想干預，又無法完全另立門戶，總之，「想像」並不足以獨立自主，「共同體」的形成步履艱難，「文學的民國」對此表述生動。這裡既有胡適「只指望快快亡國」的情緒性決絕，〔註22〕有魯迅對於民族國家自我壓迫的理性認識：「用筆和舌，將淪爲異族的奴隸之苦告訴大家，自然是不錯的，但要十分小心，不可使大家得著這樣的結論：『那麼，到底還不如我們似的做自己人的奴隸好。』」〔註23〕也有聞一多輾轉反側，難以抉擇的苦痛：「我來了，我喊一聲，迸著血淚， ／『這不是我的中華，不對，不對！』」「我來了，不知道是一場空喜。 ／我會見的是噩夢，那裡是你？ ／那是恐怖，是噩夢掛著懸崖， ／那不是你，那不是我的心愛！」〔註24〕

　　總之，進入文學的民國，概念的迷信就土崩瓦解了。

　　也有學者試圖對外來概念進行改造式的使用，這顯然有別於那種不加選擇的盲目，不過，作爲「民國」實際的深入的檢驗工作也並沒有完成，例如近年來同樣在現代文學研究界流行的「公共空間」（「公共領域」）理論。在西歐歷史的近現代發展中，先後出現了貴族文藝沙龍、咖啡館、俱樂部一類公共聚落，然後推延至整個社會，最終形成了不隸屬於國家官僚機構的民間的新型公共社區，這對理解西方近代社會歷史與精神生產環境都是重要的視角。不過，眞正「公共空間」的形成必須有賴於比較堅實的市民社會的基礎，尚未形成眞正的市民社會的民國，當然也就沒有眞正的公共空間。〔註25〕可能正是考慮到了民國歷史的特殊性，李歐梵先生試圖對這一概念加以改造，他以「批判空間」替換之，試圖說明中國近現代知識分子也正在形成自己的「公共性」的輿論環境，他以《申報・自由談》爲例，說明：「這個半公開的園地更屬開創的新空間，它

---

〔註22〕胡適〈你莫忘記〉有云：「你莫忘記： ／你老子臨死時只指望快快亡國： ／亡給『哥薩克』， ／亡給『普魯士』 ／都可以」。

〔註23〕魯迅：《且介亭雜文末編・半夏小集》，《魯迅全集》6 卷，617 頁，人民文學出版社，2005 年。

〔註24〕聞一多詩歌：〈發現〉。

〔註25〕對此，哈貝馬斯具有清醒的認識，他認爲，不能把「公共領域」這個概念與歐洲中世紀市民社會的特殊性隔離開，也不能隨意將其運用到其它具有相似形態的歷史語境中。（參見哈貝馬斯：《公共領域的結構轉型》初版序言，曹衛東譯，學林出版社，1999 年。）中國學者關於「公共領域」理論在中國運用的反思可以參見張鴻聲：〈中國的「公共領域」及其它——兼論現代城市文學研究的本土化〉，《首都師範大學學報》第 6 期，2006 年。

至少爲社會提供了一塊可以用滑稽的形式發表言論的地方。」魯迅爲《自由談》
欄目所撰文稿也成爲李歐梵先生考辨的對象，並有精彩的分析，然而，論者突
然話鋒一轉：「因爲當年的上海文壇上個人恩怨太多，而魯迅花在這方面的筆墨
也太重，罵人有時也太過刻薄。問題是：罵完國民黨文人之後，是否能在其壓
制下爭取到多一點言論的空間？就《僞自由書》中的文章而言，我覺得魯迅在
這方面反而沒有太大的貢獻。如果從負面的角度而論，這些雜文顯得有些『小
氣』。我從文中所見到的魯迅形象是一個心眼狹窄的老文人，他拿了一把剪刀，
在報紙上找尋『作論』的材料，然後『以小窺大』，把拼湊以後的材料作爲他立
論的根據。事實上他並不珍惜——也不注意——報紙本身的社會文化功用和價
值，而且對於言論自由這個問題，他認爲根本不存在。」「《僞自由書》中沒有
仔細論到自由的問題，對於國民黨政府的對日本妥協政策雖諸多非議，但又和
新聞報導的失實連在一起。也許，他覺得眞實也是道德上的眞理，但是他從報
屁股看到的眞實，是否能夠足以負荷道德眞理的眞相？」〔註26〕其實，魯迅對
「自由」的一些理論和他是否參與了現代中國「批判空間」的言論自由的開拓
完全是兩碼事。實際的情況是，在民國時代的專制統治下，任何自由空間的開
拓都不可能完全是「輿論」本身的功效，輿論的背後，是民國政治的高壓力量，
魯迅的敏感，魯迅的多疑，魯迅雜文的曲筆和隱晦，乃至與現實人事的種種糾
纏，莫不與對這高壓環境的見縫插針般的戳擊有關。當生存的不自由已經轉化
成爲「日常生活」的一部分（所謂「報屁股看到的眞實」），成爲各色人等的「無
意識」，點滴行爲的反抗可能比長篇大論的自由討論更具有「自由」的意味。這
就是現代中國的基本現實，這就是民國輿論環境與文學空間所具有的歷史特
徵。對比晚清和北洋軍閥時代，李歐梵先生認爲，1930 年代雖然「在物質上較
晚清民初發達，都市中的中產階級讀者可能也更多，咖啡館、戲院等公共場所
也都具備」，但公共空間的言論自由卻反而更小了。原因何在呢？他認爲在於像
魯迅這樣的左翼「把語言不作爲『中介』性的媒體而作爲政治宣傳或個人攻擊
的武器和工具，逐漸導致政治上的偏激文化（radicalization），而偏激之後也只
有革命一途」。〔註27〕這裡涉及對左翼文化的反思，自有其準確深刻之處，但是，

---

〔註26〕李歐梵：〈「批評空間」的開創——從《申報》「自由談」談起〉，見《現代性
　　　　的追求》，19、20 頁，三聯書店，2000 年。

〔註27〕李歐梵：〈「批評空間」的開創——從《申報》「自由談」談起〉，見《現代性
　　　　的追求》，21 頁，三聯書店，2000 年。

就像現代中國社會的諸多「公共」從來都不是完全的民間力量所打造一樣，言論空間的存廢也與政府的強力介入直接關聯，左翼文化的鋒芒所指首先是專制政府，而對政府專制的攻擊，本身不也是一種擴大言論自由的有效方式？

作為方法的民國，意味著持續不斷地返回中國歷史的過程，意味著對我們自身問題和思維方式的永遠的反省和批判，只有這樣，我們的中國現代文學研究才是真正屬於自己的。

## 三

「民國作為方法」既然是在自覺尋找中國現代文學研究「自己的方法」的意義上提出來的，那麼，它究竟如何才能成為一種與眾不同的「方法」呢？或者說，它對中國現代文學研究具體有哪些著力點與可能開拓之處呢？我認為至少有這樣幾個方面的工作可以開展：

首先是為「中國」的學術研究設立具體的「時間軸」。也就是說，所謂學術研究的「中國問題」不應該是籠統的，它必須置放在具體的時間維度中加以追問，是「民國」時期的中國問題還是「人民共和國」時期的中國問題？當然，我們曾經試圖以「現代化」、「現代性」這樣的概念來統一描述，但事實是，兩個不同的歷史階段有著相當多的差異性，特別是作為精神現象的文學，在生產方式、傳播接受方式及作家的生存環境、寫作環境、文學制度等等方面都更適合分段討論。新時期文學曾經被類比為五四新文學，這雖然一度喚起了人們的「新啟蒙」的熱情，但是新時期究竟不是「五四」，新時期的中國知識分子也不是「五四」一代的陳獨秀、胡適與周氏兄弟，到後來，人們質疑 1980 年代，質疑「新啟蒙」，連帶五四新文化運動一起質疑，問題是經過一系列風起雲湧的體制變革和社會演變，「五四」怎麼能夠為新時期背書？就像民國不可能與人民共和國相提並論一樣；也有將「文革」追溯到「五四」的，這同樣是完全混淆了兩個根本不同的歷史文化情境。在我看來，今天的中國現當代文學研究，尚需要在已有的「新文學一體化」格局中（包括影響巨大的「20 世紀中國文學」）重新區隔，讓所謂的「現代」和「當代」各自歸位，回到自己的歷史情境中去，這不是要否認它們的歷史聯繫，而是要重新釐清究竟什麼才是它們真正的歷史聯繫。研究中國現代文學，就必須首先回到民國歷史，將中國現代文學作為民國時期的精神現象。晚清盡頭是民國，民國盡頭是人民共和國，各自的歷史場景講述著不同的文學故事。

其次是「中國」的學術研究也必須落實到具體的「空間場景」。「空間和時間是一切實在與之相關聯的架構。我們只有在空間和時間的條件下才能設想任何眞實的事物。」〔註28〕民國及其複雜的空間分佈恰恰爲我們重新認識中國問題的複雜性提供了基礎。在過去一個相當長的時期內，我們習慣將中國的問題置放在種種巨大的背景之上，諸如「文藝復興」、「啓蒙與救亡」、「中外文化衝撞與融合」、「中國傳統文化」、「現代化」、「走向世界文學」、「全球化」、「現代民族國家進程」等等，這固然確有其事，但來自同樣背景的衝擊，卻在不同的區域產生了並不相同的效果，甚至有些區域性的文學現象未必就與這些宏大主題相關。詩人何其芳在四川萬縣的偏遠山區成長，直到1930年代「還不知道五四運動，還不知道新文化，新文學，連白話文也還被視爲異端」。〔註29〕這對我們文學史上的五四敘述無疑是一大挑戰：中國的現代文化進程是不是同一個知識系統的不斷演繹？另外一個例證也可謂典型：我們一般都把白話新文學的產生歸結到外來文化深深的衝擊，歸結到一批留美留日學生的新式教育與人生體驗，所以「走異路，逃異地」的魯迅於1918年完成了〈狂人日記〉，留下了中國現代文學史上第一篇白話小說，但跳出這樣的中／西大敘事，我們卻可以發現，遠在內部腹地的成都作家李劼人早在尙未跨出國門的1915年就完成了多篇新式白話小說，這裡的文化資源又是什麼？

中國的學術問題並不產生自抽象籠統的大中國，它本身就來自各個具體的生活場景，具體的生存地域。有學者對民國文學研究不無疑慮，因爲民國不同於「一體化」的人民共和國，各個不同的政治派別、各個不同的區域差異比較明顯，更不要說如抗戰時期的巨大的政權分割（國統區、解放區及淪陷區）了，這樣一個「破碎的國家」能否方便於我們的研究呢？在我看來，破碎正是民國的特點，是這一歷史時期生存其間的中國人（包括中國知識分子）的體驗空間，只要我們不預設一些先驗的結論，那麼針對不同地域、不同生存環境的文學敘述加以考察，恰恰可以豐富我們的歷史認識。一個生存共同體，它的魅力並不是它對外來衝擊的傳播速度，而是內部範式的多樣性和豐富性，這就是我們所謂的「地方性知識」。民國時期的「山河破碎」，正好爲各種地方性知識的生長創造了條件，如果能夠充分尊重和發掘這些地方性知識視野中的精神活動與文學創造，那麼中國的現代文學研究也將再添不少新的話題、新的意趣。

---

〔註28〕（德）恩斯特・卡西爾：《人論》，73頁，甘陽譯，西苑出版社，2003年。
〔註29〕方敬、何頻伽：《何其芳散記》，22頁，四川教育出版社，1990年。

　　「破碎」的民國給我們的進一步的啓發可能還在於：區域的破碎同時也表現爲個人體驗的分離與精神趣味的多樣化。當代中國的大眾文化曾經出現了所謂的「民國熱」，在我看來，這種以時尚爲誘導、以大眾消費爲旨歸，充滿誇張和想像的「熱」需要我們深加警惕，絕不能與嚴肅的歷史探詢相混淆。其中唯一值得肯定的便是某種不滿於頹靡現狀，試圖在過去發掘精神資源的願望。今天的人們也或多或少地感佩於民國時代知識分子精神狀態的多樣性，如魯迅、陳獨秀、胡適一代新文化創造者般的不完全受縛於某種體制的壓力或公眾的流俗的精神風貌。〔註 30〕的確，中國現代作家精神風貌的多姿多彩與文學作品意義的多樣化迄今堪稱典範，還包括新／舊、雅／俗文學的多元並存。對應於這樣的文學形態，我們也需要調整我們固有的思維模式，未來，如果可能完成一部新的文學發展史的話，其內容、關注點和敘述方式都可能與當今的文學史大爲不同。

　　第三，「作爲方法的民國」的研究並不同於過去一般的歷史文化與文學關係的研究，有著自己獨立的歷史觀與文學觀。中國現代文學研究不乏從歷史背景入手的學術傳統，包括傳統文學批評中所謂的「知人論世」，包括中國式馬克思主義的社會歷史批評，也包括新時期以後的文化視角的文學研究。應該說，這三種批評都是有前提的，也就是說，都有比較明確、清晰的對歷史性質的認定，而文學現象在某種意義上都必須經過這一歷史認識的篩選。「知人論世」往往轉化爲某種形式的道德批評，倫理道德觀是它篩選歷史現象的工具；中國式馬克思主義的社會歷史批評在新中國建立後相當長的時間中表現爲馬克思主義普遍原理的運用，有時難免以論帶史的弊端；文化視角的文學研究曾經爲我們的研究打開了許多扇門與窗，但是這樣的文化研究常常是用文學現象來證明「文化」的特點，有時候是「犧牲」了文學的獨特性來遷就文化的整體屬性，有時候是忽略了作家的主觀複雜性來遷就社會文化的歷史客觀性——總之，在這個時候，作爲歷史現象的文學本身往往並不是我們呈現的對象，我們的工作不過是借助文學說明其它「文化」理念，如通過不同地域的文學創作證明中國區域文化的特點，從現代作家的宗教情趣中展示各大宗教文化在中國的傳播，利用文學作品的政治傾向挖掘現代政治文化在文學中的深刻印記等等。

<hr>

〔註 30〕丁帆先生另有「民國文學風範」一說可以參考，他說：「我所指的『民國文學風範』就是五四新文學傳統，特指五四前後包括俗文學在內的『人的文學』內涵。」見丁帆：〈「民國文學風範」的再思考〉，《文藝爭鳴》第 7 期，2011 年。

　　「作爲方法的民國」就是要尊重民國歷史現象自身的完整性、豐富性、複雜性，提倡文學研究的歷史化態度。既往的中國現代文學研究充斥了一系列的預設性判斷，從最早的「中國新文學是反帝反封建的文學」、「五四新文學運動實施了對舊文學摧枯拉朽般的打擊」、「中國現代文學的發展與歷史的進步方向相一致」，到新時期以後「中國現代文學是走向世界的文學」、「中國現代文學是現代性的文學」、「20 世紀中國文學的總主題是改造民族靈魂，審美風格的核心是悲涼」等等。在特定的時代，這些判斷都實現過它們的學術價值，但是，對歷史細節的進一步追問卻讓我們的研究不能再停留於此，比如回到民國語境，我們就會發現，所謂「封建」一說根本就存在「名實不符」的巨大尷尬，文學批評界對「封建」的界定與歷史學界的「封建」含義大相徑庭，「反封建」在不同階段的眞實意義可能各各不同；已經習用多年的「進步作家」、「進步文學」究竟指的是什麼，越來越不清楚，在包括抗戰這樣的時期，左右作家是否涇渭分明？所謂「右翼文學」包括接近國民黨的知識分子的寫作是不是一切都以左翼爲敵，它有沒有自己獨立的文學理想？國民黨專制文化是否鐵板一塊，其內部（例如對文學的控制與管理）有無矛盾與裂痕？共產黨的革命文學是否就是爲反對國民黨和「舊社會」而存在，它和國民黨的文學觀念有無某些聯通之處？被新文學「橫掃」之後的舊派文學是不是一蹶不振，漸趨消歇？因爲，事實恰恰相反，它們在民國時代獲得了長足的發展，並演化出更爲豐富的形態，這是不是都告訴我們，我們先前設定的文學格局與文學道路都充滿了太多的主觀性，不回到民國歷史的語境，心平氣和地重新觀察，文學中國（文學民國）的實際狀況依然混沌。

　　這就是我們主張文學研究「歷史化」，反對觀念「預設」的意義。當然，反對「預設」理念並不等於我們自己不需要任何理論視角，而是強調新的研究應該比以往任何時候都尊重民國社會歷史本身的實際情形，研究必須以充分的歷史材料爲基礎，而不應當讓後來的歷史判斷（特別是極左年代的民國批判概念）先入爲主，同時，時刻保持一種自我反思、自我警醒的姿態。回到民國，我們的研究將繼續在歷史中關注文學，政治、經濟、法律、教育等等議題都應當再次提出，但是與既往的研究相比，新的研究不是對過去的拾遺補缺，不是如先前那樣將文學當作種種社會文化現象的例證，相反，是爲了呈現文學與文化的複雜糾葛，不再執著於概念轉而注重細節的挖掘與展示。例如「經濟」不是一般的政治經濟學原理，而是具體的經濟政策、經濟

模式與影響文學文化活動的經濟行為，如出版業的運作、經濟結算方式；「政治」也不僅僅是整體的政治氛圍概括，而是民國時期具體的政治形態與政治行為，憲政、政黨組織形式，官方的社會控制政策等等；在文學一方面，也不是抽取其中的例證附著於相應的文化現象，而是新的創作細節、文本細節的全新發現。回到文學民國的現場，不僅是重新理解了民國的文化現象，也是深入把握了文學的細節，這是一種「雙向互犁」的研究，而非比附性的論證說明。例如茅盾創作《子夜》，就絕非一個簡單的「中國道路」的文學說明，它是 1930 年代中國經濟危機、社會思想衝突與茅盾個人的複雜情懷的綜合結果。解析《子夜》決不能單憑小說中的理性表述與茅盾後來的自我說明，也不能套用新民主主義論的現成歷史判斷，而必須回到「民國歷史情境」。在這裡，國家的基本經濟狀況究竟如何，世界經濟危機與民國政府的應對措施，各種經濟形態（外資經濟、民營經濟、買辦經濟等）的真實運行情況是什麼，社會階層的生存狀況與關係究竟怎樣，中國現實與知識界思想討論的關係是什麼，文學家茅盾與思想界、政治界的交往，茅盾的深層心理有哪些，他的創作經歷了怎樣的複雜過程，接受了什麼外來信息和干預，而這些干預又在多大程度上改變了茅盾，茅盾是否完全接受這些干預，或者說在哪一個層次上接受了、又在哪一個層次上抵制了轉化了，作家的意識與無意識在文本中構成怎樣的關係等等，這樣的「矛盾綜合體」才是《子夜》，「回到民國歷史」才能完整呈現《子夜》的複雜意義。

民國作為方法，當然不會拒絕外來的其它文學理論與批評視角，但是，正如前文所說，這些新的理論與批評不能理所當然就進入中國現代文學研究之中，它必須能夠與文學中國——民國時期的文學狀況相適應，並不斷接受研究者的質疑和調整。例如，就我們闡述的歷史與文學互通、互證的方法而言，似乎與歐美的近半個世紀以來的「文化研究」頗多相近，因此不妨從中有所借鑒，但是，在另外一方面，我們必須認識到，歐美的「文化研究」的具體問題——如階級研究、亞文化研究、種族研究、性別研究、大眾傳媒研究等——都來自與中國不同的環境，自然不能簡單移用。對於我們而言，更重要的可能就是一種態度的啟示：打破了文學與各種社會文化之間的間隔，在社會文化關係版圖中把握文學的意義，文學的審美個性與其中的「文化意義」交相輝映。

作為方法的民國，昭示的是中國現代文學研究「學術自主」的新可能，

它不是漂亮的口號，而是迫切的學術願望，不是招搖的旗幟，而是治學的態度，不是排斥性的宣示，而是自我反思的眞誠邀請，一句話，還期待更多的研究者投入其中，以自己尊重歷史的精神。

目　次

# 導　論

　　1984 年柯靈在〈遙祭張愛玲〉中對張愛玲做出了評價，將張愛玲的創作還原到當時的環境之下，給予張愛玲新的定位，自此大陸研究開始注意到張愛玲，逐步掀起了研究張愛玲的熱潮：

> 　　我扳著指頭算來算去，偌大的文壇，那個階段都安放不下一個張愛玲；上海淪陷才給了她機會。日本侵略者和汪精衛政權把新文學傳統一刀切斷了，只要不反對他們，有點文學藝術粉飾太平，求之不得，給他們什麼，當然是毫不計較的。天高皇帝遠，這也就給張愛玲提供了大顯身手的舞臺。〔註1〕

在給予張愛玲部分肯定的同時，兩岸三地對《秧歌》及《赤地之戀》的論述仍不讚賞，這也是研讀《十八春》、《小艾》、《秧歌》及《赤地之戀》時會面臨到的問題。在柯靈的見解中，張愛玲得到了得天獨厚的機會展現自身作品，但後來因缺乏農村經驗，因此在表達論述上不夠深刻。高全之指出其實《小艾》最值得論述的特質並非其政治立場，而是張愛玲嘗試背棄了自身所堅持的文學理念去順應外在。張愛玲並非完全對左翼文學陌生，受左翼文學在上海的發展影響，張愛玲曾在幾篇散文中略微提到無產階級文學理論，可張愛玲自己不太了解無產階級革命的真正意義，只是從自身出發，為自己不喜歡的事情抱不平。例如張愛玲見到警察無理打人，想法是：「大約因為我的思想沒有受過訓練緣故，這時候我並不想起階級革命，一氣之下，只想去做官，或是做主席夫人，可以走上前去給那警察兩個耳刮子」。〔註2〕即使張愛玲後來有意為之的創作，

---

〔註1〕 柯靈：〈遙祭張愛玲〉，收入《文苑漫遊錄》，第 164 頁，香港：香港三聯出版社，1988 年。
〔註2〕 張愛玲：〈打人〉，上海《天地》，第 9 期（1944 年 6 月）。

仍然沒辦法眞正接地氣，在張愛玲心中還是保留著小資產階級的思想，這些思想根深蒂固的纏著張愛玲。後續的研究者沒有往這方面深入，而是相對的嘗試從另一個角度指出，張愛玲這項轉折的原因在於客觀政治環境的壓力、作者謀生存活的需要，在臺灣學者臺繼之的〈另一種傳說——關於《小艾》重新面世至背景與說明〉是這樣敘述的：「上海陷共之後，張愛玲的處境當然不太樂觀。以張的冷靜、敏感，一定早已嗅到對她這種『小資產階級』不利的空氣。故文章不發表則已，要發表一定要表明立場，以掩護作品之意識形態，卻非內容所需，肯定言不由衷。……這一年四月，大陸展開『肅反』，搞得人心惶惶，張愛玲顯然有所顧忌、遲疑，作品最後才弄了一些保護色。揣想她勉強發表作品，也像是生活有些拮据」。〔註3〕這是臺灣學者以自己的政治立場爲張愛玲發聲，張愛玲自身曾經說過「文藝沒什麼不應當寫哪一個階級」。看似開闊包容的文學胸懷，允許了自己嘗試類似《小艾》的創作。但這種創作是張愛玲對自己創作的一種文藝上的開脫，因爲表面遠離政治的張愛玲其實是最願意接近政治的。只不過時代已經不是上海淪陷區時的樣貌，解放後的上海正往毛澤東的《講話》路上前行，《講話》的〈引言〉部分指示之一是，文藝應該描寫無產階級、農民和小資產階級在鬥爭中改造自己的過程，使他們團結，使他們進步，使他們同心同德，向前奮鬥，去掉落後的東西，發揚革命的東西，而決不是相反。若從這個角度看待張愛玲則會更清晰地看到，張愛玲正是嘗試從淪陷區的上海文藝政策企圖貼近新中國的文藝理念。這種情況下的創作與其說是因生活拮据而改變，不如說是張愛玲主動迎合的寫作。

回到〈遙寄張愛玲〉上面所引述的那段話，柯靈認爲「日本侵略者和汪精衛政權把新文學一刀切斷了」。這個說法很是爲了說明張愛玲的才華是在特定時空下得以發揮，將淪陷區特殊的創作環境清楚的表達了出來。其實新文學傳統是否被一刀切斷則應當有所存疑。因爲雖然受限於 1941 年頒布的《藝文指導綱要》要求對文藝進行管制，使得作家必須在言與不言之間作出艱難的選擇，但新文學的精神仍然被很好的傳承下來，只是換了一個樣貌，把目光轉向普通人的「日常生活」，挖掘背後的「永久人性」，這就在某種程度上回歸到了文學自身；這是在被動的選擇中所獲得的積極意義和獨特價值。〔註

〔註3〕 臺繼之：〈另一種傳說——關於《小艾》重新面世至背景與說明〉，臺灣《聯合報》副刊（1987 年 1 月 18 日）。

〔註4〕 錢理群：〈「言」與「不言」之間〉，收入在《精神的煉獄——中國現代文學從「五四」到抗戰的歷程》，第 179 頁，廣西教育出版社，1996 年。

4〕也就是說，當民族受到政治的壓抑，個體生命意識反而得到突顯，而這種突顯也顯示出部分文人在掙扎後所產生的思考生活本身的價值。柯靈這篇文字所知最早期的版本是在 1985 年 4 月號的北京《讀書》上；這篇文字張愛玲雖然無回應，卻一直被大陸學界認為是張愛玲「平反」的第一聲。到 1989 年 3 月，由臺北允晨文化所出版的鄭樹森所撰寫的《張愛玲的世界》，第一篇文字放的即是《遙寄張愛玲》。然而陳子善版本考發現，第一次刊登《遙寄張愛玲》的不是《讀書》而是 1985 年 2 月的《香港文學》，劉以鬯在〈編後記〉中說：「柯靈為本刊寫的《遙寄張愛玲》，道人所未道，有助於正確認識張愛玲的文學道路。」〔註 5〕而後雖然只相隔短短兩個月，《讀書》發表的《遙寄張愛玲》已與《香港文學》上刊載的內容不盡相同，這說明柯靈對張愛玲的批判態度在兩個月後趨於和緩。他批評張愛玲 50 年代初到香港後的小說創作，其後部分《讀書》（1985 年 4 月）的版本是：

> 新社會不是天堂，卻絕非地獄。只要有點歷史觀點，新舊中華之間，榮枯得失，一加對照，明若觀火。現在中國正在吸取過去的教訓，滿懷信心地走自己的路，這是可以告慰於真正悲天憫人、關心祖國休咎的海外同胞的。〔註6〕

這一段落在《香港文學》（1985 年 2 月）則是：「大陸不是天堂，卻絕非地獄。只要有點歷史感，榮枯得失，一加對照，明若觀火『知己知彼，百戰不殆』，張愛玲隔岸觀火，並不了解她的攻擊對象，而又要加以攻擊怎能打中要害？具有諷刺意味的是，國內文藝界正在拋棄『為政治服務』的口號，而從來筆端不沾政治的張愛玲，反而作繭自縛。」兩者一比較可以發現在行文口氣上，《讀書》的行文多著墨在中國如何面向未來和如何從經驗吸取教訓；因此《香港文學》的論述可以說是柯靈本意的直接表達，而《讀書》則是委婉版。這篇文章發表後兩年被臺灣的《聯合文學》轉載，陳子善經由高全之和鄭樹森發現了《遙寄張愛玲》的第三個版本，鑒於當時臺灣政治風氣剛剛鬆動不久，許多關於大陸的話題仍然敏感，因此《聯合文學》將第一版本及第二版本中敘述張愛玲 50 年代初到香港後的小說創作內容全部刪除，這點在陳子善《「遙寄張愛玲」的不同版本》中有完整的記載：

---

〔註 5〕劉以鬯：〈編後語〉，《香港文學》，第 2 期（1985 年 2 月）。
〔註 6〕柯靈：〈遙寄張愛玲〉，《讀書》雜誌（北京），4 月號（1985 年 4 月）。

美國學者高全之先生在《張愛玲學：小說張愛玲，張愛玲小說》（2003 年 3 月臺北一方出版社出版，2008 年 10 月臺北麥田出版社增訂新序版）中談到此事時披露：「承鄭樹森教授賜告，當時顧及臺灣政治敏感，文章曾經編者刪修，我才注意到海峽兩岸版本不同。」〔註 7〕

兩年後收入《張愛玲的世界》一書的《遙寄張愛玲》也是第三個版本，編者另加了一個「編案」，是依據柯靈在 1988 年的刪改稿將之進行重刊，而後柯靈在臺灣出版散文集《隔海拜年》，書中的《遙寄張愛玲》也是這個版本。這個版本延續到了 1994 年《張愛玲研究資料》（海峽文藝出版社）和 2001 年 8 月中國華僑出版社的《張愛玲評說六十年》，而其餘在柯靈自己的《文苑漫遊錄》和《文心雕蟲》所收的版本則依據《讀書》（1985 年 4 月）的版本。這兩個版本因政治因素及作者的個人考量使得內容描述不盡相同，《讀書》（1985 年 4 月）及《香港文學》（1985 年 2 月）在海峽兩岸並行，是文學研究中的一個有趣現象。回到上海的特殊性，依高全之的說法，筆者認爲可清楚描述上海淪陷時期文壇的繁複與創作的自由：「以文學來對抗強權，維護國家主權領土主權完整的愛國傳統。此爲超越黨爭，偏重文學功能的觀念。與白話小說類似，皆非始自五四運動，實爲承先啓後的新文學傳統」。〔註 8〕也就是說高全之認爲無論是承先啓後的新文學傳統，或毛澤東在 1939 年至 40 年代論述五四運動與新民主所指出的反帝反封建，以及 1942 年 5 月延安文藝座談會要求的無產階級文學都是屬於新文學傳統的範疇。這種詮釋是指以「左翼作家爲代表的感時憂國，類似古典文學中『載道派』道德主義、功利主義的傳統」。〔註 9〕在抗戰結束後的 40 年代後期，出於民族復興的普遍熱忱，不同的文學派別和力量也都嘗試建構「當代的文學」。當時的左翼文壇將《講話》和延安文藝對國統區推廣，進而向全國施行的過程，標誌著一種比五四新文藝更具有包容力的族群──含有階級正當性的新文藝已然出現在構想中，然則在真正「塡補」的過程中，國統區的「空位」不是那麼容易塡滿，因爲這意味著

---

〔註 7〕陳子善：〈「遙寄張愛玲」的不同版本〉，《研讀張愛玲長短錄》），第 203 頁，九歌出版社，2010 年。

〔註 8〕高全之：〈上海「孤島」與「上海孤島」──抗戰期間張愛玲的寫作環境〉，《張愛玲學》，第 44 頁，麥田出版社，2011 年。

〔註 9〕古蒼梧：《今生此時，今世此地──張愛玲、蘇青、胡蘭成的上海》，第 56 頁，牛津大學出版社，2004 年。

需要通過對文藝運動的歷史敘述、現實判斷而後對未來的構想來支撐。共產黨內部也面臨了不斷地調整。從 1946 年的《論民主革命的文藝運動》馮雪峰在如何判斷文藝現狀、如何重新講述新文藝運動的歷史，以及如何看待文藝與政治的關係和作家的精神地位等關鍵問題上，仍然存在著可能的協商及討論的空間以來，到《意見》以及《斥反動文藝》則開始步步緊縮。關於這一點錢理群在《1948：天地玄黃》提出了「我們」體的的看法：

　　「我們體」的話語——「我們」不僅是代表著「多數」及所謂「人民」（「群眾」）、階級（「政黨」）的代言人，而且是真理的唯一佔有者，解釋者，判決者，即所謂真理的代言人。與「我們」相對應的是「他們」，黑白分明，你死我活，非此即彼，不可調和，絕不相容。〔註10〕

這表示著在一種全球冷戰的思維下產生了決定性的歷史語境，此種語言風格也代表了冷戰鐵幕的降落，從歐洲向亞洲的擴散，以及文藝問題上與政治之間的關聯性。參照這一背景也就能理解《意見》的強烈批判性。《意見》通過對國統區文藝情況的指責和抗戰期間文藝運動的否定，將問題的根源直接推向國統區文藝脫離了革命文藝傳統，而解放區則完成了「和真正工農大眾密切結合」，推進並發展了革命大眾文藝傳統。在這個脈絡之中才能正確看待柯靈在思維語境中所要表達張愛玲在上海的特殊性，及背後所蘊含的意義。再回到上面論述臺繼之的部分，臺繼之於 1987 年 1 月 18 日發表了名為〈另一種傳說——關於《小艾》重新面世至背景與說明〉的文章，在當時臺灣仍在戒嚴，對新聞及各項出版物取締嚴格，且需思想正確。臺灣在特殊環境下掙扎，其文學作品也因為這樣的環境而苦悶。當年臺灣的「白色恐怖」——二二八事件後，本省人及外省人的衝突及隔閡加深，臺灣知識分子恐懼自己被懷疑成「特務」，惶恐不敢寫作，出現了「文學失語症現象」，加上當時臺灣行政長官公署宣傳委員會為強化讀者對國民黨「政治霸權」和「文化霸權」的印象，進行焚燒「禁書」行為——焚燒行為乃是確定以「國語為母語」的基調，逐步取代日語寫作。據已公開的歷史事件資料：1946 年 12 月，當時的「宣傳委員會」公告全省各書店：「本省光復後，本會為肅清日本人在文化思想上之遺毒起見，特訂定取締違禁圖書辦法 8 條，公告全省各書店。臺北市部分，由本會（指宣傳委員會）會同

---

〔註10〕錢理群：《1948：天地玄黃》，第 28 頁，中華書局，2008 年。

警務處及憲兵團檢查，計有違禁圖書 836 種，7300 餘冊，除一部分由本會留作參考外，餘均焚毀。」後繼在臺的國民黨因爲認爲自己政權受到共產黨的挑戰，在清理完日本政府影響臺灣人民的書籍之後，在 1949 年 5 月 20 日開始宣布戒嚴，包含臺灣本島、澎湖、金門、馬祖及其它附屬島嶼，人民的自由包含遊行、言論、出版、集會都被限縮，在政治上更不允許與當局不一樣的聲音，將黨當國成爲集權的黨國體制。因此在 1949 至 1987 年的這段時間，作家受限於當時的政治條件，創作與發表的數量均呈現萎縮。後期黨外力量雖逐漸蓬勃，但在政治環境下仍需要審時度勢及衡量文字進行創作，在思想表現上仍帶有一定程度的僵化。在了解兩岸的背景下，也同時了解知識分子在面臨外在環境變換下的自身選擇。

　　同時細看近年來學術張愛玲研究論述，兩岸各有所長，以客觀環境來看，在發掘佚作方面，大陸勝於臺灣；但說到張愛玲評論文章的深度與廣度，臺灣學者起步較早，因此在建立張愛玲早期知識譜系時，臺灣學者做出的貢獻更大，例如周芬伶、高全之、蘇偉貞等作家學者都分別從不同視角評論過張愛玲。在大陸，陳子善則是 30 年來研究、發掘張愛玲的第一人。在《看張及其它》中陳子善以張愛玲生前擬付郵寄往上海的一封感謝信和贈送收信人的一隻小錢包做爲引子，描述相隔漫長的 14 年之後，這封感謝信和小錢包終於安妥地送達收信人之手的故事，描述張愛玲細緻周到的一面。第二部份探討中篇小說《傾城之戀》的種種，第三部份及第四部份則講述了《鬱金香》出土記及《小團圓》的前世今生，最後總結了張愛玲爲民國的一道奇特風景線的價值。根據歷史脈絡做梳理可以從 40 年代上海開始，第一篇正式評論張愛玲創作成就的論文作者，是著名的翻譯家傅雷。他以「迅雨」爲筆名，發表了〈論張愛玲的小說〉這篇長文（1944 年 5 月）〔註11〕。以翻譯著稱的傅雷，評論文字似不多見，但他以純正的審美品味和藝術眼光，發現了張愛玲的獨特價值。並且指出在五四以後，消磨無數筆墨的是各種主義的論戰，在傅雷看來，無論那一種主義都需要有深刻的人生觀，眞實的生活體驗，迅速而犀利的觀察，熟練的文字技能，活潑豐富的想像〔註12〕。傅雷用這個標準作爲出發點來評價張愛玲的作品。接著則是譚正璧的《論蘇青與張愛玲》（1944 年

〔註11〕（迅雨）傅雷：〈論張愛玲的小說〉，《萬象》雜誌（上海），5 月號（1944 年 4 月 7 日）。

〔註12〕同上，第 49 頁。

11 月），〔註 13〕譚正璧認爲張愛玲是重視人性甚於世情的作家，他是這樣描述的：

> 作者是一個珍惜人性過於世情的人，所以她始終是個世情的叛逆者，然而在另一方面又跳不出是情慾的奴隸，意識是作品不可少的生命，技巧是作品外表面必須有的修飾。美麗的生命如果加上美麗的修飾做外表，那麼至少比沒有美麗外表更容易獲致多量的讀者。〔註 14〕

在他看來，創作者更接近於藝術家，譚正璧認爲張愛玲具有具有極高的文學能力能將靈感迅速書寫成文字，同意張愛玲的小說具有相當的才思，但認爲張愛玲只是擅長使用美好的技巧來掩蓋平凡的意識，許季木看法與之相同。與傅雷看重其人性情慾的挖掘正好相反，同時與柳雨生認爲張愛玲不庸俗卻讓自己發生感動形成強烈的對比。這顯示了在 1940 年代對於張愛玲的小說即形成了不同的看法。1961 年美國哥倫比亞大學夏志清教授的英文本《中國現代小說史》出版，張愛玲第一次被寫進文學史，且佔了長達 41 頁（漢譯本）比其它作家都高出一大截篇幅。夏志清認爲：「張愛玲應該是今日中國最優秀最重要的作家。僅以短篇小說而論，堪與英美現代女文豪蔓殊菲爾、安泡特、韋爾蒂、麥克勒斯之流相比，某些地方她恐怕還要高明一籌。《秧歌》在中國現代小說史上已經是本不朽之作」。〔註 15〕

接著是臺灣學者唐文標現今接近絕版的《張愛玲資料大全集》（臺北：聯經，1984 年 4 月）、《張愛玲卷》（遠景叢刊第 297 種，1984 年）與《張愛玲研究》以及水晶的《張愛玲的小說藝術》，水晶先生對張的總評價是：「粗看像章回小說，但貌合神離，精神技巧近西洋，是屬於現代的。」而後臺大中文系教授張健主編過一部題爲《張愛玲的小說世界》的書。主要爲人物形象和藝術分析。大陸方面早期學者則有 1983 年趙園刊載在《中國現代文學研究叢刊》1983 年 3 期的〈開向滬港洋場社會的窗口〉、袁純鈞及李子雲所撰寫的〈同一社會圈子的兩代人〉，刊載在《讀書》1986 年 1 期等，不過這都是在邊緣上打轉，張愛玲眞正進入大陸文學史中並佔有一席之地則要到 1985 年錢理

---

〔註 13〕　譚正璧：〈論蘇青與張愛玲〉，〈風雨談〉月刊（上海），11 月號（1944 年 11 月）。

〔註 14〕　同上，第 64 頁。

〔註 15〕　〈海內外張愛玲研究述評〉，原載《華文文學》第 1 期（1996 年）。收入金宏達主編：《鏡象繽紛》，第 440～442 頁，文化藝術出版社，2003 年。

群、溫儒敏、吳福輝的《中國現代文學三十年》。在論第三個 10 年（1937.7
～1949.9）的小說時吳福輝肯定了張愛玲的文字魅力，認爲張愛玲熟悉日益金
錢化的都市舊式大家庭的醜陋，如她那驚人的設譬：「生命是一襲華美的袍，
爬滿了蝨子」。〔註16〕用華美絢麗的文辭來表現滬、港兩地男女間千瘡百孔的
經歷，是她最主要的文學切入點，〔註17〕同時進一步指出張愛玲的女性解剖
和都市發現，都相當的具有現代性。既有傳統的詞彙和手法，也帶有意識的
流動。在敘述聯想中帶有西方現代派的痕跡，但設置人物，構造故事又具有
中國古典小說的根底也因此能受到讀者的歡迎。這樣的評述使得張愛玲爲研
究者所重視，研究開始迅速增多，1987 年後至今多達上百篇。在各個時期均
產生值得記錄的張愛玲研究作品，諸如：蘇青的〈讀《傾城之戀》〉（1944 年
12 月 10 日）；朱西寧的〈啓蒙我與提升我的張愛玲先生〉（《中國時報・人間
副刊》，1971 年 5 月 30 日）；許子東的《《吶喊》與《流言》》（上海：上海文
藝出版社，2004 年 10 月）。其它像是：胡蘭成讀張愛玲的《相見歡》；陳子善
的〈發掘張愛玲 40 年代史料的隨想〉；夏志清的〈泛論張愛玲的最後遺作〉（2005
年 10 月，《萬象》）、司馬新的〈窘迫的張愛玲〉（選自《張愛玲在美國──婚
姻與晚年》，司馬新著，徐斯、司馬新譯，（上海：上海文藝出版社，1996 年
7 月）、龍應台的〈如此濃烈的「色」，如此肅殺的「戒」〉、以及徐淑卿的《逝
世 10 年後：張派作家談張愛玲》（《中國時報》開卷版）〔註18〕都是相當具有
特色的論述，透過研究張愛玲的寫作姿態，知識分子在歷史文化情境中找到
了烘託或打壓的位置，從而建設出自己的觀點。

　　徐淑卿提出張愛玲雖然已經逝世 10 年，但「鬼魂」依然在周圍繚繞，更
進一步提出了誰爲「張派」作家，這些作家諸如白先勇、朱天心、朱天文、
林俊穎、施叔青等如何在追尋中逐漸走出自己的道路及自己是在何方面受到
張愛玲的影響。白先勇認爲自己與張愛玲同拜一個師門；朱天心認爲自己在
文字上有「張味」，繼承的是看盡滄桑的蒼涼筆法；朱天文認爲自己到達一定
程度後想要「剔骨還父、剔骨還母」，在喜愛之後逐漸叛逃張愛玲與胡蘭成的
影響；林俊穎則是以創作手法評論張愛玲認爲張愛玲的文字魅力在於以寫實

---

〔註16〕張愛玲：〈天才夢〉，《張愛玲散文全編》，第 3 頁，浙江文藝出版社，1992 年。
〔註17〕錢理群、溫儒敏、吳福輝著：〈第 23 章小說（三）〉《中國現代文學三十年》，
　　　　第 395 頁，北京大學出版社，2008 年。
〔註18〕徐淑卿：〈逝世 10 年後：張派作家談張愛玲〉，臺灣《中國時報》開卷版，2005
　　　　年 9 月 8 日。

主義做基礎，加上強勢領導；施叔青則認爲自己曾經有一段日子是踩著張愛玲的腳步在前進。這些看法不論是接受也好，逐漸叛逃也罷或是創作之後再回歸都展現了張愛玲受知識分子所喜愛的例證。如要從張派傳統來看，則可看出在擺脫的同時，這些作家仍然承繼著張愛玲特色的幾個部分。例如朱天心的潑辣與諷刺與張愛玲有幾分神似，白先勇在意念上展現了張愛玲荒蕪的末世觀，施叔青則是擅長刻畫在慾望與邊緣煎熬的女性經驗以及繽紛卻倍感陰森的場景，有著張愛玲《金鎖記》及《傾城之戀》的行文風格。張愛玲在不同面向上影響了這些知識分子，也就是說排除外在環境的影響，知識分子在擔負政治責任的同時，同時需要一個心靈休憩的場所，而這時擁有優美文筆的張愛玲吸引了他們，使得閱讀者以及評論者都可以在閱讀過程中找到自己的角落，因此張愛玲在大陸的影響歷經多年的沉寂之後，又重新進入視線內。冷熱交替背後的意味同時也耐人尋味。作爲張愛玲「發掘者」之一的溫儒敏曾經表示張愛玲在新文學裡是很複雜的，她自有一套文化批判的眼光，其對人性批評的力度，是她創作最重要的價值。而經過商業化過濾包裝的張愛玲，則更多地表現了其世俗化、慾望化、商業化的一面，迎合了世俗的小市民的某些消極頹唐的心理。從深層次看：「張愛玲熱」是一種社會心理現象。當人們告別了所謂宏大的敘事，回歸日常與世俗生活，當拜金主義和物慾膨脹日益擠壓著人性，張愛玲那種既熱衷於世俗人生又對人生惘惘的威脅感到無助的體驗，就頗能贏得一些讀者的共鳴。〔註 19〕在這樣的看法下，溫儒敏認爲「張愛玲熱」需要重新認眞探尋大眾的社會心理。張愛玲病態的書寫、懷疑的目光在社會人生的描述上，將會把大眾帶向與自己相同的道路上。而這其中又有不同的差異，若是人生歷練豐富的讀者，可以從中得到打量世界的獨特眼光，然後大多數讀者停留在體驗人性的黯淡部分。因而若讀者本身缺乏判斷能力，則不無負面的影響。

除去先前的研究者，在中國知網輸入張愛玲做爲全文檢索的關鍵字可搜索到 14057 條的相關論述，若純粹以張愛玲作爲關鍵詞檢索則有 2825 條，其中研究張愛玲的作品爲大宗，在研究生方面做爲專章，或是論文專述，博士方面有：楊雪《多元調和──張愛玲翻譯作品研究》（上海：外國語大學，2007年 5 月）；李梅《張愛玲的小說傳統與文學中的日常敘事》（山東：暨南大學，

---

〔註19〕〈近 20 年竟有 5 次「張愛玲熱」王蒙覺得「有點悲哀」〉，刊載於《北京晨報》
　　　　2010 年 9 月 22 日。

2004 年 5 月）；張浩《20 世紀中國女性文學的精神話語分析》（北京：北京語言大學，2004 年 5 月）。碩士方面有：羅毅霞《從女性主義角度比較張愛玲王安憶的小說》（華中師範大學，2006 年 5 月）；劉秀芳《20 世紀女性文學中的「上海書寫」——以張愛玲、王安憶、衛慧爲例》（山東：山東師範大學，2004 年 4 月）等……。而在期刊方面則以一點發散到全部，或者是總論下有專章探討，這方面的文章有：祝宇紅〈張愛玲小說的個人主義探尋〉（《中國現代文學研究叢刊》，2005 年 3 月）；楊小蘭〈柔弱背後的強悍——《傾城之戀》中女主人公白流蘇形象分析〉（《社科縱橫》，2004 年 08 月 25 日）；王衛平及馬琳〈張愛玲研究 50 年述評〉（學術月刊 1997 年 11 月 15 日）；錢理群〈關於 20 世紀 40 年代大文學研究史的斷想〉（《中國現代文學研究叢刊》，2005 年 2 月 3 日）；陳思和〈論海派文學的傳統〉（杭州師範學院學報／人文社會科學版，2002 年 2 月）；吳福輝〈上海的意象：城市偶像批判與現代神話的消解〉《文學評論》〉，2002 年 9 月 15 日）；吳曉東〈中國現代文學中的審美主義與現代性問題〉（《文藝理論研究》，1999 年 2 月 15）日；李今〈日常生活意識和都市市民的哲學——試論海派小說中的精神特徵〉（《文學評論》，1999 年 11 月 15 日）；唐弢〈四十年代中期的上海文學〉（《文學評論》，1982 年 6 月 30 日）；倪文尖〈上海／香港女作家的雙城記——從王安憶到張愛玲〉（《文學評論》，2002 年 1 月 15 日）；林幸謙〈女性焦慮與醜怪身體：論張愛玲小說中的女性亞文化群體〉（《社會科學戰線》，1998 年 4 月 15 日）等……顯示了自 80 年代後逐漸豐富多元的張愛玲文學及意象探討。

在臺灣方面，在收錄最全的「國家圖書館」碩博士論文加值系統中若以張愛玲作爲關鍵字，可以搜到 97 篇文章，但若以模糊性作爲選項時，也就是包含作品名字及其散文小說在其它論文的附加研究下多達 415 篇，可見張愛玲在新一輩研究者中的魅力，根據論文相關內容來看，諸如：粘美藝《蘇青、張愛玲散文研究》（臺北：臺北市立教育大學，2012 年 6 月）；戴毓璿《張愛玲小說之畸戀書寫研究》（臺北：淡江大學，2012 年 6 月）；賴姿妤《不倫不類——論周芬伶、袁瓊瓊、張愛玲私寫作》（桃園：中央大學，2012 年 6 月）皆著重在張愛玲的語言文字研究。在兩岸張愛玲研究上主要還是著重在張愛玲的文字及心理層面的研究，現今張愛玲研究自 80 年代起已持續 30 年左右，是時候以一個新的角度來談張愛玲以及 30 年代末及當代研究者的時代相關背景，探討張愛玲之所以成爲一個熱點背後的含義以及這些研究者是帶以一種

什麼樣的心態做研究以及整個家、國的影響，這時回歸到整個大歷史框架下就有助於理解這些知識分子，也就能幫助還原在熱點持續或者熱點將來減弱時，持續挖掘背後的潛藏敘述。

# 第一章　抗戰後上海知識分子的分化

　　在 1930 年代，上海報社的一般編輯月收入約在 40 至 110 元間，主筆是 200 至 400 元，大學教授是 400 至 600 元，副教授是 260 至 400 元，講師是 160 元至 260 元，助教是 100 至 160 元，中學教師是 50 至 140 元，小學教師是 30 至 90 元。比照同期其它階層的收入，一般店員爲 10 至 40 元；警察中最高職等的一等警長是 22 元，最低的四等警士是 13 元，產業界工人則大多落在 8 至 25 元區間，〔註1〕可見當時知識分子的收入確實不算低。這樣看來，知識分子的中上層收入富裕，中層則小康，下層維持生計稍微困難，但大致也無饑寒。知識分子的分化來自於抗戰後，從 1937 年 8 月 13 日，日本侵略軍進攻上海，第二次淞滬抗戰爆發到同年 11 月 12 日，中國軍隊撤出，上海宣告淪陷，抗戰時爲了支付龐大的軍費開支，國民政府在財政施行了「以法幣爲籌碼」的通貨膨脹政策；加上當時國民政府官員的腐敗，以及商人囤積貨物的行爲，使得物價飛漲。整個 1940 年代，知識分子群體待遇集體滑坡，教授的薪金不夠買 10 袋（440 斤）的麵粉下降到清潔工的水準；助教的實領薪金不夠買 4 袋（176 斤）麵粉，下降到最低的貧困線。雖國民政府不斷進行薪金調整，但與物價上漲速度相比，還是望塵莫及。法幣開始惡性膨脹，全國經濟面臨崩潰，國民政府於 1948 年 8 月 19 日發布「總統緊急命令」進行幣制改革，開始發行金圓券，希望把物價和薪金以及工資凍結在 8 月 19 日的水準。這種新發行的金圓券 1 元幣值相當於抗戰前銀圓 5 角左右。這就是說，照抗戰前標準領取 300 元月薪的普通教員、記者、編輯等，這時的月薪爲金

─────────────────────

〔註 1〕忻平：《從上海發現歷史──現代化進程中的上海人及其社會生活（1927～1937）》，第 320～323 頁，上海大學出版社，2009 年。

圓券 92 元，相當於戰前銀幣 46 元；依實際收入來看，約爲戰前的七分之一。而照抗戰前標準領取 600 元薪水的教授、高級知識分子等，這時的月薪爲金圓券 122 元，相當於戰前銀幣 61 元；實際收入爲戰前的十分之一。〔註 2〕外國租界在一開始雖因當時英、美、法仍是中立國而未被佔領，但成爲了被日軍包圍的孤立地區。到 1941 年底太平洋戰爭爆發，日軍佔領公共租界。1943 年 7 月底，汪精衛僞政府先後接收法租界和公共租界。雖然存在了近百年的外國租界制度被取消，但上海實際仍然處於日本的統治之下。1945 年 8 月日本宣佈無條件投降。同年的 9 月 12 日，國民黨的上海政府成立。旋即國共內戰爆發，可以說是上海在尚未恢復元氣就再度陷入災難：也就是前面所提到的通貨膨脹以及經濟的崩潰，這樣的情況一直持續到 1949 年 5 月 27 日，共產黨軍隊進入上海，標誌著內戰和共產黨的勝利，才眞正結束了上海經濟惡化的窘境。

從上海開埠到 1927 年，中間經過辛亥革命和第一次世界大戰使上海成爲現代城市化城市，在發展過程中，上海逐漸成爲「市民社會」（civil society），這種所謂「市民社會」，按黑格爾（Georg, Hegel）的說法，是處於家庭與國家之間的中間地帶。托克維爾（Tocqueville Alexis de）認爲，人們爲了限制國家干涉範圍，在社會生活中劃出一個領域來禁止國家染指，這個領域就叫做「市民社會」。市民社會的形成有助於知識分子在其中活動，按周雪光的說法，市民社會由各種自治團體構成，如討論文學作品的沙龍、教會等宗教團體、科研機構、大中小學校、旅社、酒館、書局、閑暇愛好協會等。〔註 3〕抗戰後也削弱了這些公共領域的功能，知識分子的日常生活進一步在收入降低及公共領域活動減少後受到打擊，因而知識分子開始出現分化，也就是說透過分化進一步加大了「五四」時期個人、民族、國家觀念的對立面。胡適於 1919 年在《新青年》上的《不朽》中提供了社會群體性和國族與個人主義在傳統遭受到攻擊但仍然沒有成爲完全對立面的證據。胡適在文中將每個人稱爲「小我」，將「小我」們社會性的聚集和增生稱之爲「大我」。〔註 4〕「小我」是短暫的、速朽的、不完整的，「大我」則是不朽的、有自我更新能力的。「大我」在胡適這裡指的是有機的現代社會，在這種有機社會中，個人必須依靠國家

〔註 2〕 陳明遠：《知識分子和人民幣時代》，第 11 頁，文匯出版社，2006 年。
〔註 3〕 周雪光：《當代中國的國家與社會關係》，第 7 頁，桂冠出版社，1992 年。
〔註 4〕 胡適：〈不朽〉，《新青年》（上海），第 101 頁，1919 年第 2 期。

來定位。然而，胡適將「小我」置於「大我」的利益之下並不意味著他作為新文化的倡導者悖離了個人主義和啓蒙事業。劉禾對此補充說明，胡適的觀點實際上是現代主體性理論的邏輯延伸，並指出現代主體性的理論並不只在解放個人，而在於把個體整合成民族國家的公民，現代社會的成員。〔註5〕傅斯年在《新潮》創刊號隨即進一步呼應了胡適的這個觀點，指出西方科學和人文知識對於中國幾大知識傳統──儒、道、佛的優越性，因為這三者無一體現人類生活的真理。必須在生理學、心理學、社會學中去尋找真理，因為現代科學知識是以主體為中心，並具有人道主義的關懷，同意自由主義加人道主義的理念，並用中英雙語寫下了「為公眾的福利發展個人（the free development of the individuals for the common welfare.）」。〔註6〕但隨即遭受到了質疑。王星拱以及陳獨秀分別從個人主義為消極的儒家思想以及老莊的虛無主義和無為思想正是阻礙中國文化發展和學術進步的勢力為出發點，批評了個人主義。陳獨秀並在《虛無的個人主義及自然主義》的隨感中點出，個人主義就是一種虛無主義的概念，因為相信個人主義的人放棄了社會責任。〔註7〕這一回個人主義成為了社會主義的對立面。

隨著這個觀念的時間延伸，到抗戰時更加深加大了兩者之間的差異。茅盾在抗戰前從文學和人的關係為出發點，指出中國古來對文學身份存在著誤區，在《小說月報》第 12 卷第 1 號中，說道：「中國古來的文學者只曉得有古聖賢遺訓，不曉得有人類的共同情感；只曉得有主觀，不曉得有客觀；所以，他們的文學和人類是隔絕的，是和時代隔絕的，不知有人類，不知有時代！」茅盾指出這中間的「隔閡」，認為文人在這一方面，若不是講「文以載道」，就是把文學當做消遣品。〔註8〕在文學中，個人與國家經常是拉鋸的關係，若不是與國家以及時代隔絕，就是擔負著「載道」的責任，承接著中國傳統文人的脈絡並持續發展。這些理念上的不同，具體展現在文學研究會以及創造社的成立。創立宗旨上，兩社即清楚顯示對於文學追求的不同。文學研究會提出的宗旨是：（一）聯絡感情；（二）增進知識；（三）建立著作工會

〔註5〕劉禾：《跨語際實踐：文學、民族文化與被譯介的現代性（中國，1900～1937）》，第 127 頁：三聯書店出版社，2008 年。

〔註6〕傅斯年：〈人生問題發端〉，《新潮》（北京）第 4 頁，1919 年 1 期。

〔註7〕陳獨秀：〈物和我〉，《新潮》（北京），第 2 頁，1921 年第 1 期。

〔註8〕雁冰（茅盾）：〈文學和人的關係及中國古來對文學者身份的誤認〉，《小說月報》（上海）第 12 卷第 1 號（1921 年 1 月 10 日）。

的（底本做「底」）基礎。提出「將文藝當做高興時的遊戲或失意時的消遣的時候，現在已經過去了。我們相信文學是一種工作，治文學的人也當是以這事爲他終身的（底本做「底」）事業，正如勞農一樣」。〔註9〕而創造社則從另外一個角度出發，認爲「純文學」是社團中一個很重要的組成因素，在創造社於日本東京帝國大學第二改盛館郁達夫寓所召開的會議中，社團成員對以下幾點，產生了基本共識：（一）正式成立文學社團，並命名爲「創造社」；（二）編輯出版「純文藝刊物」《創造》。以及出版郭沫若的《女神》、朱謙之的《革命哲學》、郁達夫《沉淪》、張資平的《衝擊期化石》等 4 種。在這個差異底下存在著當時環境對個人的影響，以及個人對國家未來命運上的思考。因其理念不同從而有了文學研究會以及創造社這樣初期分屬不同性質的社團成立。

有了這個 1920 年代的前提，還需要界定下文所要分析的知識分子因爲國家形勢轉換而對個人本身起的變化，才能更加理解這些含義，也就是說早期個人與國家的辯證關係，因爲對日抗戰起到了關鍵性的變化和更強烈的轉變。盧溝橋事變後，中國劇作者協會在一星期後成立（1937 年 7 月 15 日），在成立大會上通過宋之的所提出的動議，集體創作大型話劇──《保衛盧溝橋》。尤兢（于伶）、王樵、張季純、張寒暉、章泯、許晴、崔嵬、鄭伯奇。張庚、王震之、馬彥祥、淩鶴、姚時曉、姚莘農、孫時毅、宋之的、阿英（錢杏邨）、陳白塵、舒非、陳凝秋、夏衍、冼星海、周巍峙等參加劇作。這齣話劇劇本一共三幕，因處於非常時期劇本僅三天就完成，第五天即付印。到 7 月 20 日，中國劇作者協會推定洪深、瞿白英。阿英、于伶等 7 人爲籌備演出委員，洪深、袁牧之、金山、宋之的、鶴齡等 19 人爲導演團。〔註10〕8 月 7 日，《保衛盧溝橋》在上海公演，極大地激發了群眾的抗日愛國熱情。《保衛盧溝橋》的創作和演出，揭開了中國抗戰戲劇運動的序幕，也展示了文藝運動緊跟局勢的團結。盧溝橋事變爆發後至當年年底，除去中國劇作者協會的成立，還相繼有上海文化界救亡協會（1937 年 7 月 28 日）、西地戰地服務團（1937 年 8 月 12 日）、中國劇作者協會救亡演劇隊（1937 年 8 月 15 日）、特區文化協會（陝甘寧邊區文化界救亡協會、陝甘寧邊區文化協會）（1937 年 11

---

〔註 9〕 〈文學研究會宣言〉，《新青年》（上海）第 8 卷第 5 號（1921 年 1 月 1 日）。
〔註 10〕 卓如、魯湘元主編：《20 世紀中國文學編年（1932～1949）》，第 842 頁，河北教育出版社，2013 年。

月 14 日）、中華全國戲劇界抗敵協會（1937 年 12 月 31 日）等成立，這些協會加強了知識分子之間的聯結，以成立地點在上海的上海文化救亡協會、中國劇作者協會救亡演劇隊、中國全國戲劇界抗敵協會來看，成立宗旨多爲推動抗敵工作爲宗旨。像是中華全國戲劇界抗敵協會宣言指出：「今日中國的戲劇藝術界不怕不能發揮偉大的抗敵宣傳力量，而怕的是這一團結不能充分鞏固。……因此我們不能不要求我國有血有肉有覺悟的戲劇界人士捐除一切成見，鞏固這一超職業超地域的團結」。在這個基礎之上共有 400 多人參加了大會，推舉了 97 名理事其中有：張道藩、方治、劉伯閔、鄭用之、王亞平、王平陵、田漢、陽翰笙、吳漱予、陳禮江、朱雙雲、謝壽康、洪深、康槐秋、袁牧之、陳立夫。孫師毅、光未然、王瑞麟、陳波兒、馬彥祥、冼群、安娥、袁昌英、金山、王瑩、王家齊、應雲衛〔註 11〕等……參與人新老交錯，個人擅長劇種也不盡相同。中國全國戲劇界抗敵協會的成立除了象徵戲劇界大團結外，也顯示出，在外在環境的改變之下，個人的聲音在抗戰中縮小，取而代之的是家國及民族情感成爲主旋律，團結合作對日抗戰成了最首要的目標。同時大量反應抗戰的報告文學、詩歌、小說也相繼出現。可以說在對日抗戰之後，文學的趣味開始有了明顯且重大的轉變有了一定的一致性，然而在這團結的背後，大家的目的不盡相同，也可以說戰爭爆發後是讓一群具有理念的人聚在了一塊，但細節目標的不同導致之後逐漸顯出其差異，最終導致分裂。

〔註11〕根據 20 世紀中國文學編年（1932～1949）》，第 853 頁，河北教育出版社，2013 年 4 月。提到中華全國戲劇界抗敵協會 97 名理事成員分別爲：張道藩、方治、劉伯閔、鄭用之、王亞平、王平陵、田漢、陽翰笙、吳漱予、陳禮江、朱雙雲、謝壽康、洪深、康槐秋、袁牧之、陳立夫。孫師毅、光未然、王瑞麟、陳波兒、馬彥祥、冼群、安娥、袁昌英、金山、王瑩、王家齊、應雲衛、趙丹、鄭君里、趙銘彝、孫怒潮、陳白塵、宋之的、熊佛西、潘孑農、黃天佐、陳豫源、余上沅、萬家寶、向培良、趙太侔、陳治策、谷劍塵、羅梅沙、胡春冰、趙如琳、鍾啓南、萬賴天、章泯、陳明中、鄭伯奇、戴涯、周伯勳、朱光、姚時曉、張季純、崔巍、蕭蕭、凌鶴、保羅、李樸園、辛漢文、熊式一、夏衍、歐陽予倩、阿英、胡萍、尤兢（于伶）、顧仲彝、李健吾、梁實秋、張彭春、陳綿、顧無爲、王泊生、白雲生、梅蘭芳、程硯秋、周信芳、高百歲、趙小樓、王若愚、李百川、傅心一、吳天保、易健全、封至模、王天民、蓋無紅、唐廣體、趙喚庭、安冠英、蔣壽世、白鳳奎、富少舫、馬立遠。

# 第一節　國家形勢的分化

　　戰爭使國家發生了根本性的改變，原先平和的環境不復存在。上海作爲當時中國的經濟中心，在其中扮演了重要的角色，不但象徵著國家的經濟命脈，同時也具有文化作用。據美國學者墨菲（Murphy, Rhoads）在《上海——現代中國的鑰匙》一書中所描述的，上海等同於一個現代中國的倒影，其中也孕育了廣大民眾：「上海，連同它在近百年來成長發展的格局，一直是現代中國的縮影。就在這個城市，中國第一次接受和吸取了 19 世紀歐洲的治外法權、炮艦外交、外國租界和侵略精神的經驗教訓。就在這個城市，勝於其它地方，理性的、重視法規的、科學的、工業發達的、效率高的、擴張主義的西方的和因襲傳統的、全憑直覺的、人文主義的、以農業爲主的、效率低的、閉關自守的中國——兩種文明走到一起來了。兩者接觸的結果和中國的反響，首先在上海出現，現代中國就在這裡誕生」。〔註 12〕由於上海的通商與開放的環境，外國自 1865 年起開始階段性擴大，1891 年英國創辦中國第一個證券機構——「上海股份公司」，後改爲「上海眾業國內公司」，1920 年，虞洽卿、聞蘭亭等人發起第一個華商交易所——「上海證券物品交易所」。到 1921 年夏秋之間，上海出現各色交易所、信託公司 148 家，資本額達 2.2 億，一度超過全國銀行資本總和。同時間，中國的民族資本也在上海迅速發展起來。到抗戰前，外國資本對華進出口貿易和商業總額的 80％以上、銀行業投資的 80％在上海。1933 年，上海的民族工業資本占全國的 40％。〔註 13〕在中國的 2435 個現代工廠中，有 1200 個設在上海，工業產值占全國的 51％，工人占全國的 43％。同時根據潘君祥 1935 年的統計，全國共有銀行 164 家，總行設在上海的就有 56 家，占 35％。上海的 43 家銀行業公會會員銀行中，有 35 家總行在上海，占這些著名銀行總數的 81％，加上其它銀行在上海的分支機構，上海銀行達 182 個。上海的人口，在 1900 年超過 100 萬人，1915 年超過 200 萬人，直到抗戰前已突破 300 萬人，成爲中國特大城市，遠東第 2 大城市，也是僅次於倫敦、紐約、東京、柏林的世界第 5 大城市。而教育方面，到抗戰前上海已有 1214 所大中小學校。從學校層級看，幼教、小學、中學、大學均已齊備；從學校類型看，普教、師範、女學、

---

〔註 12〕Murphey, Rhoads: 1953, *Shanghai: Key to Modern China*, MA, p.5, Cambridge: Harvard Univ. Press. Nee, Victor: 1975, China's Uninterrupted Revolution: From 1840 to the Present, NY: Pantheon.

〔註 13〕潘君祥：《上海通史　第 8 卷：民國經濟》，第 13 頁，上海人民出版社，1999 年。

外語、理工科、商科、航運、法政、警察、藝術、體育等門類齊全，培養出來的學生數目 20 世紀初到 1940 年代末的近 50 年內，達數百萬人。〔註 14〕

　　繁榮的現代文化和相對自由的社會環境吸引了全國的知識分子，1930 年代留學法國歸來的四川人羅君玉認爲：「巴黎留不住我，歐洲留不住我，四川太凋敝也留不住我，留住我的恰恰是上海」。在抗戰後，上海的環境條件發生了改變，知識分子也開始出現了不同的改變。在九一八事變後的第三天，上海中小學負責人 150 餘人集會，爲反抗日本帝國主義的蠻橫行爲，成立了上海教育界聯合會，推胡庶華、江問漁等 11 人爲委員，致電國民政府，對日本的侵略表示極度憤慨，指日本「類其虎狼，實犯瀋陽，毀壞我城池，蹂躪我土地，劫奪我軍械，屠殺我軍民，豕縱狶突，直無人性。」請求迅速出兵東北，「嚴令東北將領效命疆場，戴罪立功，以謝天下。」，最後表示上海教育界同人誓率江東八千子弟，爲我政府強有力之後盾也。〔註 15〕隨後在 9 月 25 上海 10 所大學的教授代表開會，通過了如下決議：「一，本星期六各校停課，使學生參加市民大會。二，下星期一起正常上課，如在相當時期內，政府無具體辦法，屆時各校當局，惟有與學生一致行動。三，下星期一由東吳法學院再行召集會議，以上各校聯名電請國府，請政府即日宣佈討日方針，以平公憤。四，推東吳大學法學院草擬電文，電告美國各大學請督促政府主持正義，維持世界和平，該項電報已由吳經熊博士起草，日內即爲大學教授吳經熊、劉湛恩等聯名發出，原電大意云，此次日本出兵，霸佔東三省，實係違背國際公約，我中華舉國憤激，近國際聯盟會及貴國政府，已有公道主張，執事等爲尚待集智識界領袖，各請極力宣揚，茲示眞相，並主持正義，俾武力侵略者知所警惕，世界和平得以維持等語。」〔註 16〕因國家形勢的變化，到 1931 年 11 月 29 日，上海各大學教授百餘人集會，成立大學教授抗日委員會。選舉謝循初、金通尹、王造時、廖茂如、章益、魯繼曾、盛振爲、左舜生、邵爽秋、吳澤霖、余楠秋爲理事，陳選善、鄭通和、黃仲蘇、沈鈞儒、陸鼎揆爲候補理事。通電政府，反對把錦州區劃爲中立區，並拍電文如下：「東北爲我領土，錦州威武遼寧臨時政府所在地，若劃爲中立區域，是不啻自行

---

〔註 14〕陳伯海：《上海文化通史》，第 936 頁，上海文藝出版社，2001 年。
〔註 15〕〈教育界救國會電請出兵〉，《申報》1931 年 9 月 26 日。
〔註 16〕〈各大學請政府公佈方針，否則將與學生一致行動，下星期起正常上課〉，《申報》1931 年 9 月 26 日。

放棄主權,故特電達,請迅令施代表撤銷此議,仍堅持以日本撤兵爲先決條件,令東北軍嚴守陣地,不得撤至關內,以保國土。」〔註17〕可以說是教育界產生了教授群體投身進入了政治活動,面對外敵的入侵,教授群體所表現出來的是一股強烈的不滿的、焦慮、緊張的心態,尤其是反對妥協,要求抗日的關鍵議題上呼籲抗戰的言論和活動一直在持續。

1932 年 1 月 30 日即 128 事變第二天,上海大學教授抗日救國會派理事 5 人赴 19 陸軍司令部,訪問慰勞蔡廷鍇軍長。隨後於 2 月 2 日通電全國,對日本的侵略進行譴責,「暴日蹂躪東三省不已,公然南侵。自 1 月 28 日以來,所有連日,日寇肆虐,及我軍抗戰經過情形,詳具報紙,無俟在陳」。提出:十九路軍抗戰對民族影響重大,國人應「犧牲一切以做爲援助」,政府更應盡力支持十九路軍抗戰,「衛國非託空言」,否則「無以卸一黨誤國之責」;全國各軍旅應一致奮發,各就路程遠近,分赴爲暴日侵犯各地,加以反抗;上海市政府對日方之「承諾」,「我國民尤誓死不能承認,無論上海及全國各地所有經濟絕交及其它一切抗日工作,自應一直堅持到底,毋爲暴力所屈服。」〔註18〕大學教授通過「公共領域」組織了社會團體以表達自己的觀點和看法,而上海是當時的經濟中心和文化中心,因此教授群體的這些言論會構成對政府的強大輿論壓力,迫使當局表態,進而實現廣泛的社會動員,影響政府的決策。到 1936 年 1 月時,上海已經成立各大學教授救國會、上海國難教育社以及上海各界救國聯合會,在各會中都可以看到教授的身影,像是上海各大學教授救國會主要成員:顧名、沈鈞儒、曹聚仁、孫懷仁、周新民、潘大逵、吳清友、章乃器、汪馥炎等 60 餘人,其成立的目的在於:「鑒於國難日深,國境日蹙,愛國學生群起做救亡運動,和青年相處最久,認識最深的教師,自是義不容辭,應當在青年學生的面前,共負救亡的責任;同時對於破壞學生救亡運動的青年,教授應以道德力量加以勸誡和制裁」。〔註19〕以道德力量加以勸誡和制裁固然抽象且薄弱,但表示了當時知識分子群體在面對國家未來局勢的動盪不安下,所展現的群體力量,而這種群體力量也同時影響了其它行業及省市。教授救國會與上海文化界救國會、上海婦女界救國會等團體

---

〔註17〕 〈上海各大學教授抗日救國會成立〉,《申報》1931 年 11 月 30 日。
〔註18〕 上海社會科學院歷史研究所編:《九一八到一二八上海軍民抗日運動史料》,第 89 頁,上海社會科學出版社,1986 年。
〔註19〕 《大美晚報》,1936 年 1 月 30 日。

聯合成立上海各界救國聯合會。各省、市受此影響也紛紛成立抗日救國組織，「如沙千里等成立職業界救國會，陶行知等組織國難教育社，馬敘倫、孫曉村等在南京成立救國會，許德珩。羅隆基、張申府、雷潔瓊等在平津成立救國會」。〔註20〕政府也在 1937 年 8 月中旬醞釀在內陸城市設立臨時大學，教育部密令各大專院校，要求戰區各校「於其轄境內或轄境之外比較安全之地區，擇定若干原有學校，極速盡量擴充或佈置簡單臨時校舍，以為必要收容戰區學生授課之用，不得延誤」。這樣的局勢使得高校的知識分子產生了國家民族存亡的危機意識，加速動員了教育遷徙任務。上海的同濟大學分批由吳淞搬到公共租界，該校在租界第豐路 121 號借屋復校，因場地狹窄，兼因戰事惡化，乃決定除醫學院後期學生留滬臨床實習外，其餘院系均於 9 月遷往浙江金華，規定師生員工於 10 月 20 日號遷往到該地報到。〔註21〕

同時期南京中央大學以及杭州的浙江大學也均動員起來，1937 年 7 月 17 日時任中央大學校長的羅家倫在參加蔣介石召集的廬山談話後，馬上通知總務處將做好的 550 只大木箱釘上鐵皮，以備長期遷徙使用。在上海戰事發生後，學校即排出專人分頭遷往成都、四川等地尋覓適當的校址，並且很快提出搬遷的方案，9 月 23 日，教育部「准遷重慶」的批覆下達，中央大學的內遷便在長江航運還算正常的情況下以較充分的準備西遷到重慶沙坪壩。抗戰時教授群體的知識分子以及高校的集體搬遷，是對日抗戰決心的展現，而根據美國學者易杜強的研究中國的知識分子，尤其是大學和中學的教員和學生，總是處在反對向日本帝國主義投降的抗議的最前列⋯⋯沒有誰比日本軍國主義者更清晰地了解這些事實：1937 年 7 月 29～30 日，日軍放肆摧殘南開大學，目的只是破壞、褻瀆和羞辱那些曾經發動過反日運動的高等教育機構。但這是無數敵對行動中最囂張的一次，是日本軍國主義者對中國學生和知識分子的報復。〔註22〕國家形勢的變化導致的高校內遷同時推動了大後方抗日救亡運動的不斷高漲，內遷高校同時也提升了大後方的經濟開放和文化建設，教育文化水平的提高成為了知識分子在精神上堡壘的延續。據《抗戰時期中國高校內遷史略》中的研究，戰時內遷的高校分布區域主要集中在 3 個

〔註20〕周天度、孫彩霞著：《救國會》，第 486 頁，中國社會科學出版社，2011 年。

〔註21〕翁智遠主編：《同濟大學史》（第 1 卷 1907 年～1949 年），第 75 頁，同濟大學出版社，2007 年。

〔註22〕〔美〕易杜強著，曹景忠等譯：《戰爭與革命中的西南聯大》，第 201 頁，九州出版社，2012 年。

地方：一是大後方中心地帶的西南地區，抗戰時期一共接待了內遷院校的 61
所，其中大學 22 所，獨立學院 17 所，專科院校 22 所。二是東臨戰區後方廣
袤的西北地區，先後有 11 所內遷院校落腳或安家，含大學 5 所，獨立院校 5
所，專科學校 1 所。其中有些院校如東北大學、銘賢學院後來又遷往川境。
三是若干戰區的內地，如江西的泰和，曾遷駐高校 7 所；廣西的桂林，曾遷
駐高校 5 所；另外，浙江的金華，粵北的曲江、連縣，粵西的羅定，江西的
贛縣、吉安、閩西的永安、長汀等地，也都曾有過爲數不等的內遷院校駐足。
〔註 23〕這些高校的內遷使國家高等教育的血脈得以延續，也得以保存了國家
抗日的高校群體，表示了高校知識分子支持和擁護政府抗戰政策的決心。同
時也因抗戰的緣故高校不斷搬遷在一定程度上消減了原先分布不均衡的狀
況，將原先東部城市和沿海省份的教育資源有機會帶進了其它地區。

## 第二節　個人主義的變化

　　19 世紀末，各種建立在地方民間自願基礎上的社會中間團體像雨後春筍
般的出現在上海，如羅振玉創立的「農學會」、梁啓超等發起的「不纏足會」、
汪康年的「蒙學公會」、「譯書公會」以及「女學會」、「醫學善會」和「興亞
會」等。這些社會團體的出現象徵著個人主義得到了聚攏性的依靠，觀念相
近或利益相同的人可以自由參加各種社會中間團體，1902 年蔡元培、章太炎
等一批上海知識分子組織中國教育會，旨在用新思想教育國民，設立學堂，
編纂教科書，舉辦演講會等，成爲國內知識界第一個政治團體。這種自由風
氣在上海綿延不絕。大多數中間團體以互助、互益、類聚爲特點，發揮著調
控社會秩序、整合社會關係與社會利益、規範價值取向與道德操守的作用。
到 1920～1930 年代，上海已有 1500 多個團體，其中文化、藝術、科技團體
215 個，宗教團體達 120 多個，還不包括地方公會；同業公會已達 236 個，幾
乎囊括所有的商業和手工業行當。如醫療衛生業有上海醫師公會、中西醫藥
研究社等 7 個團體；武術界有中華武術等 10 個團體，此外還有上海總商會、
上海律師公會、上海工程師公會等。傳統的同鄉會也逐步轉換成現代社會中
間團體。1932 年，上海社會各界主要團體的領袖組成市民自治組織——上海

---

〔註 23〕侯德礎：《抗戰時期中國高校內遷史略》，四川教育出版社，第 71～72 頁，2001
　　　　年 12 月。

地方協會和上海臨時市參議會，從維護市民意義的角度，評議政府的市政管理。〔註24〕知識分子在從「公共團體」逐漸演化「公共領域」中找到了依靠，達到了一種自我的變化。按照哈貝馬斯的說法（Jürgen, Habermas）公共領域成為知識分子存在的民間社會團體與國家權利溝通的橋梁：

> 這一個介於社會與國家之間並對兩者進行調停的領域」、「凡是公民都享參與該領域之活動的充分保障。不同私人個體通過交談行為集合在一起，形成一個公共團體。在他們之間的每一次交談活動中，都產生出公共領域之一部分。〔註25〕

因此這些人既不像商業人士或專業人士在處理私人事務時那樣行事，也不像一個立憲秩序中的成員那樣在國家科層組織的法令制約下活動，而是處於一種不受任何限制的──意即在集會、結社自由以及表達和發表意見的自由得到保障的條件下──就大家共同關心的事情進行交談時的狀態，他們便是以一個公共團體的身份在活動。哈貝馬斯也表示，若要在一個大型的公共團體內進行這種類型的交往活動，那就需要有某種特定的手段來傳播信息，並對信息的接受者施加影響。因此報刊雜誌、廣播電視便是公共領域的傳播媒體。西方在上海成立租界後相對寬鬆的政治環境正好給予了知識分子自由的機會，蔡元培就曾說：「蓋自戊戌政變後黃遵憲逗留上海，北京政府欲逮之，而租界議會以保護國事犯自任，不果逮。自是人人視上海為北京政府權力所不能及之地。演說會之所以成立，《革命軍》、《駁康有為政見書》之所以能出版，皆由於此」。〔註26〕租界成了一個自由的象徵。這種自由的風氣也連帶吹進了上海地區的沙龍，成為最早「公共領域」知識分子的聚會場所。沙龍的盛行即來自上海的特殊地位，這種特殊地位誘發了知識群體的集會，人們因此可以相對自由地參與文學藝術批評和展開對時政的議論，並由此產生民間社會的自由主義形態。

　　這種形態的展現，其中一個便是在法租界。法租界馬思南路 115 號是作家曾樸的文化沙龍，曾樸在自己的沙龍裡與學生探討他最喜歡的法國作家群：雨果、法朗士、勒孔特·德·李爾、喬治·桑及比埃爾·洛蒂。他的兒子曾虛白曾生動地回憶到：「我家客廳的燈不到很晚是很少會熄的。我的父親

〔註24〕魏承恩：《中國知識分子的浮沉》，第 49～50 頁，老古文化出版社，2010 年。
〔註25〕〔德〕哈貝馬斯（Jurgen, Habermas）等：《社會主義：後冷戰時代的思考》中譯本，第 29 頁，牛津大學出版社，1995 年。
〔註26〕蔡元培：《蔡元培全集》，第 400 頁，中華書局，1984 年。

不僅特別好客,而且他身上有一種令人著迷的東西,使得每一個客人都深深地被他的談話所吸引……誰來了,就進來;誰想走,就離開,從不需要繁文縟節。我的父親很珍重這種無拘無束的氣氛。他相信,只有這樣,才能處處像一個真正的法國沙龍」。〔註27〕同樣的,咖啡館在20年代末以及30年代也相當流行。成爲作家和藝術家最喜歡的聚會場所,作家張若谷在《咖啡座談》的散文裡面寫到:

> 除了坐在辦公室和逛書店外,我一般都坐在霞飛路的咖啡館消磨我所有的閒暇。我只喜歡與幾個知己朋友黃昏時分在咖啡館裏聊天。這種享受要比絞盡腦汁作紙上談話來得省力,而且自由。這種談話的樂趣,只能在密友的聚會中獲得,而不是一大撥人相會,大家一到黃昏,就會不約而同地踏進那幾家常去的咖啡館,一邊喝著濃厚香醇的咖啡,一邊低聲輕語傾訴衷曲,這種逍遙自在的閒暇時光,外人不足道也。〔註28〕

「公共領域」成爲了知識分子互相交流的地方,知識分子也慢慢固定在「公共領域聚會的習慣。而在公共場所集會則是從更早以前就開始出現,1919年「五四運動」爆發,5月7日,上海2萬多市民共同舉行國民大會,聲援北京學生,要求懲辦國賊,拒簽合約。1925年4月12日由10萬市民參加孫中山追悼大會和6月11日工商學聯合會因「五卅慘案」召開的10萬人大會,也都在公共體育場舉行,個人的聲音以集體活動的形式成爲一種表達意見的方式,透過聚會及集會有了宣泄和發表自我意見的渠道,並在其中尋找志同道合的同伴。然而戰爭的到來打亂了知識分子群體的平靜和舒適生活,像是陳寅格、吳宓等人長期沉緬於學術研究中,此時面對國家的危亡迫使他們不得不思考個人的出路和前途,並爲自己設想了很多悲壯的結局,也對國家抗戰的前途充滿了悲觀和失望,認爲抗戰必定導致亡國。在吳宓1937年7月14日的日記中寫道:「閱報,知戰局危迫,大禍將臨。今後或則(一)華北淪亡,身爲奴辱。或則(二)戰爭破壞,玉石俱焚,要之,求如前此安樂靜適豐舒高貴之生活,必不可得。我一生之盛時佳期,今已全畢。此期亦不可謂不長久,然初未得所享受,婚姻戀愛,事事違心,寂寞憤鬱,痛苦已極。回記一生,寧非辜負?今後或自殺、或爲僧、或抗節、或就義,無論何種結果,終

---

〔註27〕 Lee, Leo Ou-Dan: 1999, *Shanghai Modern*, MA, p.18, Cambridge: Harvard Univ. Press.

〔註28〕 張若谷:〈咖啡座談〉,《申報》,1928年8月6日。

留無窮之毀恨」。〔註29〕對日抗戰，高校的內遷導致教授也走向流亡之路。抗日戰爭全面爆發後，教授群體都在思考一個問題，即國家和個人的前途何在？個人在國難當頭之際將何去何從？民國時期的大學教授是社會上比較特殊的知識群體，雖然可以從職業的視角將高校中的教師都視為是教授派或教授群體，但實際上這是一個十分鬆散的、各自為政的集合體，基本上他們都希望各自能以一個獨立的身份存在，因此這些人通常以「獨立之精神和自由之思想」為基本的價值取向。

前邊提過講師到教授平均工資大約落在 100 至 600 不等，顯示出戰前的教授在薪資待遇上不僅能過不錯的生活，而且享有極高的社會地位，是令人豔羨的知識精英群體。而抗戰的爆發使得收入開始下降讓這一群知識分子開始落入社會底層，經濟地位的變化引起政治偏好的改變。細看民國初年至南京國民政府期間，教授的收入確實是高且呈逐漸上陞趨勢，在 1927 年 6 月 23 日，國民政府教育行政委員會頒布了《大學教員資格條例》和《大學教員薪俸表》，根據這份薪俸表可以更直觀看出知識分子的薪俸：教授為一等。一級教授月薪 600 元；二級教授 450 元，三級教授 400 元。副教授為二等。一級副教授月薪 340 元；二級副教授 310 元；三級副教授 280 元。講師為三等。一級講師約薪 260 元；二級講師 230 元，三級講師 200 元。助教為四等。一級助教月薪 180 元；二級助教 140 元；三級助教 100 元。具體執行上也存在著一定的變通，吳瓊即認為：「各高校在薪俸上有一定的標準，在這個標準之外，可以根據學校的實際需要和所聘教授的學術水準、社會影響，對其薪俸予以調整」。〔註30〕也就是說在實際操作上各個學校的經濟和具體情況不同會有不同程度地調整。到 1931 年時清華大學平均工資來到了 350 元以上，北京大學則在 300 到 400 元左右。20 世紀 30 年代陳垣、胡適等知名的知識分子月薪收入大約有 500 到 600 元，還有大量稿費以及演講費，平均月收入到達了 1500 元以上；而 1932 年，中山大學校長、國民黨中執委許崇清的帳面月薪為 1875 元，居全國之首。〔註31〕對比 1942

〔註29〕吳宓著，吳學昭整理：《吳宓日記——第 6 冊（1936～1938）》，第 152 頁，三聯書店出版社，1998 年。

〔註30〕吳瓊：〈民國時期教師薪俸的歷史演變〉，《教育評論》，第 63 頁，1999 年第 6 期。

〔註31〕劉超：〈中國大學的去向——基於民國大學史的考察〉，《開放時代》，2009 年第 1 期。

年北京平民五口之家平均月度爲 14 元 2 角 5 分；人力車夫養家月費 11 元 6 角 2 分。相比之下名教授的收入可以想見。正因名教授在經濟實力方面如此強勢，致其在社會運動中亦頗有能量。當然 20 世紀 20 年代的情況也需考慮進去，在北洋政府時期當局長期拖欠教育經費和教授薪金，使得教授的收入並不等同於學校與教授約定的數字，但也足夠支撐生活。之後抗戰物價的飛漲，使得這些知識分子面臨了大量的生存壓力，生活狀況非常苦悶。像是聞一多曾經如此描述自己抗戰時期的生活：「飯裏滿是沙，肉是臭的，蔬菜大多是奇奇怪怪的樹根草葉一類的東西，一桌八個人共吃四個荷包蛋，而且不是每天都有」。〔註 32〕

　　這種經濟窘迫的現象，隨著抗戰後國民黨內部開始出現的腐敗，推動了知識分子爲自己爭取權益的驅動力，像是聯大數學系教授羅庚在 1945 年 3 月 24 日寫了一封信給當時的教育部長，認爲若是持續讓知識分子吃不飽飯，長此以往，讀書種子將會摧殘殆盡。而姚從吾在 1935 年 3 月 25 日則更爲直接的指出，因應物價所做出的工資調整是一種不公平的腐敗調整，他指出：

> 　　一、昆明自三月以後，物價跳漲，教授一口四家，至少需要六萬元。二、聽說公務員薪金調整辦法，重慶爲 36 倍，昆明只 48 倍或云 40 倍，同人認爲不公。昆明物價至少目前比重慶貴一倍，如肉，昆明 600 元一斤，據說重慶只 280 元；米，此間 38000 或 40000 元一石、140 斤。菜油、香油 1000 元一斤。據一般的希望，重慶 36 倍，昆明當爲 70 倍或 60 倍，不然極不公平。〔註 33〕

知識分子面臨柴米油鹽醬醋茶的糾纏，使得知識分子被迫在日常生活接了地氣，國民黨卻做出昆明繼續挨餓的舉措，讓困苦的知識分子更加不滿，加速了知識分子的思想發生轉變。如蔣夢麟向聯大教授宣佈美國聯合援華會支持中國高校教授生活費用計劃不能實施時，遭受到了聽眾們（指聯大中的知識分子）的強烈抗議。他們認爲，鑒於「租界法案」和他們自己的極端貧困，接受美國援助根本不是什麼不光彩的事。知識分子又認爲，如果他們是被重視的，或者是當此國難之際全國上上下下各階層是在同甘共

---

〔註 32〕 聞銘、王克私：《聞一多書信集》，第 216 頁，人民文學出版社，1986 年。
〔註 33〕 根據中國第二歷史檔案館館藏檔案，國立西南聯大羅庚、姚從吾等人關於昆明物價狀況及要求修正生活指數，加成倍數的有關文件，全宗號：五，案卷號：3181。

苦的，那麼即使挨餓也沒有什麼關係。〔註 34〕但這群知識分子看到的是觸目驚心的不平等現象和社會上層的奢侈浪費，如此巨大的落差造成許多知識分子感到心灰意冷，在條件困苦下一部分人將會死去，而其餘的人將會因想積極改善生活和改變處境變成革命分子。顯示出在戰爭的年代中，面對艱難的生活很難「獨善其身」，因而加入爭取自己權益的隊伍中。如同徐復觀所說：「若是大多數人都直接捲進政治，這多半是一種不幸的時代；若是一個人，把他自己的生命投入政治之中，也是一種不幸的人生。……歷史上，當戰爭和所謂革命的年代，一定會驅遣多數人直接參加政治，不論戰爭與革命的性質如何，身當其衝的總是犧牲第一。」〔註 35〕戰爭改變了知識分子的獨立性，開始依附於宗教、政治、經濟等權利上。對法國社會學家布迪厄（Bourdieu, Pierre）而言，不滿足於特定條件的知識分子，嚴格上不能稱作知識分子，並且提出要求，作爲界定知識分子的標準：

> 文化工作者要配得上知識分子的稱號就必須符合兩個條件：一方面，他必須屬於一個知識分子自治的領域，獨立於宗教、政治、經濟和其它權力，他們必須尊重此領域專門法則。另一方面，他們必須在政治之外的實際的知識學科發揮自己特有的專長和權威，他們必須保持全職的文化生產者身份，而不能成爲一個政治家。〔註36〕

戰時的特殊環境爲知識分子提供了一個別樣的環境，在抗戰期間設立的國民參政會也爲教授群體提供了一個發揮的舞臺，借由國民參政會在開會期間彼此聲援。在「五五憲草」的修正案時，西南聯大的教授因爲彼此處於同一個圈子進而在修正案中有了共同的話語，在這個國民參政會裡包含了常乃惠、陳豹隱、陳啓天、陳時、陳裕光、程希夢、傅斯年、光升、杭立武、胡適、黃建中、黃炎培、江恒源、李聖武、梁實秋、梁漱溟、劉百閔、盧前、羅家衛、羅隆基、羅文幹、馬乘風、馬君武、梅光迪、歐元懷、彭允彝、錢端升、錢公來、任鴻雋、沈鈞儒、陶孟和、陶希聖、陶行知、王士穎、王幼橋、王造時、王卓然、韋卓明、吳貽方、許德珩、顏任光、晏陽初、楊端六、楊振聲、于斌、余家菊、張伯苓、張東蓀、張君勱、張彭春、張申府、張奚若、

---

〔註 34〕〔美〕費正清著，陸慧勤、陳祖懷、陳維益等譯：《費正清對華回憶錄》，第 295 頁，知識出版社。

〔註 35〕徐復觀著，李維武編：《徐復觀文集（第一卷）：文化與人生》，第 72 頁，湖北人民出版社，2009 年。

〔註 36〕Bourdieu, Pierre: 1969, The Corporation of the Universal: the Role of Intellectuals in the Modern World, Theory and Society 99.

張忠紱、章士釗、鍾榮光、周炳琳、周覽、左舜生共 58 人。〔註37〕從年齡結構來看，其中主要涉及了兩代學人，即「五四一代」和「後五四」一代的學人，自 1915 年以後中國第二代知識分子的出現，如胡適、梁漱溟、張君勱等人，他們不再走學而優則仕的傳統士大夫老路，而是在新的社會結構中有了自己的獨立職業，比如：教授、報人、編輯作家等等，而同時名單中又有一代知識分子嶄露頭角。用殷海光的話來說，可以稱之爲「後五四」知識分子。這代人大多有留學歐美的經歷，及很好的專業訓練。前後兩批人加起來約占國民參政會 29% 的人數，顯示出了抗戰後知識分子轉移到國民參政會上繼續「公共領域」的聚會。而其中展現出個人主義的分化，在國家民族面臨存亡危機時，做出了自己的選擇。其中初期許多人分別投入國民黨或參與了反對軍閥的北伐戰爭，或是後期對國民黨統治與無能的徹底失望進而對共產黨聯合政府的積極響應，都是一種選擇的分化，這種思想轉換與抗戰之初截然不同，例如蕭公權曾經認爲：「北伐完成以來，許多教育界同人和我自己認定國民黨是中國前途的唯一希望。因此我們撰寫評論，以非黨員的身份，向政府作建設性的提議或善意的批評，這些間接擁護政府的文字雖然未必發生任何實際影響，似乎尚爲一部分人所注意。」〔註37〕同時聞一多在抗戰之初表態：「抗戰對中國社會的影響，那時還不甚顯著，人們對蔣委員長的崇拜與信任，幾乎是沒有限度的。……只覺得那眞是一位英勇勇敢的領導，對於這樣一個人，你除了欽佩，還有什麼話說呢！有一次，我和一位先生談到國共問題，大家都以爲西安事變業已過去，抗戰卻不能把國共雙方根本矛盾徹底解決，只是把它暫時壓下去罷了，這矛盾將來是可能又出來的。然而應該如何徹底解決這矛盾呢？這位先生認爲英明神聖的領袖，代表著中國人民的最高智慧，時機來了，他一定向左靠一點，整個國家民族也就會跟著他這樣做，那時左右的問題自然就不存在了。」〔註38〕這種樂觀和支持國民政府的思想，在後期已幾近不存在，知識分子在抗戰期間的飄搖，以及經濟上的困頓轉移到政治上的問題；在國民政府的腐朽和不能改善的經濟問題下，最終態度產生了變化。個體開始因應需求選擇在約束條件下對自我產生保護，依照自己的判斷開始棄舊從新，從而在政治問題上產生不同以往的態度以及明顯的差

---

〔註37〕吳錦旗：《抗戰時期大學教授的政治參與與研究》，第 75～77 頁，南京大學出版社，2012 年。

〔註37〕蕭公權：《問學諫往錄》，第 14 頁，黃山書社出版社，2008 年。

〔註38〕西南聯大《除夕副刊》主編：《聯大八年》，第 7 頁，新星出版社，2010 年。

異。這也顯現出在戰爭這種非常時期，知識分子受到戰爭影響缺少獨立性以及無法感覺到舒適的生活環境，成為了曼海姆所說的沒有任何社會根基的「自由漂浮者」，因此無法和權力系統保持著若有似無的距離，距離的喪失使得知識分子較以往缺少了自由意識和獨立人格，開始需要擔心戰時的變化會危害到自身的生存和發展，進而在知識權力和話語權力的表現上大打折扣。

## 第三節　30年代末知識分子的差異

　　科舉制度的廢止，封建帝制的終結，使得延續數千年的士大夫傳統斷裂，因而知識分子面臨嚴重的精神危機，當論述到中國的知識分子傳統，一般論者大多會與士大夫傳統關係、儒家文化傳進行聯繫。但如余英時所述，中國現代知識分子雖與傳統社會的「士」有歷史傳承關係，然而中間還是存在著差異。〔註39〕從「士」變為知識分子的過程按法國漢學家白吉爾（Berger Claire）的觀點，當1905年科舉制度廢止後，新式學校和東西洋遊學成為教育主流時，所造就的就是知識分子：1905年取消的科舉制度，改變了以前那種靠科舉入仕途的局面，這使得新式知識分子的人數大增。新的教育制度的產物是培養了一大批有文憑而沒有多少入仕前景的知識分子。他們所受的教育使他們敢於同儒家思想和儒家秩序決裂。但由於他們所受的教育質量不高，使他們在現代化領域無法發揮重要作用。此外，中國現代化的進展是如此地緩慢，以致不可能為他們提供廣闊的前景。即使那些最優秀的和後臺最硬的人，也不過進了政府機關，充當洋務專家。有些人成為新聞記者、醫生、律師、編輯，但大多數人則受聘短期合同到新式學校任教。新知識分子階層相對處於社會邊緣狀況，賦予他們在政治上和思想上的對立性。與成長於通商口岸的其它階層相比，這些知識分子對自己在兩個世界之間充當中間人的處境感到難以勝任。他們摒棄傳統社會（不承認或不完全承認這個社會），卻又沒有在萌芽狀態的新社會裏找到自己應有的位置。這是一個不受任何約束的知識分子的群體，他們易於接受任何的反判思想，是所有改革和革命的後備力量。〔註40〕

〔註39〕余英時：《中國知識分子的邊緣化》，香港《二十一世紀》雙月刊（香港）1991年總6期。

〔註40〕〔法〕白吉爾（Beregre, M. Claire）：《中國資產階級的黃金時代》（Marie-claire bergere lage dor de la bourgeoisie Chinoise）（中譯本），第43～44頁，上海人民出版社，1994年。

　　他們根據各自的教育背景從西方思想傳統中去尋找精神歸宿，在這樣的情況下知識分子建立起自由主義、社會主義、國家主義、科學主義等不同傳統。在「五四運動」之後，自由主義逐漸成爲一種知識分子的主要傳統，如金耀基所指出的：「象徵五四的民主與科學已經成爲中國文化的新傳統。或者更確切地說，它已是中國傳統的一個亞傳統，『五四』這個傳統有時成爲主導性地位，有時居於從屬性位置，有時更扮演「抗制性」的角色。〔註41〕這自由主義傳統明顯帶有士大夫傳統的痕跡，林毓生稱什麼是五四精神？那是一種中國知識分子特有的入世使命。這種使命感是直接上承儒家思想所呈現「先天下之憂而憂，後天下之樂而樂」與「家事國事天下事事關心」的精神；它與舊俄沙皇時代的讀書人與國家權威與制度發生深切疏離感，因而產生的知識階級激進精神，以及與西方社會以政教分離爲背景而發展出來的近代西方知識分子的風格，兩種相較是有很大出入的。這種使命感使中國知識分子以爲眞理本身應該指導政治、社會、文化與道德的發展。〔註42〕除了士大夫傳統的影響之外，當時中國面臨的客觀情勢也令知識分子對民族國家產生一種強烈的使命感。像是1931年10月23日，著名的教育家馬相伯不顧92歲的高齡，把抵禦外敵入侵看做自己的責任，積極投身抗日救亡運動，他在《申報》發表《爲日禍敬告國人書》，提出停止內戰，共同抗日的主張：「今日舉國爲日貨致哀，余雖老邁，亦一國民，天責所在，義不容辭，抒己見以勖國人」。「此次，日軍強佔我遼吉諸名城，直不啻探囊取物，而我實無絲毫抵抗而忍受，又何異束手待斃」。〔註43〕馬相伯在文章中指出日軍暴行嚴重違反國家公法和非戰公約，清楚明白告訴國人不能寄託列強會主持公道，認爲「一味仗人執言之惡習不根本剷除，斷然無自贖自救，幸加意焉。」同樣的，許德珩在九一八事變後不久，連續在北京大學、北平師範大學發表《關於東北淪陷華北告急》的演講，揭發日本帝國主義侵略中國的罪行，批評政府的不抵抗政策，激發學生的愛國熱情。由於相對激進的言論，使得國民黨政府注意到他，在1‧28事變後不久，時任國民黨政府實業部長陳公博動員許德珩放棄教書，許德珩回應：「國家內憂外患，許多愛國人士正在拋頭顱灑熱血，自己此時還在教書

〔註41〕金耀基：《中國社會與文化》，第186頁，牛津大學出版社，1992年。
〔註42〕林毓生：《中國傳統的創造性變化》，第162頁，三聯書店出版社，2011年。
〔註43〕馬相伯：〈爲日禍敬告國人書〉，《申報》（上海）1931年10月23日。

已經很慚愧，現在無恥的親日政客（指陳公博）竟來動員同流合汙，豈能忍受。」因此怒不可遏地反問陳公博：「不教書，做什麼？當官僚，做賣國賊？還是做蔣介石的打手？」〔註44〕使得陳公博狼狽不堪。

同樣地，鄧初民在 1‧28 後，譴責蔣介石的「先安內後攘外」的政策，愛國行動及觀點同樣引起當局的不滿因此被迫離開上海。陶行知為《申報》所撰寫的《敬告國民》和《國民的軍隊》兩篇社論，號召「全國的軍隊起來，踏著 19 軍路的血跡，造成國民的努力，收復已失國土」。歷史學家柳詒徵，鑒於國難當頭，於 1931 年 10 月 20 日在天津《大公報》發表《罪言》一文，鼓吹抗日，同時印製古書中，如何對付蠻夷之邦以及收復失土的文章如：《嘉靖東南平倭條》、《俞大猷正氣堂集》、《任環山海漫談》、《三朝遼事實條》、《經略復國要編》等，希望激發國人的愛國熱忱，增強國人抵抗外侮的能力。傅斯年也在九一八事變後，在北平圖書館召集領域內學者共同商討國事，傅斯年在會上聲討日本帝國主義的暴行，提出在民族危亡之際「書生何以報國」的問題，引起了與會者的共鳴，在這次會上大家決定與編撰一部中國通史以喚起民族之魂，並一致同意將這個主要任務託付給北大歷史系。顯現在外敵當前時，知識分子各自以不同的方式面對日本侵略的暴行，藉由日本侵華的這件事調動了知識分子的民族主義和愛國情操。

然而並不是每個知識分子都認同積極對日抗戰的理念，也有主張應該以和戰為優先考量的知識分子，認為應客觀審視中國與日本之間的實力，採取比較進理性的方式，這一派以胡適為代表，九一八事變後胡適極力主張同日本直接交涉，並大力提倡國際調停，其目的在於避免與日本作戰。在 1935 年 6 月 20 日，他寫信給王世杰說：「在最近期間，日本獨霸東亞，為所欲為，中國無能抵抗，世界無力制裁」，試圖以一種分析的態度來述說眼前的局勢。但胡適同時也表示在一個不遠的將來，由於日本侵略實力過份膨脹必激化它同英美等國的大戰，因而在「太平洋上必有一度最可慘的大戰，可以做為我們翻身的機會。」〔註45〕這樣的言論無疑是反戰，胡適做為參與「五四」運動的一代，其言論影響了很多知識分子及學生群體。也因此收到了很多人嚴厲的批評，但也有人力挺胡適認為胡適並不是賣國者。從胡適的出發點可以看

〔註44〕許德珩：《許德珩回憶錄：為了民主與科學》，第 199 頁，中國青年出版社，2000 年。

〔註45〕胡頌平：《胡適之先生年譜長編初稿》第 4 冊，第 1383 頁，聯經出版社，1984 年。

到，胡適不是無條件的反戰，而是看到了當時中國的孱弱和日本的強大。在個人情感中胡適仍流露出對日本的不滿，在胡適 1935 年 6 月 1 日的日記中寫到：「聽努生（即羅隆基）說天津日本兵隊的暴行，氣得不得了！這種國家是不能存在於天地間的」。〔註 46〕胡適認爲兩國開戰，中國幾乎無取勝的可能，其認爲即使抗戰也要等待時機的到來，等到日本與其他強國矛盾時再戰即可，這樣的說法無法取得主張抗戰的人認同。近期出版的《最後的帝國軍人：蔣介石與白團》中，也同樣提到在最一開始，由於蔣介石與日本的淵源，以及害怕消耗嫡系軍隊，蔣介石也不主張抗日。

不同態度的展現顯示了知識分子在面對民族存亡危機時展現的差異，因在戰爭特殊時期，因此個體的我、任何個人的權利和個人的自由、個性的獨立和尊嚴等都不是優先考慮的重點，在李澤厚《啓蒙與救亡的雙重節奏》中指出，五四後：「時代的危亡局勢和劇烈的顯示鬥爭，迫使政治救亡的主題又一次全面壓倒了思想啓蒙的主題」、「救亡的局勢、國家的利益、人民的饑餓痛苦，壓倒了一切，壓倒了知識或知識群對自由、平等、民主、民權和各種美妙的理想的追求和需要，壓倒了對個體尊嚴、個人權利的注視和尊重」。〔註 47〕換句話說，因爲共同議題的聚合，知識分子希望能把內部聲音統一，顯現了在逆境中的動員容易造成社會成員行動的一致，抗日救亡這個議題激發了中華民族的愛國熱情和同仇敵愾的氣概，知識分子群體的民族主義日漸高漲，也因此有許多人從愛國走向共產革命的道路，但救亡並未完全壓倒啓蒙，因此知識分子群體開始出現分化。有些人努力於維持國家的獨立性，有些人則企圖沉緬於自己的世界，知識分子之間加大了差異。這也在於他們對事情的理解角度不同，如墨子刻（Metzger, Thomas）提及殷海光時就說：

> 他是一個老資格的自由主義者和讚賞個人主義的西化人士。他把五四運動的理想和對美國社會科學的濃厚興趣結合起來。但是在以下這兩種西方概念面前他退縮了，這兩個概念，一是把獨立的個人看做最高之善，另一是把民主看作是各種利益團體相互作用的對

---

〔註 46〕 胡適著，曹伯言整理：《胡適日記全編》，第 481 頁，安徽教育出版社，2001年。

〔註 47〕 李澤厚：〈啓蒙與救亡的雙重節奏〉，《中國現代思想史論》，第 33 頁，三聯書店出版社，2008 年。

　　立體系；他寧願在個人主義和自由特徵的標籤下偷偷加進一些本質

　　上與孟子的道德自律概念相一致的理想。〔註48〕

這顯示了知識分子在面對問題時，即使是受過正統的西方教育，骨子裡仍然會被士大夫觀念及個人的小我所牽動，而「自由主義」在有愛國情操的知識分子眼裡代表了更多東西，要有所作爲必須一定程度的依附當權者，因此知識分子平常所獲得的權利是一種半獨立的狀態，在一個尷尬的境地裡左搖右擺。如同格里德所說：「自由主義，在中國人的心中就意味著更多的東西了：它是一種會使人們想起孔子關於君子準則的個人價值標準模式，一種在中華帝國的歷史上歷經很多世紀而未嘗有過實質性改變的（道德）理想」。〔註49〕帶著這種矛盾以及個人理想的內化追求，30 年代末的知識分子終究產生了分化。

---

〔註48〕〔德〕墨子刻（Thomas，Metzger）：《擺脫困境——新儒學與中國政治文化的的演進》，第 183 頁，江蘇人民出版社，1996 年。

〔註49〕〔美〕格里德（Grieder，Jerome）：《胡適與中國的文藝復興》，第 377 頁，江蘇人民出版社，2005 年。

# 第二章　張愛玲研究的再研究

　　第二章探討張愛玲研究的再研究，主要是從當代的研究者中，理解張愛玲創作以及當代研究者所推崇的意境。張愛玲做爲一個 30 年不衰的熱點現象，多年來形成的體系，有助於理解知識分子在回顧歷史事件和場景時回應態度的背後所要傳達的眞正意思。王德威曾這麼描述張愛玲小說的魅力，指出：「不只出於她修辭造境上的特色，也來自於她寫作的姿態，以及烘託或打壓這一姿態的歷史文化情境」。〔註 1〕這是對張愛玲參差對照的美學寫作手法及她觀察世路人情的結論。在張愛玲所處的年代，王德威看見宣傳文學的狂飆，認爲張愛玲反其道而行，摒棄了忠奸立判的道德主義，專事「張望」周遭「不徹底」的善惡風景。同時王德威表示張愛玲觀察深刻，從浮華頹靡的情愛遊戲裡，看到人間男女素樸原始的掙扎與渴望；認爲其從庸碌猥瑣的市井人生中，找尋閃爍不定的道德啓悟契機。將張愛玲的文字風格上昇到「張腔」，而研究張愛玲則成爲一門學問。這個高度無疑是對張愛玲的一種肯定，也是一種在時代語境中從「夾縫」中讀張愛玲的一種感悟。

　　張愛玲首次出現在小說史內，最早追溯到 60 年代初夏志清，這番論述可謂奠定了王德威所說的「張學」研究的基礎。當時的中國共產黨建立新中國後，正經歷了前所未有的困難，原因在於國民黨所留下的是一攤爛攤子，市場流通的貨幣「金圓券」相當於廢紙。同時國民黨政府聯合美國及其它西方國家對其進行經濟封鎖，到了 1950 年 4 月由於當局得力的打擊投機舉措，使得物價開始轉入穩定，使上海市民脫離通貨膨脹的苦海，此舉逐步獲得了知

---

〔註 1〕 王德威：《小說中國——從晚清到當代的中國小說》，第 338 頁，麥田出版社，1993 年。

識分子的信任。此後，生產逐步恢復，財政得到收支平衡。1953 年，中央人民政府頒布第一個社會經濟發展的五年計劃，大陸開始推動工業化建設。1955年，中央人民政府開始採用贖買方法，對私人企業進行社會主義改造，也就是對私人企業實行公私合營，按照資產數額發給業主固定利息，最後完全收歸國有。1956 年 1 月 20 日，上海完成公私合營程序。在體制上完成了眞正的變遷，國家對公司乃至於個人都有了精準的掌控。一切教學創作、研究和出版和活動都需要精工組織政治審核批准，文化市場的選擇基本消失。同時期，在臺灣也經歷了政治掌握一切的年代，在文學上消滅了日本文學在臺灣的市場，並建立了文化出版審查制度，據已公開的宣傳委員會歷史事件資料，積極肅清日本人在臺灣所殘留的影響。出版書籍的查封及銷毀完全限縮了臺灣知識分子發表文章及閱讀新書籍的空間，直到現代主義開始進入臺灣，帝國主義的擴張使得知識分子開始獲得了來自西方的信息，也就是在這個相對寬鬆地時間點，旅居美國的學者夏志清找到了一個適合地時機，推出了張愛玲。

其後隨著兩岸的政治條件鬆動，之後如水晶、唐文標、陳炳良、鄭樹森、陳子善都對張愛玲有新的發現，分別對細節提出了看法。諸如：張愛玲本人傳奇的生涯、神秘的行止，使整個研究更加完整。但如前所述，張愛玲現象畢竟有其歷史原因。套用張愛玲文章中所述：「這時代，舊的東西在崩壞，新的在滋長中。但在時代的高潮到來前，斬釘截鐵的事物不過是例外」。〔註 2〕套用在張愛玲評論橫空出世的時代，也相當貼切。知識分子或多或少在其中找到了一個喘息和透過文學表達自己意見的空間，王德威在《小說中國──從晚清到當代的中國小說》中，即透過張愛玲的話傳達了自己的心聲。認爲：「時代的高潮還沒到來，或來了又悄悄退潮，或永不到來。」述說自己是在歷史的夾縫中讀張愛玲，我們的「回憶與現實之間時時發現尷尬的不和諧，因而產生了鄭重而輕微的騷動，認眞而未有名目的鬥爭。」〔註3〕其中「鄭重而輕微的騷動」以及「認眞而未有名目的鬥爭」，就是本章節很值得深入述說的部分。透過對她的解析或可以說王德威點出張愛玲現象本身的歷史意義，或王德威本人對時代心有戚戚焉。在王德威所處的時代，開始將中國文學與電影以大眾文化媒介的方式呈現，文學與電影突顯了中國人在某一歷史環境中的美學趣味，無論哪一種也難掩映其下的政治潛意識。

---

〔註 2〕張愛玲：〈自己的文章〉，《流言》，第 21 頁，皇冠出版社，1991 年。
〔註 3〕同上，第 21 頁。

# 第一節　當代的研究者

在張愛玲的當代研究者中，大陸部分主要集中在 1940 年代以及更後期的青年學生，他們在 1950～1960 年代成為上海知識分子的主體，以及「生在新社會，長在紅旗下」完全受共產黨教育成長起來的知識分子。中國知識分子的自由主義傳統在 1957 年反右運動時曾經斷裂，但在文革後又重新滋長起來，根據旅美學者胡平的說法，這是一次發現經驗的過程：「民主運動活躍分子所具有的自由主義觀念，基本上不是來自課堂、來自老師、來自與西方世界的接觸，甚至也不是來自書本，而是來自於他們的親身經驗，以及他們對經驗的獨立、深刻的思考和領悟。因此我們可以說，他們是憑著自己的力量，重新發現了自由主義」。〔註 4〕這個說法其實是不準確的，因為這一代知識分子的自由主義思想其實是有淵源的，最早可以往前追溯到紅衛兵和知識青年中的地下讀書運動。在公開發表數百種關於紅衛兵和知青生活的回憶文章，從中可以發現這一代人的閱讀史是驚人的相似。在紅衛兵身上的革命瘋狂逐漸冷卻下來後，他們開始感覺到精神的空虛和知識的匱乏，便如饑似渴地找書來讀。這些書籍包括西方名著、蘇聯解凍的文學作品、三、四十年代中國知識分子的著作，這些書籍成為他們的營養，於是曾經沉寂下去的自由主義傳統就重新在這一代知識分子的思想中成長。

地下讀書運動一直可向前追溯到 60 年代初，當時已有一些青年學生不滿學校的教育因此秘密組織閱讀為主流意識形態所不容的作品，並從事秘密創作。當時在北京比較著名的兩個團體一個是「X 社」，另一個則是「太陽縱隊」。X 社以北京師範學院學生張鶴慈為核心，主要成員則有北京大學哲學系郭世英，北京第二醫學院學生孫經武以及葉容青。這三個學生是北京 101 中的同學，他們在中學時代就開始閱讀西方哲學和 19 世紀據的文學作品，據張鶴慈回憶：「高中時開始看大量西方古典主義作品，如雨果、狄更斯、屠格涅夫。高三時開始轉而看西方近現代作品，最喜歡陀思妥耶夫斯基、雷馬克和易卜生等。當時，在家附近的大學圖書館還能找到一些內部讀物，如《資本家宣言》等，但得益最多的，是我和郭世英用了郭沫若的內部購書證去買過許多內部書籍，尤其是新出的社會科學和文學方面的書。弗洛伊德心理分析的著作，就是這樣得到的，當時我提出過一個口號，叫『進入 21 世紀』。我發現

〔註 4〕　胡平：《禪機：1957，苦難的祭壇》，第 167 頁，廣東旅遊出版社，2000 年。

哲學從古希臘、黑格爾一直到馬克思斷了；文學從古典主義、浪漫主義、現實主義也到了馬克思爲止，因此我們要看馬克思以後的新東西」。張鶴慈而後在家進一步成立了 X 雜誌，但這個雜誌基本上只是每人用活頁紙寫好文章後，集中裝訂成冊。這個雜誌的命名由來，是用數學中的 X，表示未知數。我們用這表示懷疑，而 X 又可以看作一個叉字，用來表示否定，X 同時可以看做一個十字路口，表示探索，再有就是四隻伸出來又握在一起的手。從中可以看出，這些人對社會現實的懷疑及探索。但這個團體發展日益走向極端的道路最後被人檢舉爲「反革命團體」認爲其中討論的問題，質疑當局的合法性，於是在 1963 年成員全部被逮捕，毛澤東聲稱：「幹部子弟鬧得也太不像話了，要整頓」。因此張鶴慈和孫經武被勞動教養。〔註5〕

太陽縱隊在 X 社消息傳出後，立刻停止了有形的組織活動。按照張郎郎的說法，「太陽縱隊」不是一個政治組織，認爲他們秘密寫詩，只是怕別人破壞他們的遊戲。同時也沒想到用詩來反對「現政」對抗當局，因此他們自認爲不是革命也不是反革命，只是不革命而已。但這群青年的獨立反抗性格還是爲他們自己帶來了麻煩，當事者張郎郎以「反革命」罪被判處死緩，最終坐了 10 年監獄。在此事件以及之後的文化大革命，青年學生開始找不到自己的價值，造反派之間又有了「全面內戰」。因此當中的人就當起了什麼都不管的「逍遙派」，再加上全國學校全面停課，使得學生群體的知識分子對現實的失望，精神的空虛轉入到書籍中去尋找答案，再一次他們回歸到純粹的閱讀中。另外在 1960 年代和 1970 年代，大陸曾兩次較大規模的出版過「內部讀物」，這兩批讀物影響了一定的知識分子。第一次是在 60 年代初的中蘇論戰期間，爲了使各級幹部在「反修鬥爭」中擴大視野，由世界知識出版社、人民出版社、三聯書店等，有計劃地出版了一批國際共運中各種主義思潮流派和有助於了解蘇聯修正主義、西方資本主義的著述及文藝作品。包括《第四十一》、《一寸土》、《跟著太陽走的人》、《高空》、《雁南飛》等多個蘇聯主義的劇本。以及政治書籍《鐵托傳》、《斯大林傳》、《新階級》，範圍從政治、哲學、文學都有，因這批書一般爲灰皮，故稱「灰皮書」。第二次則是 70 年代初期，隨著毛澤東「三個世界理論」的提出，中蘇關係的緊張和中美關係的解凍，大陸再一次出版了「供參閱和批判」的蘇聯修正理論和文藝作品，以

---

〔註 5〕廖亦武：《沉淪的聖殿》，第 29 頁，新疆少年出版社，1999 年。

及有關中美關係的歷史傳記等，例如：布隆恰夫的《經理的故事》、葉甫圖申科的《娘子谷》和《白輪船》、《落腳》、《多雪的冬天》、《你到底要什麼》。〔註6〕這一批書籍一般為黃皮，故稱「黃皮書」。這兩批書也成為知識分子首要涉獵的書籍標準之一，可以說是知識分子動盪中，仍有知識分子企圖找出一條不同於國家及政治議題的道路。

　　相同的情形，也發生在臺灣。在50年代政治方面推崇「反攻大陸的」文藝政策之下，知識分子失去以自己的聲音書寫臺灣的機會，也開始與現實社會產生脫節，因此在這一代成長起來的知識分子，期望找尋到一條不同於「為政府服務」的文學道路轉而集中於內心世界的探索與挖掘，但國家主旋律不允許，因此除了少數作家像是陳映真、黃春明與王禎和持續進行鄉土議題的寫作，其餘人接近沉默，這直接造成在文學創作中關心社會的比例而言相當稀少。作家將這種深邃的個人意志轉移到閱讀層面。進入70年代中期，臺灣社會受到國際形勢的衝擊，政治板塊產生巨大移動，島上代表中國的象徵不能不受到挑戰而動搖，也就是在動盪的時刻，臺灣知識分子在權利縫隙之間找到與社會連結的切入點，知識分子在創作與閱讀上終於能重返社會，將底層的聲音書寫出來。使得長期以來已變得非常疏遠的社會終於重新進行連接。在心靈上找到一個出口。整個歷史大環境的轉移變遷，使得新的時代心靈誕生。這種心靈框架（frame of mind）的支撐，使知識分子有機會將自己的關注轉移到新的事件上，但礙於臺灣政治環境並未實質解凍，因此也有文學工作者認為發掘研究一個作家的作品較為安全。關注社會現象的臺灣左派知識分子希望這樣做可以完成兩個目的，一是可以對抗國民黨的國族論述，二是透過去殖民化而達到個人主體的重建。

　　進一步來說相對於右派知識分子，左派知識分子認為還未解嚴前的國民黨所擴散出來的政策信息是民族主義宣傳，這種民族主義宣傳的本質與自己在戰前受的教育，以及成長過程所形成的認知是不同的。他們認為這是國民黨一種文化霸權論述的鞏固，且這力量是巨大無比的。國民黨省黨部主任李翼中於1952年9月的回憶錄《帽簷述事》中指出，在戒嚴的年代：「賢與不賢皆惴惴圖自保，無敢仰首伸眉，論列是非者矣」。〔註7〕在政治控制與文化支配的雙重

〔註6〕魏承恩：《中國知識分子的浮沉》，第344頁，老古文化出版社，2010年。

〔註7〕李翼中：《帽簷述事》，收入在中央研究院近代史研究所所編印的《二二八事件資料選輯（三）》，第47頁，中央研究院近代史研究所，1992年。

陰影下，知識分子直到臺灣政府宣布解嚴前對於社會現實是不敢說眞話的，在這樣嚴密地控制下，整個戒嚴時代文學作品的產量與品質已經沒有生動活潑的感覺，取而代之的是官方的樣板文學。在制式教育裡，大敘述的文本重新塞入於官方教材中。這種方式得到的大敘述往往側重於國家的苦難與重大歷史事件的描述。由於那種敘述過於龐大，人民的細微生活枝節便輕易被犧牲了。在重大歷史事件的記錄之前，人民就變得非常渺小而不能得到恰當尊重。〔註8〕爲了得到尊重，這群知識分子開始從局部的、細微的地方仔細經營，並且使用反覆的敘述使記憶不致於被忽略遺忘。以這樣的方式來看，對於作家作品的研究以及經典的閱讀，正是在於重複的個人敘述，可以滲透官方大敘述的許多縫隙。兩岸的當代研究者中，或帶著對國家情感與民族的矛盾，或帶著個人主義或自由主義的色彩，彼此都在進行一種再敘述的論述，同時能經由書寫和研究克服長期累積於內心的陰霾，從而使心靈得到釋放。

## 第二節　內在的矛盾

關於這些張愛玲當代研究者的歷史背景，第一節已經有所論述。知識分子的內在矛盾，便在第二節展開論述。回頭來看知識分子的定義，筆者同意薩義德（Said，Edward）的觀點，知識分子是：「是具有能力向（to）公眾以及爲（for）公眾代表、具現、表明信息、觀點、態度、哲學和意見的個人。」〔註9〕知識分子在社會上成公眾意見的代表，成爲時代批判者的代言人。實際上政治權力與公眾意見發生衝突時，知識分子未必在任何時候都能充當這種角色。臺灣在進入1980年代之後，道德、法律傳統禁忌都逐漸遭到剔除，這時知識分子對於語言是否能傳達眞實意義，反而開始持保留態度。其實這與臺灣威權體制的動搖，以及資本主義的高度發展有著正相關，因爲「反共復國」的口號，貫穿了臺灣整個戒嚴時期。如此嚴肅而龐大的政治承諾，沒有達到它自我設定的目標。因此自詡爲文化及道德正統的在臺國民黨一下淪爲謊言的製造機，這致使知識分子與許多堅定不移的信仰者追求同時幻滅。國民黨背負了1949年後與之共同來臺的官軍與

〔註8〕　陳芳明：《臺灣文學史（下）》，第500～501頁，聯經出版社，2011年12月。
〔註9〕　〔美〕艾德華・薩義德（Said Edward）著，單德興譯：《知識分子論》（中譯本），第50頁，三聯書店出版社，2007年。

其它群體的希望，因此當臺灣不再等同於中國，而是反過來中國包含著臺灣時，便引起了很多知識分子的不滿。但也因為解嚴後政治逐漸趨於寬鬆，使得文學來到了開放的多元時期，這裡指的「開放」便是所有的議題都得到接納。用後現代大師安迪·沃霍爾（Andy Warhol）的話來說：「人人都可以成名 15 分鐘」。這樣的時代確實已經降臨了臺灣，這種政治環境，也進一步使知識分子開展了對現實的懷疑。於是愛慾生死與喜怒哀樂這種被視為國族認同或父權思維的表現手法受到了知識分子的挑戰，這種正在崛起的臺灣意識，以一種反抗陽剛、強悍代表的民族主義開展，透過文本來展現陰性以及較為柔和的大敘述。因此知識分子在歷史中搜尋，向前尋找到 20 世紀 40 年代，認為這時女性主義文學進入張愛玲時代，並且將張愛玲定義為女性主義的反思者，指出在 40 年代後城市文化背景下，以時代為依託，張愛玲揭示了在文明、自由掩飾下的城市現代兩性關係及其戀愛、婚姻、家庭制度的商品化世界，透露出了原始生存意識。在這個邏輯中，隨著城市文明毀滅，必將出現一個「蠻荒世界」，預示人類歷史由文明的倫理時代倒退到蠻荒的自然競爭時代，這與臺灣當時所需要的相吻合，認為倫理法則已然失去意義，所遵循的將會是生存競爭法則。原始生存意識和生存競爭出現了文化出現危機，同時也在呼喚原始的生存意識。這在張愛玲的乂章中恰有體現，「原始生存意識」在張愛玲的文章中是作為一種人類生存的「古老的記憶」加以呼喚的。在張愛玲《自己的文章中》就能體現這個動機與時代原因：

> 人是生活在一個時代裡的，可是這時代卻在影子似地沉沒下去，人覺得是被刨去了。為了要證實自己的存在，抓住一點真實的、最基本的東西，不能不求助於古老的記憶，人類在一切時代之中生活過的記憶，這比瞭望將來更要明晰，親切。於是他對周圍的現實發生了一種奇異的感覺，疑心這是個荒唐的、古代的世界，陰暗而明亮的。〔註10〕

這動機在散文中的體現，便是對古代記憶中生存意識特別是蠻荒世界女性生存意識的刻意發掘與闡釋。除了「生存意識」，臺灣同時面臨了一種「文化危機意識」，以及「民族憂患意識」，無論文化危機意識亦或民族憂患意識，皆

---

〔註10〕張愛玲：〈自己的文章〉，收入在《流言》，第 22 頁，皇冠出版社，1991 年。

是深重的民族危機在思想觀念上的反應，具有時代性和典型性，進而形成了一種普遍人生觀念和生活傾向。知識分子對此做出了不同反應，他們一方面希望自己有爛漫飛揚的人生，但又渴求安穩平實的世俗生活。張愛玲的文章恰好能反應這種追求傾向，她在〈自己的文章〉中提出「強調人生飛揚的一面，多少有點超人的氣質。超人是生在一個時代裡的。而人生安穩的一面則有著永恒的意味……它存在於一切時代。它是人的神性也可以說是婦人性」。〔註11〕這個觀念是與士大夫人生觀念相對立的，它沒有達到超越世俗的利益考慮，以及在現實社會中為各種重大問題尋求解答。這種複雜的多面向，使得究竟什麼是知識分子一題使得關注，美國社會學家希爾斯（Shills, Edward）對此提出看法，他認為需要具有一定的超越性：「每個社會中都有少數人，比那云云眾生更執著於探索和不斷追求那些比日常事物更具普遍意義，在時空上更為深遠的東西。他們就是知識分子。他們的天職就是探究自然宇宙的奧秘，關懷人類社會的終極價值」。〔註12〕也就是說在「終極價值」的定義之下，來檢視在臺灣進行張愛玲研究的知識分子，會發現這類知識分子或多或少有一種內心的隱蔽性，他們在國家民族情感的面前，更傾向於安穩平實、永恆的自我人生，他們的「終極價值」就在於他們所尋求的生活方式是否得已實現。

知識分子的特性與社會環境所形成的外在條件緊密相關，一定的社會環境塑造了一定類型的知識分子，當外在環境發生變化時，社會環境會影響知識分子的群體思想和行為，大陸的知識分子也與臺灣的知識分子面臨一樣的問題，急需要一個可以從魯迅跳脫出來的聲音，這時張愛玲便借著夏志清映入大陸學者的眼簾。雖然真正興起張愛玲熱要等到20世紀80年代，但夏志清無疑成為了發掘張愛玲獨具慧眼的學者。而這其中潛藏著一個相當弔詭的問題。夏志清曾在2000年至香港參加以張愛玲為主題的國際學術研討會時，欣然接受「夏公」的榮譽，並稱「十分感動，十分感激」同時不禁問道：「不知怎麼地歷史的發展就站在我這一邊。這是怎麼一回事呢？」〔註13〕如同張

〔註11〕張愛玲：〈洋人看京戲及其它〉，收入在《流言》，第107頁，皇冠出版社，1991年。

〔註12〕Edward, Shils: Max Weber on University-*The Power of the State and the Dignity of the Academic Calling in Imperial Germany*, University of Chicago Press, p.3, 1974.

〔註13〕鄭樹森：〈夏公與「張學」〉，收入在金宏達主編：《回望張愛玲：華麗影沈》，第3頁，文化藝術出版社，2003年。

英進所述，夏志清的自我設問應該引起更大的疑問：「他說的是什麼『歷史』？誰的歷史？他『這一邊』包括了什麼人？與他相對（或敵對）的又是那一邊？歷史發展如何想像成『站在』某一個人那邊？夏志清真的不知道『這是怎麼一回事』嗎？」〔註14〕張愛玲在大陸正式得到關注的根本原因是 80 年代知識分子的發展路徑不同，用南帆的話：「人道主義、主體、自我、內心生活是文學理論撤出激進主義革命話語的通道。」〔註15〕而圍繞其中的純文學概念，可以牽扯出更多類似的概念：人性、個人主義、形式、新啓蒙、現代派、先鋒、尋根、知識分子以及精英等。在這樣的通道中包含著許多思想生活、審美活動中的概念和詞語，像是：革命、階級、世界觀、社會主義文化、工農兵創作、樣板戲、史詩等。這樣的情況，事實上也包含了二元對立的結構：激進主義革命話語與「純文學」。〔註16〕在王堯認爲一度因爲「純文學」的勝利而擱置的問題，在「中國特色主義」、「市場」、「全球化」的背景下又重新抬頭。發展的路徑不同，但問題的基本面仍然在那裡：政治、革命、社會主義文化、文學體制、階級和階層、世界觀、宏大敘事、工農兵寫作、知識分子與大眾等又以舊貌新顏和新的時代進行碰撞。

　　80 年代的知識分子與其說是生活在 80 年代，不如說生活在關於 80 年代的想像與虛構之中，當問題再一次出現時，當代的研究者就不得不承認，80 年代和想像中並無一致，這種巨大的變化同時也衝擊著研究者，於是知識分子在企圖完成一個自我救贖時，就會在「小康社會」、「社會主義市場經濟」中需找答案，運用世俗來逃避對過去的思考，而這時的張愛玲就成爲一個很好的研究目標。在 80 年代中後期經 90 年代再到新世紀，在與歷史和現實所構成的複雜場景中，知識分子試圖透過西方的思想來重新構建自己的想像。張旭東認爲這是一種：「通過對西方理論和意識形態話語的精緻分析去破除思想氛圍的幻想性和神話色彩，從而爲當代中國問題的歷史性出場及其理論分析提供批判意識和知識準備。」在其看來，「支持這種由西（學）返中（國問題）的理論探索路徑和文化普世主義態度的是一種開放進取的精神，是敢於

〔註14〕張英進：〈魯迅……張愛玲：中國現代文學研究的流變〉，收入王風、蔣朗朗、王娟編：《對話歷史——五四與中國現當當代文學》，第 201 頁，北京大學出版社，2014 年。

〔註15〕南帆：《四重奏：文學、革命、知識分子與大眾》，《文學評論》2003 年第 2 期。

〔註16〕王堯：《「重返 80 年代與當代文學是敘述」》，收入洪子誠等著，程光煒《重返 80 年代》，第 179 頁，北京大學出版社，2009 年。

超出『自我同一性』的樊籠，在『他者』中最大限度地『失掉自我』，以便最大限度地收穫更爲豐富的、自我規定的勇氣和信心。」〔註17〕這種有意識的探尋使得恢復張愛玲、沈從文和錢鍾書等人必要的文學史地位的議題上，具有相當的合理性。但是在這種探尋中對於一度成爲「研究空白」的歷史過分關注和傾斜，使歷史又再一次失去了重心，從而再一次可能「顛覆」了文學史。〔註18〕這種矯枉過正以及其中知識分子有意地疏離國家民族情感成爲了知識分子擺脫不掉的話題，知識分子從而產生了困惑和矛盾也影響了其在公眾領域時所做出的決定。

## 第三節　知識分子的責任意識

　　知識分子在公眾領域的表現，成爲他們外在的形象。在知識分子企圖拉近心靈上與文學的距離時，在一定程度上即是拋棄了自己的責任意識，改而追求「小我」。柯塞（Coser, Lewis）認爲：「知識分子在他們的活動中心表現了一種對社會核心價值的強烈關心，他們是尋求提供道德標準和維持有意義的一般概念的人。他們『在一個社會內引出、指導和形成了表達的傾向。』知識分子是一些從來不滿事物的現有狀態，不滿意求諸習慣和既有成例的人。他們以更高層次上的具有更廣泛意義的眞理，對當前的眞理提出疑問，他們針對從實用出發的要求，呼籲『非實用性的義務』。他們自命爲理性、正義和眞理——這些抽象觀念的特別保衛者，通常被商業界和權力機構所忽視的道德標準的忠實衛士」。〔註19〕同時余英時也認爲：

　　　　一個知識分子必須具有超越一己屬害得失的精神；他在自己所學所思的專門基礎上發展出一種對國家、社會、文化的時代關切感。這是一種近乎宗教信徒的精神。用中國的標準來說，具備類似「以天下爲己任」的精神才是知識分子否則，如他的興趣始終不出乎職業範圍以外的話，那麼他只是「學成文武藝術，貨與帝王家」他將只是一個知識從業員，卻不必然是一個知識分子。〔註20〕

---

〔註17〕張旭東：《批評的蹤跡》，第5頁，三聯書店出版社，2003年。
〔註18〕曠新年：《「重寫文學史」的終結與中國現代文學研究轉型》收入在洪子誠等著，第173頁，程光煒《重返80年代》，京大學出版社，2009年。
〔註19〕〔美〕劉易士・柯塞（Coser，Lewis）：《理念的人》（中譯本），第8～10頁，桂冠出版社，1992年。
〔註20〕余英時：〈中國知識分子的創世紀〉，《聯合文學》（臺北）1984年1卷2期。

現實中知識分子應該具有超越性，同時具備關懷社會的能力能與外界聯繫，而不是只做自己感興趣的話題。與此同時知識分子還應該具有批判性，以理念世界來批判現實世界。如柯塞所說：「知識分子是理念的守門人和意識形態的源頭，但是不像中世紀的教會人士或近代的政治宣傳家和狂熱分子，他們同時也傾向於盡力採取一種批判態度，他們常對他們的時代和環境所接受的觀念和假設進行詳細觀察，他們是想到另一面的人，是知識太平狀態的擾亂者」。而班迪克斯（Bendix, Reinhard）認為「在現代的世界中，知識分子是那些受過教育並且批評這個可能的世界的人……他們的批評導源於他們想要做不可能做到的事的意圖，和不肯接受這種企圖所帶來的失敗」。〔註21〕根據這樣的看法，知識分子保持理性和客觀是需要的條件，知識分子所懷有對社會的責任以及對社會的批評和建議是責任意識的展現。但在張愛玲的研究者身上，除了一定責任意識的展現，更多的是關心從中可以得到些什麼。張愛玲的出現給予了研究者一種新的研究方式以及一種想像的可能。

在日據時期，胡蘭成讚賞張愛玲，認為她「攜帶文學從政治走回人間」，具有日常生活的趣味；冷戰時期，張愛玲告別上海到香港書寫「反共小說」，有意識地使文學為政治服務，即使張愛玲並不承認自己是直接為政治服務但其中面向的展現，又將文學帶回了政治，在 20 世紀 80 年代在港臺地區與海外地區重新紅火之後，張愛玲的文章以「貴族的才女」之姿重新進入研究者的眼簾；在世紀轉型期下的消費主義文化浪潮中又一次「大熱」，成為了小資階級的文化偶像和消費符號，〔註22〕這也是夏志清所感歎的：不知道歷史這怎麼就站在我這一邊了。張愛玲再一次出現，剛好是兩岸對文學進行反思及政治鬆動的緣故吻合社會的需要，因此柯靈說：「偌大的文壇，哪個階段都安放不下一個張愛玲。」這句話當時是認為上海淪陷才給了張愛玲一個機會，正是因為文學環境改變的原因，使得張愛玲又能夠重新進入文學史中。當時柯靈寄望的是時間與歷史，認為往深處及遠處看，歷史都是公平的。但今天歷史上對張愛玲的關注已然過多，張英進更認為張愛玲被過度神話，海外的中文文學界，在「張學」領域每 5 年會辦一次大型國際研討會，然後編撰論

〔註21〕Bendix, Reinhard:「*The Intellectual's Dilemma in the Modern World*」, Society 11 ～12: 63, 1987.
〔註22〕劉川鄂：〈消費主義語境下的張愛玲現象〉，收入林幸謙：《印象・張愛玲》，第 267 頁，聯經出版社，2012 年。

文集。這個開端始於 1996 年在臺北召開的國際會議，由楊澤編成《閱讀張愛玲：張愛玲國際研討會論文集》〔註 23〕，收錄了大陸及港臺地區學者如康來新、池上貞子、周芬伶、羅久蓉、王德威、張小虹、平路、胡錦媛、梅家玲、蔡源煌、彭秀貞、金凱筠、陳思和、李歐梵、陳芳明以及楊照，對張愛玲的評論，內容從《第一爐香》到《半生緣》從散文隨筆到《紅樓夢》研究；張愛玲一生的文字事業，盡皆包括，被譽爲研究張愛玲的一個里程碑。反應了20 世紀 80 年代「重寫文學史」之後學術空間的發展，同時也表明了研究者的立場。若使用柏祐名的二元劃分，張愛玲既拒絕書寫針砭現實的「血和淚的文學」去「見證歷史」（witness against history），又抵制文學不能反應現實的「反證歷史」（witness against）的先鋒文學傾向。〔註 24〕同樣的，研究者也選擇了立場表達了自己的觀點，迴避了社會上的責任。在 1975 年，朱西寧將自己對張愛玲的個人崇拜移轉到了胡蘭成身上。朱西寧全家對胡蘭成關懷備至，以一種愛屋及烏的心態在照顧胡蘭成，更促成了胡蘭成《山河歲月》在臺的出版。此書在臺灣文壇引起相當大的抨擊，原因在於《山河歲月》在很大的程度上對日本展現了極大的友善，同時胡蘭成更在汪僞政權下做過宣傳部政務次長。

　　戰後的反日情緒在國民黨的黨國教育及客觀現實下一直相當旺盛，尤其是在 1970 年代臺日斷交，隨後日本與大陸建交後達到了高峰。因此在歷史仇恨與現實情緒交織而成的文化生態下，胡蘭成的處境乃至於親日的作家都相當尷尬。不過，朱西寧、朱天文仍然與胡蘭成保持密切的聯繫，在朱西寧與胡蘭成的聯手之下更促成了《三三集刊》的誕生，從 1977 年 3 月 3 日正式發行後一共出版了 28 集。《山河歲月》除了展現對日本的友善，同時在書中刻意強調了中國文化與西方文化的分歧。胡蘭成認爲西方文明從巴比倫時代，就註定邪氣已深，並且持續走向毀滅之路。相對於西方文明，中國文化萌芽於先秦時代，從周朝、秦漢，一直到清朝、民國，生命力與生產力都極其豐富地蘊藏在民間。不像西方資本主義崛起之後，市民階級才產生文藝；而中國從《詩經》以降，民間文化便一直蓬勃發展，胡蘭成將這種觀點進一步展

---

〔註23〕楊澤編：《閱讀張愛玲：張愛玲國際研討會論文集》，第 321 頁，麥田出版社，1999 年。

〔註24〕參考 Yomi Breaster, *Witness Against History: Literature, Film, and Public Discourse in Twentieth-Century China*, Stanford, California: Stanford University Press, 2003.

現在《平人的瀟湘》中說：「中國史有這樣活潑壯闊的民間，歷朝以來採蓮採桑採茶，遍地的民歌山歌，燈市與遊春，皆非夕陽階級社會所能有。」〔註25〕這種對西方文明高度偏見的看法，其實是呼應戰爭時期的汪偽政權。整個論述的精神與日本提出的「大東亞共榮圈」有著緊密的聯繫，與竹內好《近代的超克》更有著相同的脈絡。

　　這種中心思想其實是說服（日本）國內民眾，同時向亞洲地區人民宣傳，表明為了抵抗英美文化就必須以武力進行宣戰，在這樣的思想基礎上，日本應該要回到優秀的古典文化來反抗西方資本主義。思維脈絡裡面所蘊藏的意識與其《中國的禮樂風景》如出一轍，但朱西甯家不在意，反而以一種接近「新儒家」的方式將胡蘭成推出；並將自己家庭內的所有人拉進胡蘭成的生活圈。胡蘭成理論之間存在著矛盾，在字裡行間中有著儒學傳統與農民思想的概念，但是卻不是蔣介石所提倡的儒家思想與毛澤東認為的真正民間文化，胡蘭成企圖在國民黨與共產黨之間獨樹一格，同時將自己獨樹一格於常見的文化話語之外。朱西甯一家對胡蘭成的迎合併不是偶然，而是朱西甯在熱烈迎合了現代主義的風潮之後企圖找到一個新的道路，這個道路可以在魯迅與張愛玲之間取得平衡，也就是在鄉土意識、歷史意識、現代意識與細節美學之間找到一個融合。如此看法給予知識分子模糊的概念沒辦法理解其所要表達的內涵，認為朱西甯在 1970 年代高度提倡關懷現實的精神下，完全背離了現代主義與鄉土文學。朱西甯則認為這兩者對於他而言都不夠滿意，朱西甯說：「所謂現代主義與鄉土文學文藝，一是太過貪圖外求，一又失之於緊縮創造世界，而過分保守，或許可以喻為一是太平天國，一是義和團，俱有缺憾」。〔註26〕朱西甯的過分轉變相當於一直不斷的挑戰全新的書寫策略，在政治處境下，其處於有口難言的狀態，因為他捲入了孫立人案，使得朱西甯在政治問題上變得被動，被迫處於失語狀態，沒辦法以文字表達自己的想法。

　　以朱西甯的例子看來，可以看出知識分子在面臨政治問題時會影響到自身是否能主動地關懷社會，或是需要被動地適應周遭的環境，也就是說個人以及整個知識分子群體和社會是需要互動的，因為其思想與行動會被社會所

〔註25〕胡蘭成：〈平人的瀟湘〉，收入《山河歲月》，第 115 頁，自費出版（日本），1954 年。

〔註26〕朱西甯：〈中國的禮樂香火——論中國政治文學〉，收入《日月長新花長生》，第 146 頁，皇冠出版社，1978 年，第 146 頁；後改題〈我們的政治文學在那裏？〉收入《民族文學的再出發》，第 288 頁，故鄉出版社，1979 年。

影響同時也作用於社會環境。作用有時展現出的不一定是逆勢作用，而是順勢作用。知識分子乘著這個「勢」在做一些改變，舉例來說：1950 年代初的思想改造是新政權推動知識分子做出改變的大規模運動，此時知識分子對運動採取的不是抗拒而是採取適應的態度，又如臺灣的海外保釣運動在 1970 年代崛起之後，知識分子在保釣議題下聚攏爲大中華深切努力，認爲臺灣同時代表著中國正統，保釣自然義不容辭。但隨之而來的 1971 年，當臺灣代表的中華民國在聯合國的席位被否決，中華人民共和國替代中華民國成爲合法代表，他們又被迫轉而接受大中國的新價值觀念。因此知識分子其實如黃平所言：「無論是否出於自願，當他們在用新式帶有濃厚政治色彩的正式語言否定自己過去的時候，也代表自身在建構代表權威與可支配的行爲，同時，這也是在知識分子自己參與下，第一次在社會公眾面前重新塑造知識分子的的政治──意識形態形象」。〔註27〕不管知識分子是被動地或主動地擔負社會責任及塑造責任意識，皆是同時展現了一種知識分子的態度，在張愛玲研究的選擇上，知識分子展現了一種希望在魯迅及張愛玲之間取得平衡的願望，但展現出來的結果卻是更貼近了張愛玲的小資生活，反而離國家民族社會情感又更遠了一步。

---

〔註27〕黃平：〈有目的之行動與未預期之後果──中國知識分子在 50 年代的經歷談源〉，《中國社會科學季刊》（香港）總 9 期。

# 第三章　張愛玲的文學生產狀態

　　在前面章節中探尋了不同時期在面對社會責任意識與特定的歷史條件因素的影響之下知識分子的行為與思想，以及知識分子在研究張愛玲時所面臨的語境問題，這些都或多或少的展現了在不同時空下張愛玲在文學史中地位的特殊性。這種特殊性不同於魯迅那般地地位明確，而是透過歷史狹窄的縫隙下，急欲為張愛玲找到一個歷史定位。這個歷史定位隨著張愛玲的研究越來越多，被研究者越推越高。那當時的張愛玲本身又是怎麼想的呢？她自己真的是作為一個天才橫空出世的嗎？還是與其它時期的知識分子或她的研究者相同，是有意地利用或純粹地欣賞來為張愛玲提出一個「正名」的機會？隨著盧溝橋的槍聲，日軍佔領北平而後開始蠶食鯨吞上海，最終連同上海租界全面淪陷的過程中，上海文藝界究竟發生了什麼樣的文學變化？這種變化是如何影響張愛玲及其文學生產狀態就是本章所要研究的重點。首先，知識分子在這段時間中所展現的態度就很值得探討。在 1938 年 10 月 10 日，1937年底停刊的《申報》於上海「孤島」復刊，同年 10 月 19 日即面臨了魯迅的逝世日。《申報》在副刊《自由談》登載了《魯迅逝世二週年紀念特刊》，編者在《超越魯迅》上呼籲道：「超越魯迅！這是每一個文化人所自勵而勵人的。」署名乃一的文章，在文中表明了希望能紀念，繼承又超越魯迅精神的特點，說：

　　　　儘管在「孤島」……的今天，開公開的紀念會來紀念魯迅先生，
　　在事實上是不可能的。可是人們卻沒有「忘記他」。魯迅先生在他的
　　遺囑上寫著：「忘記我，管自己的生活，不然才是糊塗蟲。」那是說

得明明白白的,「生活」比「紀念」要緊。然而人們卻沒有「忘記」
也無法「忘記他」……人們在用「生活」來「紀念他」。這是超過「紀
念」以上的「紀念」,也才是眞正的「紀念」。《魯迅全集》的出版,
魯迅學院的成立,魯迅精神的發揚光大,都是這種方式的「紀念」,
人們在「管自己生活」中,學取了他的「韌」戰到底的精神……千
千萬萬的人已在「管自己的生活」中「紀念了魯迅先生。」〔註1〕

上海市民日常生活的恢復,使得上娛樂界逐漸復蘇。藉由話劇公演的藝術行
爲帶動了其它產業的發展,以 1938 年爲例,全上海只有一個劇場公演幾場話
劇,到 1944 年時增加到了最多有 13 個劇院同時上演話劇如,而卡爾登、新
光、辣斐、麗華、金城、金都、璿宮、蘭心、九星、龍門、天宮、皇后、綠
寶、巴黎、美華、上海等 16 家戲院都上演過話劇,演出最鼎盛的時期,除了
上海 13 個劇團之外,還有三四批開碼頭的劇人,在平、津、漢口、南京、杭
州、蘇州等地更番演出。〔註2〕在這樣的情況下,上海的活動向商業活動傾斜。
雖說還有《申報》的《遊藝界》專欄敘述提倡一切都以抗戰爲第一要務,呼
籲即使在創作也應多包含抗戰性的新劇本,像是在《開場白》中的描述:「住
在上海孤島般的上海的民眾,局促如轅下駒:或在流離顛沛之餘,或在工作
緊張之餘,藉著遊藝消遣,調節痛苦的心境,振作疲勞的精神……與其悲觀,
不如樂觀,與其消極,不如積極……要是藉著遊藝以宣傳新思想,灌輸新知
識,它的力量與效果,實在一切標語一切演講之上。所以一方面愛其國自應
當愛其國,一方面游於藝也不妨游於藝」。〔註3〕但隨著日本在國際飯店設立
了「思想部」,統管文化界的思想,對有抗日嫌疑的人,用「談話」的名義傳
到憲兵隊加以監禁,以及在 1942 年 12 月 15 日逮捕了許廣平等抗日活動人士
後,電影公司、職業話劇團紛紛解散。至此,入夜,上海從「外灘向西行,
黑暗一片。」〔註4〕文化抗日運動被迫「消停」。

在這樣的背景之下,張愛玲的出現可謂彌補了空缺。時代給予了像張愛
玲這樣對國家民族關係較爲看淡,對日本佔領上海後的生活迅速習慣的「輕
型」知識分子一個寫作的舞臺。李歐梵也指出張愛玲絕不是一個「進步主義」

〔註1〕 乃一:〈魯迅先生逝世二週年紀念會〉,《申報》(上海) 1938 年 10 月 21 日。
〔註2〕 顧仲彝:《十年來的上海話劇運動 1937~1947》,第 22 頁,神州圖書出版社,
1976 年。
〔註3〕 〈開場白〉,《申報》開創《遊藝界》專欄,1938 年 11 月 1 日。
〔註4〕 〈失去了光輝的南京路〉,《申報》(上海) 1942 年 1 月 5 日。

的信徒。張愛玲追求的是一種「小我」的展現，彌補的是自我家庭的缺憾。在歷史觀上她不是直線前進的，渴望抓住的是現世的安穩，這除了影響她的寫作風格外，甚至是私生活方面的張愛玲，也爲此做出了印證。與胡蘭成的婚約流露除了她對婚姻也就是安穩人生的渴望，但這份渴望終究是破滅。在1944 年 9 月，張愛玲在〈《傳奇》再版自序〉中還說道：「現在還是清如水明如鏡的秋天，我應當是快樂的」，1945 年 4 月，寫〈我看蘇青〉時轉而說道：「生在現在，要繼續或活下去而且活得稱心，眞是難」。接著張愛玲就沒有發表她對於愛情的看法。但在散文、小說的行文等同闡述了她自我的人生哲學：快樂的時間對於她還是「短暫的、易變的、臨時的」，將之認爲是「現代性」藝術的一部分，但另一部分卻嘗試要追求永恒。這個追求與佩索亞所說的：「我活於現在，我不知道將來，也沒有過去」。〔註 5〕部分吻合，展示了短暫性和逼迫感。可以說，張愛玲情感上的接連受創影響到了她對待人和事物的方式，使得其在生活中形成了一種矛盾，其中有對於「現時安穩」的追求及追求安穩的不可得，以及戰亂所加大的矛盾和瑣碎回憶的拼湊。張愛玲即使努力想要掙脫歷史和歷史的「大敘述」，還是逃不出時代的洪流。

## 第一節　與他人的關係

　　關於爲何是上海能孕育出張愛玲的這個看法，原因在於上海當時所處的位置及角色。1942 年 11 月，時任上海市長的陳公博在〈上海的市長〉一文中，說明上海的特殊性及其中「國中之國」的概念，正如同在第二章所提到的 80 年代，是屬於歷史的一個縫隙年代，不同於 80 年代是一個百家重新爭鳴的年代，40 年代是在時代中給予了不同知識分子特別是有意看似與政治拉開距離的年代，因此其實是在利用著有效政治資源來使自己的小說得到出版機會的張愛玲便得到了「明哲保身」和「消極抗日」的知識分子群體所沒有的「待遇」，擁有了想消解煩悶和上海讀者群和想要將上海「娛樂化」來「消解」反抗的「汪僞」政權的支持。

> 現在的上海市……有將近 500 萬的人口，從面積說比任何世界大都市都大，從人口說比著名的大都市也不算少。只有一件事是特別的，世界大都市的罪惡上海全有，而世界大都市的好處上海卻不

---

〔註 5〕Harry Harootunian: 2000, *History's Disquiet*, p.2, Columbia University Press.

見得具備。此外我感覺最煩悶的，有外在和內在兩方面難以糾正的特別現狀。〔註6〕

陳公博所提到的「兩個難以糾正的特別現狀」有著外在和內在兩點，而這兩點也就是時人對上海「租界」的內外部看法，陳公博所謂的外在就是，世界都市的行政權是統一的，而上海市的行政權是殘缺的。以陳公博的話而言，上海有市政府，有公共租界，有法租界，……而橫在心胸的兩特區始終像一個胃癌，內科不能治，外科不能剖。內在的話，則是上海的經濟和文化不合一，政治和法律也不合一……本來生活應該和文化相關，……可是在上海是分離的。在上海我們找不到東洋的真正文化，也找不到西洋的真正文化，上海所注重的是如何可以囤積如何可以投機，中國文化人絕無插足之地，……因此上海在貿易上是極繁榮的市場，而在思想上倒是極慘淡的沙漠」。〔註7〕陳公博的個人看法不能代表整個上海，但通過上海市長的「眼」所觀察出來的生活部分，能夠了解當時上海的情況以及在上海生活並且創作的作家。在上海一張報紙上可以見到三國語言的公告文字，在一個馬路口站著幾個不同制服的警察，這種多元文化並存的現象，造就了繁榮和充滿異國風情的上海文化。而這樣的旋律在上海淪陷時，徹底變調。通貨膨脹猛烈襲擊上海。據上海日本商工會議所調查表「住上海日本人生活必需品物價指數（儲備券）」〔註8〕總平均，如以 1936 年為 100，那麼 1942 年 1 月為 1462.9，12 月為 2484.4，1943 年 1 月為 2609。公共租界在 8 月份達到 5637.6，9 月更達到 6077。上海市民的生活成本日漸高昂再加上外國租界被日本接收的方式，使得公共租界的居民在租界從美英轉到日本之手後，早已模糊曖昧的身份更加不確定。而文壇圖書的出版，也遭受到日本的干涉，尤其以抗日文化基地為甚；如：中國共產黨在「孤島」時期出版的最後刊物《奔流新集》（全二卷），第一卷署名「直入」的《勢在必行、理所當然》（書名取自魯迅未發表的同名遺稿）於 1941 年 11 月 19 日出版，出版後僅 2、3 天，3000 冊即售罄。在日本加強取締的情況下，第二卷《橫眉》12 月 18 日即告夭折，從印刷所印製的 5000 冊中，僅拿出 3

---

〔註6〕陳公博：〈上海的市長〉，《古今》半月刊第 11 期，1942 年 11 月。
〔註7〕陳公博：〈上海的市長〉，《古今》半月刊第 11 期，1942 年 11 月。
〔註8〕1941 年汪精衛偽政府成立「中央儲備銀行」，4 月發行「中儲券」直到 1945 年 9 月，中儲券一直是淪陷區的流通貨幣。

冊，在當時交給許廣平、傅雷各 1 冊。目前《橫眉》僅剩下 1 冊，保存在上海作家協會的資料室裡。〔註9〕

　　同日的早上，鄭振鐸在 10 點半看見日軍車輛從暨南大學通過，即結束了其在暨南大學的課程。幾天後，鄭振鐸隱姓埋名潛入地下。同年的 12 月 15 日清晨 5 時，許廣平被日本憲兵隊逮捕。文藝界抗日人士相繼前往延安、重慶及其它抗日地區，上海文化界在嚴峻的形勢下被迫保持沉默。日軍在進佔租界後，文學期刊更大量被迫停刊，據《淪陷時期的上海文學期刊》中提到，在「孤島」時期，上海文學期刊鼎盛時達到 100 多種，太平洋戰爭爆前的 1941 年秋還有 20 餘種〔註10〕，直到日軍時期卻僅存《小說月報》、《萬象》和《樂觀》3 種，1942 年一年間，上海出版的文學期刊不過 5、6 種。在這樣的情況下，作家開始出現分歧；在新的環境中如何適應現實的環境而肩負起推進文化的重任，作家也解答不出，因此在 1942 年 11 月 17 日出現了這麼一篇《上海文化界的總檢討》：

> 太平洋大戰的戰鼓，掃蕩了上海所有之期刊，《奔流》文叢、《狼煙》文叢，《萬人小說》等相繼正寢，即如銷路不惡，擁有多數哥兒公子讀者的《西風》、《宇宙風》也隨著這時代的巨浪而銷聲匿跡。……
> 這時代的尖銳的變動，使我們肩負時代使命的文化人，在思想上，
> 在行動上立即墮入了茫無所從的氛圍中了！〔註11〕

在這樣的環境底下，知識分子及作家人人自危或選擇隱姓埋名前往抗日後方，或選擇「銷聲匿跡」少數人則迎合日本。張愛玲的身份矛盾，即是張愛玲在上海淪陷時期的選擇，大異於其他文化界人士。在現今研究中多半把張愛玲的政治選擇，歸責為胡蘭成與其之間的牽扯。但其中張愛玲的「自我成就」取向，也應該被列入考量。在《天地》月刊第二期中除了登載了胡蘭成的隨筆〈「言語不通」之故〉更進一步展開蘇青的議論，論述了人與人之間因心理隔閡而產生的障礙。同期還刊登了描寫生命與文明疏離的張愛玲小說《封鎖》，這些刊登在《天地》月刊中的文章自覺營造「疏離」的氣氛，蘇青在創辦《天地》月刊發刊詞中即說明：「只要檢查處可以通過的話，便無可不說」，

---

〔註9〕　應國靖：〈「孤島」時期文學刊物出版概況〉，《抗戰文藝研究》，1938 年 2 期。

〔註10〕　南溪（陳青生）：〈淪陷時期的上海文學期刊〉，收入《中華文學史料》，第 24 頁，百家出版社，1990 年。

〔註11〕　舍人：〈上海文文化界的總檢討〉，《上海》1943 年 2 月號，舍人本人於 1942 年 11 月 17 日寫成。

一方面也廣求稿源，特別呼籲女性投稿：「執筆者不論是農工商學官也好，是農業工商學官的太太也好，只要他們（或她們）敢投稿，便無不歡迎。」〔註12〕同時《天地》特別關心於家庭、女性、兒童等領域，因此《天地》會推出專門的特別號，如1944年3月的第6期，做為國際婦女節的專輯。張愛玲、蘇青都發表了以《談女人》為題的文章，而在後一期的「生育問題特輯」中則匯集當時活躍於上海文壇的文人文稿，蘇青寫了〈救救孩子〉，張愛玲則發表了〈造人〉。皆是從女性視角提出問題，使得《天地》月刊在婦女中引起矚目。與此同時，張愛玲描寫親身經歷和內心體驗的散文〈餘燼錄〉、〈私語〉等散文也皆是發表在《天地》月刊上，張愛玲並在1944年底將其散文集結出版。

如果說張愛玲在《天地》月刊中發表文章，已引起部分文人不滿。則張愛玲在《雜誌》上刊載的小說則更具爭議。柯靈在1985年曾敘述張愛玲初期的小說集由「背景複雜」的《雜誌》社出版，表示遺憾。〔註13〕現今關於「背景複雜」的雜誌社，有兩條史料值得關注，一是趙風的《袁殊傳略》描述，二則為金雄白的《女作家之憶》：

> 抗日戰爭開始後，上海成為孤島，並為日寇和汪偽所盤踞，袁殊在黨的授意下，「公開投敵」，串演反派角色，但還主持一張報紙──《新中國報》和一個刊物──《雜誌》。而且這兩個報紙雖同屬漢奸性質，卻為我地下黨人掌握，在宣傳上起到了真正漢奸報刊所起不到的作用。〔註14〕

> （袁殊抗戰期間）出任江蘇教育廳廳長，並在滬出版《新中國報》，以共產黨員魯平（魯風？）主筆政，又發行大型雜誌，即已《雜誌》為名，愛玲為撰寫長篇說部，述兒女情懷深刻不似出諸閨女手筆，一時名彰顯。〔註15〕

可以看出張愛玲在選擇發表自己作品的刊物並不挑選其性質，或者不在意背後由誰主控，在發表文章的選擇上向當時有名的刊物靠攏，不投向小刊物。

---

〔註12〕蘇青：〈發刊詞〉，《天地》創刊號（1943年10月）。
〔註13〕柯靈：〈遙寄張愛玲〉，《讀書》，1985年4期。
〔註14〕趙風：《袁殊傳略》作於1991年12月26日，收入袁殊：《袁殊文集》，第430頁，南京出版社，1992年。
〔註15〕金雄白：〈女作家之憶〉，收入《亂世文章》第一集，第18頁，吳興記出版社，1964年。

這樣的選擇風格直到抗戰勝利後有所更改，其因在於當時的情勢使得張愛玲的發表受挫；張愛玲除了積極從小說、散文家轉型到電影劇作家外，據現今史料考據得出，張愛玲更將自己的作品《鬱金香》交由當時不起眼的《小日報》發表。至此算是打破了張愛玲自己的原則，其最初在胞弟張子靜與同學辦刊《飈》以及東方蝃蝀向自己邀稿時，皆因張愛玲屬意由讀者群眾多的報紙及雜誌刊載而未果。相較之下，錢鍾書在 1941 年夏天，同因上海淪陷成為孤島後無法離開，就此羈留在上海。面臨這樣的變化，錢鍾書選擇了在震旦女子文理學院授課糊口，艱難度日。這一時期也是他最為困難的時期，他強烈的抗日意識，反而激起了其創作意識。在這個「特殊」時期，先後寫作而成散文集《寫在人生邊上》並在 1941 年底由上海開明書店出版；1942 年《談藝錄》初稿完成，同年創作《靈感》、《貓》等短篇小說；1944 年則開始寫作《圍城》，這段時期豐富的創作成績印證了錢鍾書自身認為「詩可以怨」的命題，而後在抗戰勝利後，除了上海迎來了新氣象，錢鍾書也走出了低調的生活達到另一波的創作高潮和新的職業生涯。在出任上海暨南大學的外文系教授，講授「歐美名著選讀」、「文學批評」等課程的同時，錢鍾書還兼任南京中央圖書館英文刊物的《書林季刊》（Philobiblon）主編。個人創作也達到了一波新的高潮，除了在《新報》、《大公報》、《觀察》等報刊發表《小說識小》、《談中國詩》、《說「回家」》等隨筆和書評外，先後出版了短篇小說集《人、獸、鬼》（上海開明書店，1946 年 5 月）、長篇小說《圍城》（上海晨光出版公司，1947 年 5 月），《圍城》出版後在國內賣得不溫不火但卻是錢鍾書一部重要的作品，該書在 1980 年代交由人民文學出版社重新出版後，才紅遍大江南北。而當時在《圍城》正式交給晨光出版社前，該書曾於 1946～1947 年連載於《文藝復興》月刊；在 1948 年 6 月則出版了《談藝錄》，至此錢鍾書融合創作與學術於一體的著作空間與風格初步形成。錢鍾書的選擇顯示了在抗戰時期知識分子所展現的不同態度潛沈之後再出發，也顯示除了在面對相同環境時，有些知識分子選擇了「順應」而有些則選擇了「反抗」這箇中差異，值得玩味。

　　相對錢鍾書的發展路徑，張愛玲找到了一條自己認為很不錯的發展道路，她在與胡蘭成及蘇青之間找到了自己的生存空間，此時的上海也需要這樣的作家來做為日本文藝政策在上海的支撐，因此張愛玲透過與特定人士的互動得到了自己想要的。也因此張愛玲這種與胡蘭成和蘇青的親密連接在隨

著對日抗戰的結束和上海的收復便逐漸緊縮了張愛玲的發表空間。上海初期相對寬鬆的話語空間還可以讓張愛玲以發表作品來謀生，同時還有上海藝文界頭面人物夏衍的賞識，《十八春》連載時引起了夏衍的關注。〔註16〕夏衍同時嘗試爲張愛玲撮合婚姻，並爲其安排工作，唐大郎也爲《亦報》向她約稿，柯靈、龔之方等人也相當看重張愛玲的才華。〔註17〕《十八春》連載時反應很好，牽動了許多讀者的心弦。但一直都缺乏高質量的評論，評論者大多爲讀者且多是爲曼楨的悲慘結局和遭遇向張愛玲寫信請命而沒有小說評論家，或有力的同行爲其推介。而後張愛玲的發表空間緊縮，在解放後張愛玲與他人的互動明顯沒有抗戰時來得熱切。張愛玲散文最富盛產的時候，也正是與胡蘭成初識到簽訂婚約的親密時期，即與他人在公眾社會互動最明顯的時候。張愛玲曾在〈洋人看京戲及其它〉中提到年輕人對於中國的愛，而後自述這種「無條件的愛」遇到現實就會冷靜下來。要有「靠得住的愛」，先得有所「明了」。因此張愛玲散文展示的目的便是讓讀者，以至於年輕人明白她所身處的時代，爲此張愛玲說：

> 歷傳承下來的老戲給我們許多感情的公式，把我們實際生活裡的複雜情緒排入公式裏，許多細節不能不被別去，然而結果還是令人滿意的。感情簡單化之後，比較更爲堅強、確定，添上了幾千年的分量。個人與環境感到和諧，是最愉快的一件事。而所謂環境一大部分倒是群眾的習慣。〔註18〕

這段文字的重點在這可看做最後一句，即「所謂環境一大部分倒是群眾的習慣。」除了在〈洋人看京戲及其它〉中提出自己對和諧的看法，張愛玲在〈論寫作〉的末尾也寫出自己對「光整的社會秩序」的嚮往，她說：「多麼天眞純潔的，光整的社會秩序：『文官執筆安天下，武將上馬定乾坤！』思之令人淚落」。〔註19〕張愛玲是「小我」的，沒有拯救歷史的心志，但求「就近求得自己的平安」〔註20〕。如同傾城之戀的白流蘇，香港的陷落成全了自己的心願；

---

〔註16〕 魏紹昌：〈《十八春》新序〉，《東方夜談》，第 54 頁，海峽文藝出版社，1987年。

〔註17〕 龔之方：〈離滬之前〉，收入關鴻編《金鎖沉香張愛玲》，第 164 頁，人民文學出版社，2002 年。

〔註18〕 張愛玲：〈洋人看京戲及其它〉，收入《流言》，第 119 頁，北京十月文藝出版社，2006 年。

〔註19〕 張愛玲：〈論寫作〉，收入《張看》，第 238 頁，皇冠出版社，2002 年。

〔註20〕 張愛玲：〈我看蘇青〉，《天地》月刊（上海），第 19 期（1945 年 4 月）。

在年華眞正老去之前，藉由戰爭的推助力嫁給了范柳原，有了安心立命之所。這種文字的表達方式顯示在社會面前與他人的互動上，張愛玲是自私的，在個體生命與生存境遇的衝突上，張愛玲相當明白大眾喜歡的方式。選擇將自己的作品先後發表在先後發表在上海《雜誌》月刊、《古今》半月刊、《小天地》、《新東方》、《苦竹》雜誌、《小報》、《海報》、《力報》上，在與蘇青、胡蘭成的互動也顯示了張愛玲的「小我」那個圈子是隸屬於他們仁的，外人輕易是不能進也打不破的。

## 第二節　與媒體的關係

乍看張愛玲對於文學始終保持著審視和批判的態度，對於「五四」始終堅持著自己的看法，對於上海淪陷區究竟自己是寫還不寫？張愛玲企圖獨立在新文學之外，只爲自己的「成名」進行努力和自己的小說期望熱賣和推廣新作進行發聲。而最能代表張愛玲看法的，無疑是〈自己的文章〉一篇，在這篇文章中她展現了特立獨行的一面，公開宣布她只寫熟悉的，且堅持寫她最爲熟悉的，突顯出了自身的文學觀，證實張愛玲其實是聰明且世故的，她懂得避開在政治及大環境下一定的危險，企圖將自己的作品往商業化而不是被政治所干擾的路上走，但在時代的環境下，如何「自私」選擇顯然是不現實的。〈自己的文章〉發表後，張愛玲受到創作視野狹窄的批評。但張愛玲並非完全不描繪戰爭，相反的張愛玲嘗試在戰爭中加入了「關懷」的元素，《封鎖》讓讀者體會到了青年男女的瞬間戀愛經驗；《等》則展現了上海某推拿診所裡各式病人的眾生相，除了展現出上海普通市民被戰爭無情耗損的心態，也寫出了儘管戰雲籠罩，上海普通市民的生活仍在繼續。張愛玲所做的是選擇了一個不同視角，對同一件事情進行描寫；不著重於揭露殘酷面與醜陋面，而是藉由生活事件與大時代中的小男女，反應出日常視野以及情感生活的深刻體會。這樣的張愛玲是很輕巧的也是很「偷懶」的，在時代之中，她渴望輕鬆過活，名利雙收而又不承擔知識分子的責任，卻又有知識分子的「睿智」與「志趣」。上一章節敘述過與蘇青的認識和胡蘭成的結合，無疑在當時詭譎的淪陷區氣氛爲自己謀了一個很好的出路。張愛玲是商業的、是世俗的、是小市民的，相當懂得利用媒體來爲自己宣傳。在《傳奇》於 1944 年出版時，張愛玲將自己的「玉照」

刊登在「目錄」之後的插頁，其裝幀設計出自張愛玲本人的手筆並向經售的書店提供了一批有英文簽名的《傳奇》初刊本。關於現代女作家在自己作品集上印出近照，大概可將張愛玲此事件視爲伊始，對此張愛玲曾專門寫了一篇〈「卷首玉照」及其它爲自己〉做出說明：

> 印而在放一張照片，我未嘗不知道是不太上品，<u>除非作者是托爾斯泰那樣著大白鬍鬚</u>。但是我的小說集裡有照片，散文集裡也還是要有些照片，理由是可想而知的。紙面上和我很熟悉的一些讀者大約願意看到我是甚麼樣子，<u>即使單行本裏的文章都在雜誌上讀到了</u>〔註21〕，也許還是要買一本回去，那麼我的書可以多銷兩本。
> 〔註22〕

這裡有兩點值得注意，一個是張愛玲雖然「前衛」爲自己的《傳奇》親手設計了 14cm x16.5cm 的異開本，但這樣的一本書其實接近於正方形；在現代小說集中相當少見，且就當時的風氣而言除非是少見的西方文學家要特別譯介到中國在報紙上會刊登照片外，在小說集子裡沒有這種慣例。二是據陳子善〈《傳奇》初版簽名本箋證〉中表示，《傳奇》這本書封面、封底和書脊皆是清一色的孔雀藍，連書頂都塗上了孔雀藍，封面左半部分「《傳奇》張愛玲著」六個字以黑色隸書頂天立地，再醒目不過。〔註 23〕這本《傳奇》初版本無序跋，其中收錄《金鎖記》、《傾城之戀》、《茉莉香片》、《沉香屑：第一爐香》、《沉香屑：第二爐香》、《琉璃瓦》、《心經》、《年輕的時候》、《花凋》、《封鎖》等 10 篇中短篇曾經刊登在報章雜誌上的作品。張愛玲在《雜誌》月刊連載上的這些文章透過集結後以集子的形式出版，《傳奇》初刊本不但是張愛玲寫作的里程碑，同時帶有張愛玲的世界簽名和玉照，更顯得彌足珍貴。在當時 25 歲之姿的年紀，張愛玲已懂得透過簽名限定本和包裝自己，進而推銷自己，可謂風氣之先。這本《傳奇》初刊本因甫出刊及告竭，故又推出《傳奇》增訂版。而這次唐大郎在《傳奇》增訂版後寫作七律做爲推薦：「期爾重來萬首翹，不來寧止一心焦？傳奇本是重增訂，金鳳君當著意描。對白傾城有絕戀，流言往復倘能銷！文章已讓他人好，且捧夫人俺的嬌」，這首打油詩也爲《傳

---

〔註21〕關於引用文字的加強符號，爲筆者所加。
〔註22〕張愛玲：〈「卷首玉照」及其它〉，《天地》月刊（上海），第 17 期（1945 年 2 月）。
〔註23〕陳子善：〈《傳奇》初版簽名箋證〉，《沉香譚屑──張愛玲生平和創作考釋》，第 3 頁，牛津大學出版社，2012 年。

奇》增訂本更添銷路。〔註24〕關於唐大郎在上海小報《社會日報》、《鐵報》、
《東方日報》、《海報》等連載打油詩其朋友李君維有著很好的評價：

> 他的詩（按：指唐大郎）形式上純屬傳統，內容上又絕對現代
> 20世紀3、40年代上海灘花花綠綠的都市生活，舞廳、酒樓、書場、
> 戲院裏的紅塵世界，霓虹燈下釵光鬢影，紅豔豔上悲喜人生，以及
> 親朋好友、文人藝人的身邊瑣事，都是他信手拈來的寫詩材料。

張愛玲與唐大郎交好，有著書信往來，並注意唐大郎的打油詩。在唐大郎1947
年11月21日《鐵報》復刊第724號發表的「高唐散記」的紀念生平中，唐大
郎提到「我想印的那本詩冊，有人反對我用《定依閣近體詩選》的名稱。因
此就叫它《「唐」詩三百首》吧。上月裏，碰著張愛玲小姐，她也以爲《「唐」
詩三百首》這名字來得渾成。她告訴我選詩的工作，不能由我自己，應該委
之別人，所以馮亦代先生叫我把全部的稿子，讓他看一遍。張小姐的意思是
從客觀可以尋找出許多眞正的性靈文字，而爲寫的人所來不及覺察的。我本
來想把打油詩的一部分放棄了，而許多朋友力勸我把它列入。譬如張小姐說
我四十生日所作的八首打油詩，有幾首眞是賺人眼淚之作，當我寫下來的時
候，一定想不到會是這樣感動人的」。〔註25〕張愛玲與通俗文人的交往可以看
出張愛玲骨子裡親通俗文化及眞性情的一面。張愛玲的寫作功力將純正的新
文學語言與通俗故事結合，縱向繼承了鴛鴦蝴蝶派迎合了時代的需要，然後
開創出了一個新面向。張愛玲曾在中篇小說《多少恨》前面加了一段題詞，
談她對於「通俗」故事的態度。「我對於通俗小說一直有一種難言的愛好；那
些不用多加解釋的人物，他們的悲歡離合，如果說是太淺薄，不夠深入，那
麼，浮雕也一樣是藝術呀。但我覺得實在是很難寫，這一篇恐怕是我能力所
及的最接近通俗小說的了，因此我是這樣戀戀於這故事」。〔註26〕這篇自述，
一方面顯示了張愛玲嘗試與通俗小說劃開距離，用「劃開距離」這個說法在
於張愛玲在《多少恨》的題詞中提到的「最接近通俗小說」而非等於通俗小
說；另一方面則展示了張愛玲受通俗小說的吸引，而不自覺地「戀戀於這故
事」。張愛玲自身受《紅樓夢》薰陶認爲小說的閱讀趣味在於「唯一的標準是

---

〔註24〕唐大郎：〈讀張愛玲著《傳奇》增訂本後〉，上海：《文匯報·浮世報繪》，1946
　　　　年12月3日。

〔註25〕唐大郎：〈高唐散記——紀念生平〉，《鐵報》復刊第724號，1947年11月21
　　　　日。

〔註26〕張愛玲：《張愛玲文集》第2卷，第279頁，安徽文藝出版社，1992年。

傳奇化的情節，寫實的細節」。〔註27〕這一看法影響了張愛玲的寫作風格，在傳奇化之於擅於描寫與塑造「不徹底的小人物」。

　　談到張愛玲利用媒體來增加作品銷量和自身的知名度外，同時也應該注意張愛玲在小報上數目的發表，其在小報上的發表顯示出了在淪陷區時期，張愛玲與各報的交往是密切且頻繁的。自《天‧地‧人》（1945.4.15，上海《光化日報》）被挖掘出來後，在小報發表數目上增至 6 篇，依據這 6 篇在上海小報上的發表順序：第 1 篇是〈羅蘭有感〉（1944.12.8～1944.12.9 連續兩天刊登）見於上海《力報》，其次是〈關於《傾城之戀》的老實話〉（1944.12.9）見於上海《海報》、《秘密》（1945.4.1）《丈人的心》（1945.4.3）見於上海《小報》、《鬱金香》（1947.5.16～1947.5.31）見於上海《小日報》。報紙種類多樣，內容有小說、散文等，不拘泥表現形式。其中值得注意的是《天‧地‧人》由《光化日報》刊登，而《光化日報》由龔之方和唐大郎所主持，背後的資金提供者則是曾任汪僞政府上海警察局司法處長，後又任國民政府軍統上海區第二站第二組組長（少將軍銜），實爲中共高級秘密情報人員的李時雨。〔註28〕這份報紙存在時間雖然僅有 5 個月又 5 天，但卻被陳子善譽爲「一張很出色的小報」。爲這份小報撰稿的作家包括：張婉青、程育眞、潘柳岱、柯靈、蘇青以及張愛玲。張愛玲與唐大郎的緣分不僅於小報，即至後來張愛玲在《大家》發表《多少恨》及《華麗緣》以及在《亦報》上發表《小艾》及《十八春》也是唐大郎（以及龔之方）一手促成的。就張愛玲自身而言，其本人也熱愛小報，在 1945 年 7 月 21 日參加「雜誌社」主辦的茶話會（同時參加的還有影歌星李香蘭），就談到了對於小報的獨到見解：

> 我一直從小都是小報的忠實讀者，它有非常濃厚的生活情趣，可以代表我們這裡的都市文明。還有一個特點：不論她寫什麼，寫出來都是一樣的，因爲寫的是它自己。總可以很清楚地看見作者的面目，而小報的作者絕對不是一些孤僻的，做夢的人，卻是最普通的上海市民，所以我看小報的同時也是覺得有研究的價值的⋯⋯（筆者略）譬如從前的《古今》，我也是對於它的讀者的心理比對它本身更感到興趣的，小報上有些文章說到我，除了有關我的職業道德的，

<hr>

〔註27〕張愛玲：〈《海上花》國語版譯後記〉，《張愛玲散文全編》，第 471 頁，浙江文藝出版，1992 年。

〔註28〕陳子善：〈張愛玲與小報——從《天‧地‧人》「出土」談起〉，《印刻文學生活誌》，印刻出版社，第 48 期（2007 年 8 月）。

> 我從來不去辨正，也不怎麼介意，因爲大家都喜歡講講別人的。我
> 也在小報上寫過文章，大約是題裁不相宜的緣故，不知爲什麼登了
> 出來看看很不順眼，所以我想以後對於小報還是就保持著忠實的讀
> 者的地位罷。〔註29〕

以上這段話除了展現張愛玲與小報之間的聯繫外，也展示了張愛玲本身相當
著迷於上海的小報這也是張愛玲市民的一面。若從其熱衷於自己沉迷的人事
物來看，也與西方學者在定義知識分子時的標準相去甚遠，知識分子應該具
有獨立性、超越性及批判性等硬性特點，在其身上是沒有很吻合的，也因此
可以從這斷定，張愛玲在知識層面的展示上並不遜色，但在其思維的批判性
來看，則與那些與社會貼近，關懷現實的知識分子，距離甚爲遙遠。若要更
細分知識分子的不同則需要再強調他們的社會角色與人類的精神活動以及文
化活動有關的行爲。例如：韋伯（Weber, Max）說過：「知識分子的特徵，就
是一批命中註定要來傳播民族價值系統的人，他們形成了一個文化共同體的
領導力量」。〔註30〕又金耀基認爲：「知識分子的功能主要是文化性的。他們
所從事的有關價值、觀念、符號等的文化性的活動」。〔註31〕在張愛玲積極演
繹文學中的愛情糾葛與自私平凡下的生活時，教授群體的知識分子正在宣佈
對言論自由、思想自由、學術自由的要求，表達了對時局的看法與主張，關
懷社會並在參與社會這也使張愛玲與其他知識分子產生巨大的不同，她是更
爲精緻的，小我的「利己主義者」。關懷社會的知識分子中，像是 1944 年 5
月沈鈞儒、張申府、章伯鈞在四川招待文化界時指出：「中國必須要成爲一個
十足道地的民族國家，這已經超過了理論的階段，而需從事實上予以切實的
表現，並且民主體系的形成已刻不容緩，萬萬不可向戰後推宕。」〔註32〕顯
示出了思想和言論自由是當時社會所急欲爭取的權力，張愛玲在上海淪陷時
期及抗戰後對待媒體的態度，顯示張愛玲對參與者和當權者之間權力分布的
改變已有了認識有著對時代的敏銳判斷，但這個認識不足以使她進行徹底性
的改變，張愛玲還是選擇了她所熟悉的道路，希望創作出迎合市民取向的文

---

〔註29〕《納涼會記》，第 15 卷第 5 期（1945 年 8 月）。

〔註30〕 Max Weber, H.H Gerth, C. Wright Mills: p.188, *From Max Weber-Essays in Sociology*, Oxford University Press, USA, 1958.

〔註31〕 金耀基：《中國現代化與知識分子》，第 63 頁，時報文化出版社，1991 年。

〔註32〕〈中國民主政團同盟對目前時局的看法與主張〉原文寫於 1944 年 5 月，收入
中國民主同盟中央文史資料委員會編：《中國民主同盟中央歷史文獻》，第 18
頁，文史資料出版社，1983 年。

章。但這次趨利的行爲，並未給張愛玲多大的好處。因時代的變化影響了創作的主旋律，使得張愛玲這樣有著複雜多面向的作家，受不到新時代的歡迎。

## 第三節　物質狀態

張愛玲早年受限於家庭的緣故一直將錢看得很重，這也許是張愛玲在選擇上與其它知識分子不同的地方，也因此張愛玲不具備知識分子爲國家民族的情感，而是將焦點集中在自己文章中的「小人物」身上。從張愛玲個人面臨的具體生存環境來說，寫作幾乎是她唯一的出路。父母離異、家庭破散、因戰爭而輟學。客觀條件看來，張愛玲除了持續寫作或是嫁人，沒有更好的依靠。因此鄭振鐸、柯靈等人勸她「不要到處發表作品」、「等河清海晏再印行」，對張愛玲而言完全不起作用，成名的快樂與讀者對她的迎合以及解決物質上的問題成爲了她最爲關注的事情，張愛玲將此反映在自己的文章之中，寫出了日常生活的物質狀態。她利用文學的方式對日常進行一種思考，思考人在日常生活中的存在狀態，如李梅所述，日常生活包羅萬象，一切與自己周圍有關的事物，像是：是飲食男女，是四時八節，是周圍和你有關的一切人和事，是人之生活所需要的一切環境。也就是所謂「個體要素再的集合」。日常生活是實的、物質的、也是空的、精神的。因爲日常生活中要有油鹽柴米肥皂陽光也有無限的人情世故。用弗吉尼亞・伍爾夫的話來說：「生活並不是一連串對稱排列的馬車燈；生活是一圈光輪，一只半透明的外殼，我們的意識自始自終被它包圍著」。也就是說，在日常生活中人們開始了每天的生活，張愛玲缺乏錢的安全感，使她認爲能愛一個人到拿零用錢的程度，那是最嚴格的試驗。〔註33〕

她對物質乃至金錢的需求使得張愛玲在文章中成功塑造出曹七巧，在不斷出現各種事件的消磨之下逐漸耗掉了自己的自尊、青春和愛情，最後曹七巧抓住可以被自己掌握的金錢，變成一個戴著黃金枷鎖的乖戾、變態的瘋女人，可以說是人被生活「生活」著最終所熬成的結果，同時也透露出掙扎感有一種深沉接近於悲哀的絕望。同樣的，還有《第一爐香》的葛薇龍，放下中產家庭大小姐的面子投奔到姑姑家，興許是眞的爲了完成學業，但卻抵擋

---

〔註33〕張愛玲：〈童言無忌〉，收入《流言》，第 10 頁，北京十月文藝出版社，2009年。

不住金錢和驕奢生活的誘惑，當葛薇龍回到自己的房間，看到姑姑為她準備的滿櫃衣服，她忍不住試了又試，最後卻在快樂的情緒中轉為鬱悶，於是「薇龍連忙把自己身上的一件晚餐服剝下來，向床上一拋，人也就膝蓋一軟，在床上坐下來，臉上一陣一陣的地發熱，低聲道：『這跟長三堂子裏買進一個人，有什麼分別？』」〔註34〕張愛玲以自己切身對金錢的需求加上善於描述小人物的心態，將人性對物質的渴求展現在普通人身上。也因此胡蘭成在《論張愛玲》一文中以相當長的篇幅來讚賞張愛玲對小人物的成功描寫：

> 幾千年來，無數平凡的人，失敗了，破滅了，萎棄在塵埃里，但也是他們培養了人類的存在與前近。他們並不是浪費的，他們是以失敗與破滅證明了人生愛。他們雖敗於小戰，但和英雄之敗於強敵，其生死搏鬥是同樣可敬的。她的作品裏的人物之所以使人感動，便在於此。〔註35〕

在張愛玲的筆下，小人物和其日常生活變成具有普遍意義的一切生存狀態。但這也成為了張愛玲的軟肋，受限於個人經驗和時代變遷。其在新中國成立後逐漸變得沒辦法寫作，在強大的主流意識形態之下，在解放之後張愛玲嘗試創作了帶有明顯「無產階級故事」和革命色彩小說的《小艾》。但其實張愛玲若不是處於新社會的恐懼和生存壓力和害怕影響到其物質狀態，張愛玲其實是不願意進行改變的。她在〈寫什麼〉一文中寫到：「有個朋友問我：『無產階級的故事你會寫麼？』我想了一想，說『不會。要麼只有阿媽他們的事，我稍微知道一點。』後來從別處打聽到，原來阿媽不能算無產階級，幸而我並沒有改變作風的計劃，否則要大為失望了」。〔註36〕張愛玲雖是輕描淡寫，但實則透露自身正受限於生活壓力之中，即使張愛玲出走到香港也沒辦法繼續堅持之前的創作風格，藝術風格仍然延續她擅長日常敘事的特點，成就卻低於她在上海淪陷時的創作。張愛玲在 1947 年《有幾句話同讀者說》中曾經解釋自己並沒有在文章中涉及政治：「我寫文章從來沒有涉及政治，也沒有拿過任何津貼」。但事實上與胡蘭成的交往，讓她避不開政治，甚至間接享受了日本文藝政策的好處。

　　張愛玲近半數的文章，特別是發表於淪陷後期的成名作也就是（1943 年

---

〔註34〕張愛玲：《第一爐香》，第 21 頁，花城出版社，1997 年。
〔註35〕胡蘭成：《中國文學史話》，第 173 頁，上海社會科學院出版社，2004 年。
〔註36〕張愛玲：〈寫什麼〉，收入《流言》，第 128 頁，花城出版社，1997 年。

～1945 年 8 月）這個時期,恰逢日本政府對華的政治方針出現了極大的變化。日本外交史料館藏文件的材料指出:

> 大東亞戰爭後,對支那處理理應對英美處理結合起來。其一,此舉將左右帝國之力是否能取勝於大東亞戰爭,即無論帝國之力如何蹂躪支那,欲將滅亡而收爲領土,如敗於大東亞戰爭,一切將歸於零,此爲自明之理。〔註37〕

日本對華若是打了敗仗,則所有在中國的建設日本認爲都會付諸流水,在這個情況下,日本對華政策開始進行調整不像前期一樣採取嚴格的控制。在前期,1942 年 5 月 7 日,日本開始給公共租界發放市民證,規定凡 7 歲以上的居民須登記,用「保甲制」、「連坐法」控制市民,同年的 5 月 9 日要求電影院和話劇團都需要重新登記。按此規定,已有執照的職業劇團和業餘劇團都必須到工部局業務處特高科重新登記。如此嚴密的控制,與當時日本在臺灣的政策相同。爲了順利使日本的軍國主義得到順利地擴張,臺灣總督府開始強烈鎮壓臺灣北部的政治組織。抗日團體包括臺灣文化協會、臺灣農民組合、臺灣民眾黨、臺灣共產黨等,悉數被迫解散。當時的左翼政治領導者,甚至還受到逮捕、審判、監禁。其後更發布了強勢的語言政策,有了禁用中文的命令,同時廢止所有報紙的中文欄,以及雜誌的中文作品。在九一八事變後更迫使臺灣作家都必須使用日文從事創作,由於臺籍作家對於日文的掌握程度不一加上檢查制度過於嚴密,許多就算滿足「用日文寫作」條件的文學作品,也無法刊載,使得文學生產呈現了荒涼狀態。不同於對臺灣的高壓管控,日本對上海,急於想要籠絡人心,基於此因此日本認爲對當時的中國處理的道路只有一條:

> 即「把握支那佔領地區的民心」,而提高對民眾信用度,讓中華中國自制。把握支那民心之道路之一爲「強化國民政府的政治力量」,由此把握民心,使之與我同甘共苦,自發地與我合作。從以上觀點出發,應抓住國民政府參戰之絕好機會,從根本上重新研究帝國對支處理之方法和政策。將日支的努力集中與如何使戰爭進行到底這一焦點上。〔註38〕

---

〔註37〕 種村:《有官對支形式的研究》(昭和 17 年 12 月 2 日),收藏於日本外務省外交史料館。

〔註38〕 種村:《有官對支形式的研究》(昭和 17 年 12 月 2 日),收藏於日本外務省外交史料館。

在積極推動上海淪陷區的民眾認同感時，上海的氣氛無疑得到了一些緩解。要注意的是，由於日本認同汪精衛政權，故把汪精衛所成立的政府稱爲「國民政府」。汪僞政府在把握了這一政策之後，開始注重在上海的宣傳攻勢。像是 1943 年 1 月 15 日，上海開始上映日軍佔領香港的電影《英國崩潰之日》，同時指定大華大西北爲日本電影專映戲院，並要求登《申報》發聲明。從當天 15 日起，英美影片在上海銷聲匿跡，根據影片排期來看，21 日起爲《暖流》、24 日《天空神兵飛太子》、2 月 13 日《夏威夷／馬來大海戰》的試映會接踵而至。到了 2 月 18 日，更是打出映有李香蘭大幅照片的《支那之夜》檔期及上海各種文化宣傳活動，一口氣排到了 4 月份。一時整個上海在汪僞政府的宣傳之下都是「日華宣傳」的消息沒有其他種選擇。當時的環境氣氛，政治不能談，抗日不能談，左翼文學更是嚴格禁止，於是文學在上海呈現的面貌大多都是風花雪月、鴛鴦蝴蝶。張愛玲的文章風格因爲與上海當時所需要的感覺相同，填補了文學的暫時空白，故張愛玲成了上海當時最受歡迎的文人之一。知識分子在抗日之後分化更明顯，在 1937 年之後也有作家因爲各種因素留在了上海，但是諸如巴金、柯靈、傅雷、錢鍾書、楊絳、鄭振鐸都選擇了停筆的沉默態度（但在評論上還是持續關注其餘上海作家的作品，並且給出意見）消極抵抗日本傾略者，而後 1942 年毛澤東發表的《在延安文藝座談會上的講話》更吸引了具有左翼傾向的知識分子奔赴延安，沒走的人的則更沉默。但上海需要文藝，文學仍然是意識形態鬥爭不可缺少的手段，於是汪僞政府在文化、新聞、出版事業上持續努力，大量創辦雜誌開始徵稿，像是《古今》（創刊於 1942 年 3 月）、《萬象十日》（1942 年 5 月）、《雜誌》（1942 年 8 月復刊但從一本新聞時事刊物改爲綜合性文藝雜誌）；年底又有《大眾》和《綠茶》問世、1943 年則有〈風雨談〉、《紫羅蘭》、《人間》、《碧流》、《天地》、《春秋》等 10 幾種出版，1944 年更有《文藝春秋》、《文藝世紀》、《文藝生活》、《文潮》、《詩領土》〔註39〕多種文學叢刊及文學期刊出版。張愛玲的第一篇小說《沉香屑——第一爐香》即在當時的《紫羅蘭》創刊號上發表，而後張愛玲多半將自己的稿子發在了《雜誌》、《萬象》。張愛玲可謂在這段時期透過緊抓各種文章的發表徹底改善了自己的生活，同時在上海成名。

---

〔註39〕李梅：《張愛玲——日常敘述的現代性》，第 114 頁，世界圖書出版社，2014 年。

　　張愛玲對物質的要求除了對錢的高度需要，也展現了她在服裝上的趣味及其細膩的觀察，在《更衣記》裡，張愛玲側寫了清朝，至 40 年代的中國社會，指出時裝和時局的密切關係。明清的寬大衫袴，呼應當時「四平八穩的沉著氣象」〔註40〕，革命醞釀期則是一個各趨極端的時代；保守力量因驚恐而強加壓力，是以出現了「元寶領」，「元寶領」的頭重腳輕正好標誌著那個時代「無均衡的性質」，待得「革命成功」，時裝便顯出「空前的天眞、輕快、愉悅」；呼應民國初期那種「浮面的清明氣象」，到了 20 年代女性追求男女平權而不多得，那種失望變化成了排斥女性的清教徒式旗袍。20 年代以後的內憂外患，令青年的理想迅速冷了下來，連帶時裝也開始緊縮，「喇叭管袖子縮小了」。〔註41〕張愛玲在《更衣記》裡對細節的迷戀和藉衣服對歷史的對照，以及在開頭將時裝與火車對比，和末尾對服裝是「點綴品地逝去」的看法。周蕾將其應用到中國現代文學的分析之上：「認爲中國現代文學的發展軌跡，也是細節的剔除──在現代化與建立國際形象的雄性前提下，代表女性特質的細節描述給逐步刪掉」。〔註42〕而張愛玲這段文字也可以從另一方面解釋，在這段時間中國面臨內憂外患，戰爭頻仍。但張愛玲仍然對自己的穿著及打扮有所堅持，不肯在上面有所退讓，即使是外人認爲其奇裝異服仍不以爲然，即使張愛玲認爲自身並無格格不入，認爲自己只是一個商業型作家，但依舊躲不過大環境對她的影響。在那個時代除了考慮自己的物質狀態，同時也需要考慮時代。在民族存亡問題，親日成爲最致命的氣節問題，大過於日常生活的物質問題，這同時也是在討論張愛玲時最繞不開的一個問題，像是一塊美玉上有了瑕疵，雖仍是玉，但其價值已然不同。即使現在學者多半順著張愛玲的話，認爲其不是有心親日，不過是表達大時代裡的小人物問題，是受到胡蘭成的影響後看似親日。但一個人眞的無法選擇自己想要的生活嗎？張愛玲是不想選擇還是「有意選擇」？這種看似模糊不清，但實則可抽絲剝繭的「歷史遺留問題」，成了一個耐人尋味的文學議題。

　　除去物質之外張愛玲對自己的作品也困擾過。張愛玲赴美許多年後，她都不能肯定自己在文學史上到底是什麼位置。水晶在《蟬──夜訪張愛玲》

〔註40〕張愛玲：〈更衣記〉，《流言》，第 71 頁，皇冠出版社，1991 年。
〔註41〕同上，第 73 頁。
〔註42〕周蕾：《婦女與中國現代性──東西方之間閱讀記》，第 171 頁，麥田出版社，1995 年。

中寫到：「談到她自己的作品的流傳問題，她說她感到非常的 uncertain（不確定），因爲似乎從五四一開始，就讓幾個作家決定了一切，後面的人根本就不被重視。她開始寫作的時候，便感到這層困惑，現在困惑時越來越深了。使我聽了，不勝黯然」。〔註 43〕在那個時代，到底應該寫什麼、怎麼寫的問題，是需要思考跟揣摩的，張天翼也說：

> 時代究竟是太有力量了，太有力量了，使我不敢寫東西。要是叫我寫醇酒婦人，或者叫我讚美頹廢，或者叫我寫我現在這種不三不四的生活，我都可以把它寫得很好很迷惑讀者，但是時代不允許，時代叫我們寫新的東西。而我呢真是糟透，我的生活，我的意識，我所受的教育，總而言之，我所有的一切，都還是舊的。〔註 44〕

認爲自己寫不好宏大敘事，但又覺得受時代主流意識形態的壓力，可以說是那個時代的文人普遍感受。即便張愛玲焦慮自己在文學史上的地位但張愛玲還是對左翼文學有所排斥無法做出根本性轉變，同樣在水晶的文章中，提及「因爲後來的中國作家，在提高民族自信心的旗幟下，走的都是『文過飾非』的路子，只說好的，不說壞的，實在可怕」。然張愛玲就算有了機會，其實也無法融入新時代中。中華全國文學藝術工作者第一次代表大會在北京召開，茅盾在大會上做了《在反動派壓迫下鬥爭惡化發展的革命文藝——十年來國統區革命文藝運動報告提綱》的長篇講話，當中提到的淪陷區進步文藝工作者完全沒有張愛玲及蘇青，並表示文藝陣營裏的毒素有三種，其中有一種就是「完全按照個人的趣味而採集都市生活中的小鏡頭，編成故事，既無主題的積極意義，亦無明確的內容。這種純粹以趣味爲中心的作品，顯然是對小市民趣味的投降，而失去了以革命的精神去教育群眾的立場」。〔註 45〕張愛玲無疑被歸類到這類人裡，因爲張愛玲的文學雖然有藝術成就但無法表達重大斗爭，展現「歷史」的本質。這種在茅盾眼裏過於瑣碎日常生活和注重市民趣味的人，不屬於進步的個人作家。因此張愛玲經過艱難的適應終究在物質及個人經驗下放棄其苦於金錢的問題，到了晚期也一直持續著，她爲了最大程度地增加收入，在香港、美國多次爲了錢奔走，並開始爲健康所苦。物質問題可謂困擾她一生。這種原始生存意識的不斷侵擾，使得張愛玲沒辦法分

---

〔註 43〕水晶：《張愛玲的小說藝術》，第 29 頁，大地出版社，2000 年。
〔註 44〕張天翼：《張天翼文集》第 1 卷，第 66 頁，上海文藝出版社，1989 年。
〔註 45〕茅盾：《茅盾文藝雜論集》下集，第 23 頁，上海文藝出版社，1981 年。

出神或是在已經改善的當下關注文化危機問題，因爲她無法確保自己的物質來源是否持續安全。從張愛玲寫出平實樸素的人生觀念，就可以看出張愛玲注重的是能獨立生存的物質安全保障和生存鬥爭中所形成的個體力量，因此張愛玲擅長在柴米油鹽、肥皂、水和太陽去找尋物質方面的平凡人生。如不能很好地認識這一點，那在解讀張愛玲的種種令人「迷感」的地方，就不能夠精準地把握其內心在這些事物上的「糾結」與「妥協」所產生的結果。

# 第四章　晚期的作品

　　1955 年張愛玲離港初抵美國時，美國文壇對中國題材有一定程度的重視（直到 1965 年越戰爆發前）。當時林語堂在美國家喻戶曉，而比利時血統的華裔女作家韓素音（Suyin Han）也嶄露頭角，1955 年韓素音的小說《生死戀》（A Many-Splendored Thing）暢銷被好萊塢改編搬上屏幕，由威廉赫頓、珍妮佛・瓊斯兩大巨星主演，主題曲爲大眾所熟知；黎錦揚（C.Y. Lee）在 1957 年出版了小說《花鼓歌》（A Flower Dream Song），也受到美國人民的歡迎，並立即改編成爲音樂劇，成爲百老匯史上全由亞裔演員擔綱的音樂劇。此劇的成功間接使之登上了大螢幕，女主角啓用了演出《蘇絲黃的世界》（1957 年）的關家倩。在這樣中國題材備出的環境下，張愛玲初到美國是很有機會一舉成名的。張愛玲確實也爲此努力著，在 1955 年 11 月搭「克利夫蘭總統號」遊輪赴美後，張愛玲租住在紐約救世軍辦的女子宿舍，隨後與炎櫻重逢以及拜訪了胡適。隔年 2 月，張愛玲獲新罕布什爾州愛德華・麥克道威爾基金會資助，在基金會莊園專事寫作。同年，她創作了長篇小說《粉淚》（Pink Tears），但這篇小說成爲張愛玲的第一個打擊。原因在於她在隔年（1957 年）的 5 月獲知自己的小說被拒絕，心情低落因而沮喪病倒，但所幸在同年《秧歌》（The Rice-Sprout Song）劇本獲哥倫比亞廣播公司播出，因此讓張愛玲有動力進行《上海遊閒人》（The Shanghai Loafer）的寫作，但在之後無論是《荻中笨伯》（Fool in the Roads）或是在英文雜誌《記者》上發表的《重回前方》皆無好評〔註1〕，因此張愛玲被動地且被迫地放棄了美國的市場，改而在臺灣及香港

〔註 1〕 詳細的張愛玲文學年表，可參見附錄 1。

上發表電影劇本及作品。歸根究底張愛玲在用英文爲寫作語言後，在她自我堅持中文要自己翻譯的情況下，中英的互譯產生了極大的落差。在《秧歌》（The Rice-Sprout Song）第 11 章結尾，金根在揉麵準備年糕時，英文寫出了深入的觀察，中文的象徵卻罕見地失去了張力：

> Bending over the table, he kept rolling it very fast, with a curious little smile on his lips and the intense concentration of one who was fashioning something out of a burning rock at the beginning of the world. 〔註 2〕

張愛玲把中文寫成了「把球滾來滾去，滾得極快，唇上都帶有一種奇異的微笑，全神貫注在那上面，彷彿他做的是最艱辛的石工，帶有神秘意味的──女媧煉石，或是原始民族祀神的雕刻」。〔註 3〕中文，相對於英文而言多出了一大堆解釋，像是：「石工，帶有神秘意味的」、「女媧煉石」、「原住民祀神的雕刻」，和「滾球」不斷做關聯，卻與揉麵準備年糕的意象搭不上邊。英文原文中，將金根揉滾的動作比擬成造物者開天闢地，將火燙岩石塑成了地球（fashioning something out of a burning rock at the beginning of the world.）這個意象相對於中文而言簡潔有力又精準，將揉成圓形的麵團暗喻成地球的渾厚圓實。同時用不斷揉滾展現出生命力。中文加上了「女媧煉石」和「原住民祀神雕刻的」的比喻，則顯得格格不入。也就是說，張愛玲在創造時習慣性改寫自己的文字，中、英文的秧歌對照修辭和意思在幾經修改後會出現無法對照閱讀的現象。《怨女》也產生了同樣的閱讀障礙，在《怨女》中對於三爺的髮型是這樣描述的：「現在年輕人興『滿天星』，月亮門上打著短劉海，只有一寸來長，直戳出來，正面只看見許多小點，不看見一縷縷頭髮，所以叫滿天星」。〔註 4〕根據中文形成的認知，在閱讀《怨女》的英文原文時就會產生疑問：

> The latest hair style for the men was "a sky full of stars", a short finger over the artificial high round forehead called "the moon gate", brought in by the Manchus. As the upper part of the physiognomy

---

〔註 2〕 Eileen Chang: May.1998, *The Rice-Sprout Song*, p.122, California: the University of California Press.

〔註 3〕 張愛玲：《秧歌》，臺北：皇冠出版社，第 131 頁，1995 年。

〔註 4〕 張愛玲：《怨女》，（張愛玲典藏新版），第 45 頁，皇冠出版社。

corresponds to heaven and the lower part to earth, all these names were astronomically inspired. The finger was to short it stuck straight out, mere dots seen from the front, therefore likened to countless stars.〔註5〕

若以原文直接譯成中文，則是「男人時興的髮型叫『滿天星』，一排短髮橫在人工剃光的高額頭上，這樣的額頭叫『月亮門』，是滿洲人帶進關的。面相學中將上半部稱天，下半部稱地，所以這些取名都是有星象意涵的。那排頭髮非常短的頭髮直直戳出，正面只看見許多小點，所以被比作數不盡的星星。」中文的敘述較爲簡潔，省去了面相學的看法。而據郭強生的看法，中文「滿天星」信筆拈來，多了中國老小說的風韻；但從英文考慮的話，這段卻來得多餘，把譯者注解硬生生插進了正文中，彷彿是中文先這麼寫了，英文夾譯夾註也照實搬上。若是想賣弄異國風情，只能說拖累了行文的流暢。〔註6〕郭強生推測張愛玲可能未一邊構思一邊創作英文小說，而是早有大綱和內容初稿，張愛玲負責對書中所描寫的農村進行事實確認？而西化的譯筆亦非出自張愛玲之手，她只是爲中譯作潤稿？或是相反的情形，是張愛玲提供了《秧歌》的大綱與故事，「授權」他人完成？〔註7〕郭強生的這些猜測，是研究張愛玲近幾年繞不過去的譯作問題，但若先入爲主認爲張愛玲假他人之手進行創作則太過武斷。從客觀上來看，中、英文之間所顯示的差異，正是作者再一次顯現自己才華的時候，通過不斷地書寫找到自己的方向，而語言表達的不同則是作者以兩種語言書寫同一題材的語言熟練度和創作的過程問題。這些帶豐富意向性的「張腔」在華文世界裡收到吹捧與好評，在兩岸三地模仿與效法的人眾多。但這樣的語言在當時的美國卻是有問題的，讀者沒辦法通過張愛玲領略張愛玲的風采，同時又被不斷出現卻意思不明的中文轉英文的名字困擾並出現許多夾雜的意象。多重因素干擾下，讀者對張愛玲喪失了興趣，而張愛玲也就逐漸喪失了美國市場，沒有如張愛玲所希望的比林語堂還出名。張愛玲面臨了生存問題，也因此張愛玲比過去任何時候都積極想要跟過去產生聯結，希望藉由熟悉的筆法和有著古老中國感覺的題材在美國市場上扳回一城。

〔註5〕 Eileen Chang: *The Rouge of the North*, p.42, the University of California Press, August, 1998.
〔註6〕 郭強生：〈張愛玲眞有「創作」英文小說嗎？〉，收入在《張愛玲學校》，第87頁，聯合文學出版社，2011年。
〔註7〕 同上，第90頁。

　　張愛玲因為想創作，需為創作《少帥》（Young Marshal）找尋靈感而在臺灣與白先勇、王文興、陳若曦以及王禎和見面。同時張愛玲開始因為讀者喜好程度不一樣而將作品移回亞洲地區發表。1966 年開始，其長篇小說《怨女》中文版在香港的《星島日報》上連載，很受好評，在明白讀者的口味後張愛玲動手更改《十八春》為《半生緣》，在更改完畢後這部作品也在 1967 年開始在香港《星島晚報》上以及臺灣的《皇冠》上連載。之后皇冠在 1968 年第一步取得授權後將張愛玲的作品出版，在同年度出版了《半生緣》、《流言》、《秧歌》、《張愛玲短篇小說集》，張愛玲更將自己的作品《紅樓夢未完》給了皇冠，隨後與皇冠開展一連串的合作。在 1973 年她於皇冠發表了《初詳紅樓夢》、1975 年發表了《二詳紅樓夢》、1976 年則刊了《三詳紅樓夢》以及《張看》，其它出版社，諸如幼獅出版社、中國時報也多見張愛玲作品。在 1994 年時皇冠更獲得了張愛玲的全面授權出版了「張愛玲全集」15 冊：《秧歌》、《赤地之戀》、《流言》、《傾城之戀》、《第一爐香》、《半生緣》、《張看》、《紅樓夢魘》、《海上花開》、《海上花落》、《惘然記》、《續集》、《餘韻》、《對照記》、《愛默生選集》，並獲得了當年度中國時報的終身成就獎。可見張愛玲晚期的收入來源及發行渠道。在晚期的前半部分多半是透過香港，1968 年後更移到了臺灣。透過對張愛玲晚期作品的探討除了可以追尋她人生的軌跡之外，也能了解當時臺灣的一般大眾以及知識分子為何都接受張愛玲。

## 第一節　發行渠道

　　張愛玲在〈自白〉中提到：「中國比東南亞、印度及非洲更早領略到家庭制度為政府腐敗的根源。現時的趨勢是對西方採取寬容，甚至尊敬的態度，不予深究這制度內的痛苦，然而那卻是中國新文學不遺餘力探索的領域，不竭攻擊所謂『吃人禮教』，更已達鞭撻死馬的程度。西方常見的翻案裁決，即視惡毒淫婦為反抗惡勢力、奮不顧身的叛徒，並以弗洛伊德心理學與中式家居擺設相提並論。中國文學的寫實傳統持續著，因國恥而生的自鄙使寫作傳統更趨鋒利。相較之下，西方的反英雄仍嫌感情用事。我因受中國舊小說的影響較深，直至作品在國外受到語言隔閡造成同樣嚴重的跨國理解障礙，受迫去理論化與解釋自己，這才發覺中國新文學深植於我的心理背景。」這篇，

〈自白〉﹝註8﹞是研究張愛玲赴美之後內心活動的一個重要信息，也是研究張愛玲晚期作品的發行渠道的一個線索。關於〈自白〉的中譯版本，陳耀成在《美麗而蒼涼的手勢》﹝註9﹞中提到，催成〈自白〉的譯介是來自陳子善的委託，同時也說明張愛玲此篇文章是她自我的英文簡介。此篇文章分為 3 段，高全之曾在《那人正在燈火闌珊處──張愛玲如何三思「五四」》譯介過第三段，這篇〈自白〉用英文寫作，原刊於 1957 年紐約威爾遜公司出版的《世界作家簡介‧1950～1970，20 世紀作家簡介補冊》（World Authors 1950～1970, A Companion Volume to Twentieth Century Authors）該書介紹了 959 位作家。主編魏客門（John Wakeman）後來為同一書系編了《世界作家簡介‧1970～1975》，加入了 248 位作家。﹝註10﹞總的看來在 1950～1975 這段時間共有 1,207 位作家在此書系上被介紹出來，在前邊《世界作家簡介‧1950～1970，20 世紀作家簡介補冊》裡面約半數的作家為《世界作家簡介‧1970～1975》提供了自傳性文章，其中張愛玲也是。第一個證據是編者在書裡聲明，作家如使用英文書寫，編者為尊重作家將完全不更改；第二個證據則是張愛玲寫給夏志清的信：

> 有本參考書「20th Century Authors」，同一家公司要再出本「Mid-Century Authors」寫信來叫我寫自傳，我藉此講有兩小說賣不出，幾乎通篇都講語言障礙的障礙。他們不會用的──一共只出過薄薄一本書。等退回來我寄給你。﹝註11﹞

從張愛玲寫給夏志清的信看來，這樣的滯銷對張愛玲無疑是打擊的，張愛玲在年輕時曾說出：「出名要趁早呀！來得太晚的話，快樂也不那麼痛快。最初在校刊上登兩篇文章，也是發了瘋似地高興著，自己讀了一遍又一遍，每一次都像是第一次見到。就現在已經沒那麼興奮了。所以更加要催：快，快，遲了來不及了，來不及了。」﹝註12﹞在美國文章並不待見的情況下，鬱悶心

﹝註 8﹞ 為方便讀者閱讀此篇文章，筆者將原文放在附錄 2 裏。參考的版本是 John Wakeman: World Authors 1950～1970, A Companion Volume to Twentieth Century Authors.
﹝註 9﹞ 陳耀成：《最後的中國人》，第 19～31 頁，素葉出版社，1998 年。
﹝註10﹞ 高全之：〈張愛玲的英文自白〉，《張愛玲學──增訂二版》，第 496 頁，麥田出版社，2011 年。
﹝註11﹞ 夏志清：〈張愛玲給我的信件〉，第 52 頁，《聯合文學》（臺北），（1997 年 4 月）。
﹝註12﹞ 張愛玲：《《傳奇》再版的話》，《張愛玲全集》（第一卷），第 297 頁，海南出版社，1995 年。

情可想而知。張愛玲不斷表達自己的文章被美國出版商討厭，出版商認爲裡面的人物過於討厭，甚至連窮人也不待見。張愛玲過於細膩的文學技巧，在轉換成英文時效果大打折扣；且張愛玲著墨過多自己的張氏風格的英文，把閱讀從單純地理解帶到一個更深的難度，背離了讀者可以接受的範圍。在《秧歌》（The Rice-Sprout Song, 1955）出版後張愛玲曾受到書評界的好評，但在之後的出版則不盡人意。現今有說法指出，這可能是張愛玲有意爲之的方式，使讀者在閱讀中有「陌生化」的距離，但在異國他鄉極於想打入美國市場的張愛玲，真的會放棄美國主流敘述語言而去讓讀者反過來適應自己？這種不符常理的作法令人匪夷所思。〈自白〉後的評介者也表達了這一點，懷疑過是否張愛玲的英語水平並不到位。除去張愛玲自身的抱怨，〈自白〉這篇文章也展現了非常強烈的個人風格，以及張愛玲在晚期內心對新文學以及新中國的一些想法與體悟，在她看來舊中國存在著許多弊病，而其寫作要表達的就是在新舊中國之間過渡的幾十年，所產生的種種問題。但這同時也是張愛玲的「致命傷」，張愛玲對於情感之外的題材，處理起來不夠嫻熟，且急欲展現不同的中國給外國人看，沒有抓準外的口味。在張愛玲的世界裡，外國人對於中國人的想像還停留在一個充滿儒家思想的溫和式中國，避而不談中國已發生和正發生的問題。會有這樣想法的張愛玲無疑異於早期的寫作風格，開始關注社會面向。這種轉變在大陸學者看來可以視爲張愛玲的一種「回歸」，回歸到「知識分子」的層面上。但實際上張愛玲在創作上仍然是溫和式的中國，這在外國人眼裡並不吸引人。

不過這種風格的展現並不是在異鄉生存後才有，最早可見於新中國成立後所寫的《小艾》，《小艾》的特別之處除了鮮明的政治立場，還有張愛玲背棄了自己曾經遵從的文學理念，順應了無產階級文學綱領。因此《小艾》可以視爲是張愛玲對新中國短暫的、善意的肯定，同時也是最重要的無產階級文學實驗。臺繼之對當時《小艾》創作環境做了細緻的解讀，指出張愛玲創作此篇作品不一定是張愛玲的本意，但若將之，對照〈自白〉則可以看出張愛玲其實是聰明的，懂得利用不同資源來達到寫作暢銷的目的，在這要重提一次臺繼之對張愛玲的看法。

之所以要再一次提到這段文字，主要是用來解讀當時兩岸間的隔閡，當時臺灣與大陸往來並不十分密切，很多思想仍趨於保守，加上甫解嚴（1987年 7 月 15 日），言論自由仍不十分寬鬆，在《聯合報》上能發表的文章大多

符合政治走向及特定意圖。因此在談論《小艾》時，臺繼之是以非常惋惜的
口氣，以張愛玲可能違背自己的意願，加上生活拮据，設想張愛玲在新中國
成立不久後爲了自己的生計才向新中國靠攏，完全不談張愛玲這篇小說的意
義及新中國成立的事情，現今看來還需加上張愛玲初引進臺灣是做爲「反共
作家」引進，在政治上，但凡一切有可能阻礙傳達政治確定性的因素，都需
要與以消滅和排除。但若以陳子善的角度來看，《小艾》則是一個美好的代表：
「隨著《小艾》的『出土』我們又明白無誤的地知道，張愛玲確實在自己的
作品對剛剛誕生的新社會表示過歡迎，儘管她的聲音很小，很微弱，但是她
並沒有做作，她的態度是眞誠的」。〔註13〕對照兩人對於張愛玲《小艾》評價
的迥異，動機及目的都帶有各自的政治意義。但隨著〈自白〉的出現，一切
反而可以看得更加清晰。〈自白〉裏面清楚表述：

> What concerns me most is the few decades in between, the year of
> dilapidation and last furies, chaos and uneasy individualism, pitifully
> short between the past millenniums on the one hand and possibly
> centuries to come. But my changes in the future are likely to have
> geminated from the brief taste of freedom, as China is isolated by more
> factors than the U.S. containment policy.

> （譯：我個人最關切介於兩者之間的那幾十年：荒廢、狂鬧以
> 及混亂，以及個人主義下的焦灼不安，也許在過去的千年與未來或
> 幾百年之間，那幾十年短得可憐。然而中國未來任何變化，都可能
> 萌芽那淺嘗即止的自由，因爲在美國圍堵政策之外，還有更多的因
> 素使得中國被孤立。）〔註14〕

張愛玲的這篇〈自白〉佐證了她可能有的思想變化，在美國的寫作環境，雖
然受限於生活外，張愛玲基本上可以自由選擇寫作題材，而此時張愛玲回過
頭來關注中國的社會問題，再度嘗試關注自己所想關注，談論自己所想討論
的議題。在美國發展得不順利之後，張愛玲嘗試將觸角發展到香港及臺灣，
在創作上回歸到自己熟悉的敘事方法及寫作方式，這「萌芽」般地新想法也

---

〔註13〕陳子善：〈張愛玲創作中篇小說的背景〉，香港《明報月刊》第 253 期（1987
　　　　年 1 月）。
〔註14〕翻譯參考版本爲高全之收入在〈張愛玲英語自白〉，《張愛玲學增訂二版》第
　　　　408～410 頁及陳耀成的翻譯與筆者的部分字句斟酌修正而成。

就沒有再繼續下去。將《小艾》進行重新改動之後再一次從香港和臺灣將《小艾》推到讀者的面前。若論《小艾》這篇小說真正發表的時間，當看最初連載的上海《亦報》，上海《亦報》在 1951 年 11 月 4 日至次年的 1 月 24 日刊登此篇小說，而在兩岸關於《小艾》則出現了 4 個版本：一是《聯合報》副刊版（1986 年 12 月 27 日～1987 年 1 月 18 日）、香港《明報月刊》版（1987 年 1 月）、皇冠出版社版（1987 年 5 月，而後收錄在皇冠出版社《張愛玲全集》Ep14《餘韻》）、安徽文藝出版社版（1992 年 7 月，收錄在安徽文藝出版社 4 卷本《張愛玲文集》第 2 卷），受限於政治風氣以及政治考慮，《聯合報》副刊將張愛玲作品中不妥的地方，大刀闊斧的切掉了 9 個段落，並挖空了多段，以跳躍的手法呈現了《小艾》；而后皇冠出版社在收錄時也比照了《聯合報》副刊的手法，另去除了一整段，比較版本差異後具體看來，主要是拿掉了「解放後」的段落以及部分對先總統蔣介石（1887 年 10 月 31 日～1975 年 4 月 5 日）不敬的地方，像是「那是蔣匪幫在上海的最後一個春天，五月裡就解放了」。而香港《明報月刊》版以及安徽文藝出版社版也都存在細微的文字差異；然《明報月刊》雖有一些文字差異卻是最完整的篇幅，在與高全之 1998 年 9 月 9 日的通信中，陳子善表達自己當初把全部的複印件整理完畢後寄送到《明報月刊》，而《明報月刊》是為節省篇幅去除了 10 節小標題（其餘可視為細微文字更動）。〔註 15〕通過了解《小艾》的出版，除了可以更加了解張愛玲在當時寫作環境可能遇到的問題，也能了解兩岸在面對《小艾》被挖掘出後版本收錄的過程。同時可以看出，在晚年發展受挫的時候，張愛玲晚期的作品其實都是發表在臺灣（1968 年後重心從香港移轉到臺灣），香港、臺灣這兩個地方也是張愛玲最大的收入來源，基本上能維持張愛玲與賴雅過世前的生活。通過對發行渠道的梳理，也能了解張愛玲的晚期創作表現為何又逐漸回歸到中國，並且向新文學和五四靠攏，實際是其心境上發生變化。

在臺灣，除了將自己的文章給了皇冠之外，張愛玲的文章還見於《聯合報》與《中國時報》，像是 1974 年在《中國時報》「人間」副刊上發表〈談看書〉及〈談看書後記〉、1979 年在《中國時報》「人間」副刊上發表小說《色，

---

〔註 15〕陳子善：〈《小艾》的版本問題〉，《沉香譚屑——張愛玲生平和創作考釋》，第 3 頁，牛津大學出版社，2012 年。

戒》以及慧龍出版社發行的刪節本《赤地之戀》。值得一提的是當時臺灣仍然是戒嚴時代，出版需要經過嚴密的審查，而且沒有新聞自由，因此報紙只有《聯合報》與《中國時報》。《中國時報》與國民黨相當密切，專門刊行與政府政策相符合的報導，而《聯合報》則傾向知識文學類的介紹。這個時候的臺灣正面臨延伸與轉化。新世代作家開始在臺灣文壇登場，他們的價值觀念與思維方式，與確實有戰爭經驗的世代開始不同，這批作家開始注意到臺灣本身的聲音。簡單來說，上個世代的作家看到的是臺灣的歷史，新世代見證的則是現實。在兩種視野決定各自不同的文學內容時，張愛玲就有了得以進入的空間。

　　前世代作家無論是生在臺灣或是 1949 年從大陸來到臺灣，都背負著沉重的歷史包袱。在外省作家的深沉思考中，都有一個因政治因素而回不去的家，那裡包含他們對祖國的想望。而相對地本地作家在他們的情感深處，也存在著他們認為受苦受難的鄉土。在文學史的角度來看，前者被臺灣的學者命名為「孤臣文學」，後者則被定義為「孤兒文學」。不論是哪一種都帶有「流亡」的意味。這樣的情況下，《聯合報》與《中國時報》以及皇冠出版社對張愛玲不管是出於一開始作為「反共作家」而引進，或者是商業化的考量，都讓這兩派的作家，回不去自己故鄉的外省作家，以及找不到自己故鄉的本省作家——找到精神寄託。左右派（臺灣稱左右翼）的知識分子也找到一個喘息的空間，當時 1970 年代左右派知識分子所面對的社會現實，其實是資本主義在臺灣持續蓬勃發展的經濟情況，經濟開始改善，但又充滿了不確定性。因而左派從而對社會主義思潮特別是農民與工人以及臺灣的未來前途感到憂心，但爭取的整體情況很不理想，因為，對他們而言，他們想要獲得的是一個理想，對弱勢的族群也未徹底深入了解；而右派也面臨了一樣的問題，出自於知識分子良心的覺醒，右派開始積極關心社會的變化，但是還不確定這其中與現實主義有什麼聯繫。在雙方都有些迷茫的情況下，出現了一些想要「喘息」的聲音，不想再以「任重而道遠」自居。因此張愛玲透過這樣的渠道進入臺灣，其實是間接幫兩派在告別以前的文學，在吸收不同的表現方式後能夠以一種新的文學形式去描寫自己看到的一切。並非生長在臺灣的張愛玲透過這樣的方式影響著臺灣的知識分子的未來走向，使得臺灣的知識分子在談起了張愛玲時，會顯出格外的親切和熟稔，仿若在談一個自身的熟人。

## 第二節　評論意見

　　張愛玲指出自己在美創作的小說，美國出版商認爲裡面的人物過於討厭，甚至連窮人也不待見。做爲一個在上海灘很早成名的張愛玲而言，這樣的打擊相當巨大。對照張愛玲 1975 年的〈自白〉、1951 年的《小艾》以及 1944 年 8 月的〈寫什麼〉，張愛玲是有過關於寫作的計劃的，雖然張愛玲在寫作《赤地之戀》中曾提到：「這幾天總寫不出，有如患了精神上的便秘」但她提及寫不出東西的痛苦，並不是無題材可寫而是不知從何下筆。〔註 16〕張愛玲晚期看似作品產量銳減，但她曾經提過一個非常龐大的寫作計劃：

　　　　我要寫書──每一本都不同──（一）《秧歌》；（二）《赤地之戀》；（三）Pink Tears；然後（四）是我自己的故事，有點像韓素英的書──不過她最大的毛病是她是個 second rate write，別的主場等卻沒有關係。我從來不覺得 jealous of her，雖然她這本書運氣很好，我可以寫得比她好，因爲她寫得壞，所以不可能是威脅，就好像從前蘇青成名比我早，其書的銷量也好，但是我絕不妒忌她。（五）《煙花》（改寫《野草閒花》）；（六）那段發生在西湖上的故事；（七）還有一個類似偵探小說的那段關於我的 moon-face 表姐被毒死的事……也許有些讀者不希望作家時常改變作風，（They expect to read most of what they enjoyed before），Marquand 寫十幾年，始終一個方式，像自傳──但我學不到了。〔註 17〕

這個囊括張愛玲創作雄心的寫作計劃，若一一對照已出版的作品，可見：（一）、（二）、（三）後改名爲《北地胭脂》即中文版的《怨女》，（四）是《小團圓》、《雷峰塔》及《易經》，（五）、（七）的話沒有在遺稿中發現，（六）是《五四遺事》。以上除了出版中英文兩種版本外，還有《紅樓夢魘》以及英文版《海上花列傳》。張愛玲在晚期的作品可風格多元，呈現出了張愛玲在晚期「改變作風」以及力求「每一本都不同」的寫作態度。也可說是張愛玲在試圖摸索進而打開一條適合美國習慣，能被美國度讀者所接受的的道路；這樣的嘗試與在 1951 年寫作《小艾》的張愛玲其實無異，展示了張愛玲迎合讀者

〔註 16〕　張愛玲、宋淇、鄺文美著，宋以朗編：〈張愛玲語錄・寫作〉，《張愛玲私語錄》，第 51 頁，北京十月文藝出版社，2011 年。

〔註 17〕　張愛玲、宋淇、鄺文美著：〈張愛玲語錄・寫作〉，收入在《張愛玲私語錄》，第 49 頁，北京十月文藝出版社，2011 年。

喜好，以銷售為目標的讀者趣味，和接受度為導向的寫作意向。可以大膽假設，張愛玲在 1944 年時之所以沒有改變風格，是因為銷量和讀者接受度問題，比起政治而言，一般讀者的接受度才是她更重視的。她的文學觀裡最重要的就是讀者，從〈自己的文章〉就可看出張愛玲的自信和文學的別樣理解，其實是讀者決定了取材，而恰巧這取材也是張愛玲最熟悉的：

> 我寫作的題材便是這麼一個時代，我以為用參差的對照的手法是比較適宜的。我用這手法描寫人類在一切時代之中生活下來的記憶。而已此給予周圍的現實一個啟示。我存著這個心，可不知道做得好或做不好。一般所說「時代的紀念碑」那樣的作品，我是寫不出來的，也不打算嘗試，因為現在似乎還沒有這樣地客觀題材。我甚至只是寫些男女間的小事情，我的作品裡沒有戰爭，也沒有革命。我以為人在戀愛的時候，是比戰爭或革命的時候更素樸，也更放恣的。〔註18〕

以此來看張愛玲並不是在自己的作品裡略去不談戰爭，而是將自己作品中的戰爭描述縮小，與此對比，戰爭中的情感和日常生活則著重放大。像是《傾城之戀》中就將日本侵佔香港描述出來，展示了浮世中的男女，特別是將戰爭中的男女情感鉅細靡遺地刻畫。同樣的，《小團圓》中第一大段描寫香港淪陷的場景，也是在描述戰爭，不同於細節刻畫，張愛玲的戰爭以背景的方式呈現。陳子善對此有極高的評價，指出：「她（指張愛玲）傾力刻畫戰爭時期普通人的心態，特別是他們在心理上所承受的壓力，著重描寫人性在戰爭中會怎樣反常、扭曲的表現，這恰恰是更難寫更能表現的。譬如，《封鎖》寫淪陷區裡上海空襲『封鎖』中，一對在電車上萍水相逢的青年男女瞬間的戀愛經驗；《等》寫淪陷區上海某推拿診所裡各式各樣候診病人的『等』；兩篇小說都寫出了淪陷區上海的眾生相」。〔註19〕這種專注於人物的細膩且到位地描寫，再一次地表達張愛玲在寫作時是有意識地選擇了作品題材及風格，著重描寫普通市民在特殊時期不斷耗損的特殊心理狀態；同時也寫出了儘管硝煙彌漫，市民的生活還在繼續，對讀者展示了一般民眾的情感和日常生活。這些具有寫作選擇意味的小說，累積成了張愛玲的獨特風格，也是張愛玲與他者的最大不同。

---

〔註18〕張愛玲：〈自己的文章〉，上海《苦竹》第 2 期（1944 年 12 月）。
〔註19〕陳子善：〈張愛玲文學芻議──兼談《異鄉記》〉，《研讀張愛玲長短錄》，第 161 頁，九歌出版社，2010 年。

在談到對張愛玲的評價時除去美國出版商的部分，一般而言，兩岸三地對張愛玲是給予高度評價的。如夏志清在《中國現代小說史》中提到：憑張愛玲靈敏的頭腦和對於感覺快感的愛好，她小說裡意象的豐富，在中國現代小說家中可以說是首屈一指，錢鍾書擅用巧妙的譬喻，沈從文擅寫山明水秀的鄉村風景；他們在描寫方面，可以和張愛玲比擬，但是他們的觀察範圍，較爲狹小。〔註20〕在這裡夏志清點出來兩點，第一點是張愛玲有著相當程度的聰明才智，擅於在小說中營造各種意象，第二點是張愛玲相對沈從文、錢鍾書來講，所寫作的內容範圍較「大」（這裡的大並不指格局開闊或立意新穎，而是指在選材上所涉及的內容而言，張愛玲較爲豐富的意思。），而事實證明，在張愛玲龐大的寫作計劃中，運用的都是舊有的寫作經驗，雖然在寫作計劃中其講述自己已經改變了，打算做些不一樣的事情。但隨著張愛玲的遺作不斷被發掘，在《小團圓》、《雷峰塔》、《易經》或者新近的《少帥》整體寫作風格，包含敘述方式，仍是張愛玲式的描述，這種個人經驗的受限很容易因爲創作數量的持續增加而顯出缺點，將之與對張愛玲的評論並列來看，可更清清晰看見其作品所展露出的影響力和評價。順著時間脈絡理順張愛玲在美期間於海外地區所得到的評論，首先當從夏志清的《中國現代文學史》開始，夏志清注意到了張愛玲的閱讀趣味，指出：

> 張愛玲受弗洛伊德影響，也受西洋小說的影響，這是從她心理描寫的細膩和運用暗喻以充實內涵的意義兩點上看出來的。可是給她影響最大的的，還是中國舊小說。她對於中國的人情風俗。觀察如此深刻，若不熟讀中國舊小說，絕對做不到，她文章就有不少舊小說的痕跡，例如她喜歡用「道」字代替「說」字。……張愛玲所寫的是變動的社會，生活在變，思想在變。行爲在變，所不變的只是每個人的自私，和偶而表現出來用來補救自私的同情心而已。她的意象不僅強調優美和醜惡的對比，也讓人看到在顯然不斷變更物質的環境中，中國人行爲方式的連續性。她有強烈的歷史意識，她認識過去如何影響著現在──這種看法是近代人的看法。〔註21〕

---

〔註20〕夏志清著，劉紹銘譯：《中國現代小說史》，第403頁，復旦大學出版社，2005年。

〔註21〕夏志清著，劉紹銘譯：《中國現代小說史》，第432頁，復旦大學出版社，2005年。

夏志清認為張愛玲有著豐富的視覺想像及細緻的描寫功力，甚至將她描寫的能力高於曹雪芹，因為張愛玲有著動態的世界。但夏志清當時可能過於欣喜，高估了張愛玲的歷史意識——即對舊小說以及其它文學的理解，要在哪裡看出張愛玲對過去的認識如何影響著現在，實在是一個「迷」。不過夏志清可謂在推廣張愛玲上不遺餘力。夏志清後來為水晶《張愛玲的小說藝術》（1973 年 9 月）寫了一篇〈序言〉，指出張愛玲在古典小說所下的工夫大過於閱讀西洋文學作品，但又說明：「當然，即使張愛玲今後擱筆不寫，她在中國文學史上已有了極高的地位，顯然她自己對作品流傳的問題，『感到非常的不確定』。五四時代的作家不如她，民國以前的小說家，除了曹雪芹之外，也還有幾人在藝術成就上可同張愛玲相比？（當然不少古典小說，藝術成就雖不太高，但在文學史上自有其重要的地位），可惜，中國批評事業不發達，否則張愛玲這樣的光輝成就，早應有好幾本專書討論它了」。〔註 22〕夏志清對張愛玲的慷慨讚譽招來其他研究者的不滿，直指夏志清無法以持平的角度看待張愛玲的作品。林伯燕在 1973 年 4 月《從張愛玲的小說看作家地位的論定》一文中，列舉了幾位生前潦倒終身的作家諸如李賀、曹雪芹、曼爾維爾（Herman Melville）都是文學天才，但是幾乎是在死後才獲得這個稱呼，相對而言，張愛玲健在的時候就獲得了跟曹雪芹平起平坐的殊榮，很不公平，並指出張愛玲的成名是來自於夏志清，夏志清是「建立張愛玲聲譽的功臣」，同時認為，那無非是「捧捧自己的朋友」而已。〔註 23〕之後林伯燕在同年年底再發表了一篇〈張愛玲、《紅樓夢》、郁達夫〉，指出張愛玲的小說著重於表現純女性的悲劇感，放在時代中看，就會呈現狹促而懸空的悲劇感，不滿張愛玲的小說中女性角色總是妥協於命運，而且妥協得很窩囊，因此斷言其小說中沒有情，張愛玲不是溫情主義者。〔註 24〕夏志清在 2 個月後回應林柏燕在 1973 年 4 月份的言論，認為「林先生對待作家的態度，相當殘忍」。〔註 25〕

〔註 22〕夏志清：〈序〉，《張愛玲的小說藝術》，原載於《張愛玲的小說藝術》卷首，大地出版社，2000 年。後夏志清將此文收入在自己的《雞窗集》，第 231 頁，三聯書店出版社，2000 年。

〔註 23〕林柏燕：〈從張愛玲的小說看作家地位的認定〉（上）、（下），《中華日報》副刊（臺北）（1973 年 4 月 1 日～4 月 2 日）。

〔註 24〕林柏燕：〈張愛玲、《紅樓夢》、郁達夫〉，《中華文藝》（臺北）第 8 卷第 4 期（1974 年 12 月）。

〔註 25〕夏志清：〈文學雜談〉，《文學的前途》，第 23 頁，純文學出版社，1974 年。

　　各方對張愛玲作品意見不一，在夏志清眼裡張愛玲是難得一見的天才，而在林柏燕眼裡張愛玲就只是一個帶有敘事性的缺點作家。也可以看出，後期張愛玲到了美國之後，經由夏志清的《中國現代小說史》的介紹，港臺學界得到了張愛玲的信息，但存在著信息面不夠廣的問題。評論多半集中在張愛玲早期於上海淪陷區的作品，對晚期的作品還來不及細膩的研究，所以大體上維持了傅雷1944年對張愛玲的評價。這也牽扯出當時臺灣的文學環境，在林柏燕批評張愛玲作品的1973年，臺灣開展了現代化與民主運動，作家的書寫議題再一次因爲知識分子精神層面出現重大變化，在面臨國家命運存亡責任問題上；知識分子開始深刻覺悟必須要積極觸及農民、勞工、女性、環保危機等問題，提倡文學必須反應現實，藝術必須回歸社會。這同時也說明了當時知識分子對文藝政策的不滿，進而爆發了文學論戰，認爲文學不是只滿足於精緻藝術的演出，還應該伸出觸鬚去探索社會政治的劇烈變化。同時認爲創作影響了藝術的創造過程，在客觀形式的要求下，期待以現實主義漸漸取代現代主義的美學這種看法與追求，形成了1970年代臺灣文學的基調，透過對文學形式的追求，渴望能夠回歸到現實生活，以理解臺灣社會的眞實現狀。

　　在這個前提之下，當時張愛玲與鍾理和的小說都同時被納入討論，同時也論述了王文興的《家變》、歐陽子的《秋葉》。在從較從容的空間重新回顧論戰結束後的30年。核心問題已經指向現代主義與寫實主義之間的取向與區隔，因此張愛玲在論述者不同的背景下呈現出了不同的評價。當時知識分子把現實的結合與脫離做爲一種審美方式，自然是在於回應當時時代的政治氛圍。王文興、歐陽子、張愛玲受到圍剿，理由當然不言自明，只因他們的作品都同樣糾上高度的現代主義色彩，而小說主題都觸及內心世界的背德、逆倫、亂倫等負面書寫。這種偏向個人的情慾、想像、記憶的書寫、在危機時代的高道德標準檢驗下，顯然無法獲得關懷社會的知識分子群體首肯。〔註26〕原因在於在政治騷動的時代，知識分子將對家國的情感以及整個時代苦悶所展現的情感，透過對一個作家的評論將蓄積在內心的情感抒發出來。

　　夏志清《中國現代小說史》不只引來臺灣學者的不滿同時也引來國外學者普實克的不滿，普實克撰寫了一篇名爲〈中國現代文學史——評夏志清《中國現代小說史》〉，對自己不能理解的問題提出了質疑，在開頭普實克指出他本人素來反對以教條式的偏狹和無視人的尊嚴態度來討論學術問題，而這些

〔註26〕陳芳明：《臺灣新文學史》（下），第533頁，聯經出版社，2011年。

正是夏志清《中國現代小說史》的特徵，〔註27〕認為夏志清在方法的對比之上有失公允，夏志清用專門的筆墨評論了下列作家：魯迅、葉紹鈞、冰心、凌淑華、落華生、郁達夫、茅盾、老舍。沈從文、張天翼、巴金、蔣光慈、丁玲、蕭軍、吳組緗、張愛玲、錢鍾書和趙樹理，但是夏志清分配給這些作家的篇幅不成比例。例如女作家張愛玲佔據了最大的篇幅達 43 頁；而魯迅只占 27 頁；有關茅盾的評論分別是 25 頁和 10 頁；老舍的分別是 24 頁和 10 頁。整個解放區文學和戰後中國文學只佔了 28 頁。而關於錢鍾書一部小說的評論卻長達 29 頁〔註28〕，認為這些數字本身就代表了夏志清的失衡，代表夏志清不能以客觀的態度來處理自己的研究對象。

　　他同時對夏志清對左翼作家的評斷語氣強硬感到不滿，並且質疑夏志清在涉及愛國主義問題時，表現出一種不明確的溫和態度，這兩種態度之間形成了奇怪的對照。他也指出夏志清對漢奸行為的異常寬容，諸如對周作人的叛國行徑諸多遷就，將重點擺在了周作人在新文學興起中的貢獻。普實克點出夏志清規避歷史，如「周作人太愛惜北平的文化，沒有長途跋涉到內地去，留在華北傀儡政府裡當教育部長。」〔註29〕沒有提到其政治選擇亦只簡短提到，說在「其它國家」（指 1949 年後的中國），周作人因漢奸罪，戰後被判數年徒刑。同樣的問題還有很多處，例如：「胡適和林語堂都在美國，前者任駐美大使，後者因為宣揚古中國的文明和新中國的抗戰而成為暢銷作家」。普實克認為根據歷史材料，林語堂從美國回到中國只進行一次短暫的訪問，在未全面了解就寫出一本尖刻的小冊子，詆毀解放區的反抗力量。同時指出夏志清對於與自己本人志趣相投的作家，譬如張愛玲、沈從文、師陀也表現出同樣的寬容。普實克對張愛玲的正面評論持不同的看法，國家民族思想感情及文學的社會意義和文學藝術性的一種拉鋸都沒有任何展現。普實克點出夏志清的缺失，認為其缺乏任何國家的國民所必有的思想感情，同時表明他沒有能力公正地評價文學在某個特定歷史時期的功能和使命。並進一步強調，指

〔註27〕〔捷克〕亞羅斯拉夫‧普實克：〈中國現代小說的根本問題——評夏志清的《中國現代小說史》〉，第 357 頁，《通報》（Toung Pao）（荷蘭萊登）1961 年第 49 期。

〔註28〕〔捷克〕亞羅斯拉夫‧普實克著、李歐梵編、郭建玲譯：〈中國現代小說的根本問題——評夏志清的《中國現代小說史》〉，《抒情與史詩：現代中國文學論集》，第 204 頁，三聯書店出版社，2010 年。

〔註29〕C.T. Hsia: *A History of Modern Chinese Fiction*, p.314, Indiana University Press. 1961.

出張愛玲的研究者，若在文學的歷史作用和社會作用與個人情感問題上如果不能做很好的區分，會是一個很大的問題，認爲這是研究者急需注意的部分，但在藝術情感與國家民族情感上如何拿捏分寸，而不是簡單地視爲二分法，也是研究者所要面臨的挑戰。

## 第三節　讀者反應

在張愛玲遺作手稿不斷地「推陳出新」後，陳子善在《私語錄》出版後表達了張愛玲研究文獻保障體系正在進一步完善，以及《私語錄》的出版是從一個特殊的角度開啓了張愛玲研究的新空間，對於其積極意義應該充分肯定。它也再一次提醒讀者和研究者，由於那麼多先前不爲人知的重要史料公之於世，現存絕大部分張愛玲傳記包括對她的評傳都必須重寫。張氏風格再一次「流行」起來，林以亮曾言：「張愛玲不能算第一流的談話家，她對好朋友說的話，既不是啓人深思的名言雋語，也不是故作驚人的警句，但多少包含有張愛玲特有的筆觸，令人低迴不已」。〔註30〕現在可以說是陳子善說這話說得早了，在陳子善表示張愛玲研究者應該要重寫評價時，當時只出了《小團圓》；而後《雷峰塔》和《易經》接連整理而成，現今則出現了據皇冠出版社「腰封」上所敘述的「傳聞已久，張愛玲最後一部未刊小說遺稿」《少帥》（The Young Marshal）。其中的創作歷程耐人尋味，這一部作品的出現，代表了張愛玲的晚期風格最後的定型，是專門以特殊的人事物爲題材寫作而成。創作這本小說的念頭最早出現在 1961 年，是張愛玲對經濟來源的苦惱，以及苦於不能打入美國市場的決定性創作。當時張愛玲打算進行海外考察及寫作，從中獲取寫作的想法。在 1961 年 10 月12 日寫給鄺文美的信中提到：

> USOA（美國海外航空公司）忽然改了時間表，兩星期一次飛港，（據說是因入秋生意清淡）十月三日一班機改成十月十日。我爲了省這一百多塊錢，還是買了十日的票。我寫信給 Dick 告訴他將去港，他來信叫我在臺灣逗留一天，住在她們家，什麼他都可以代辦。其實我那兩個非看不可的地方，臺灣就是一個，我以前曾告訴你想

---

〔註30〕林以亮（宋以朗筆名）：〈張愛玲語錄〉，初載《明報月刊》（香港）1976 年 12 月號，後刊於《聯合文學》（臺北）1987 年 3 月號。

> 寫張學良的故事，而他最後在臺。（我想不告訴 Dick 為妥，你們覺
> 得怎樣？）我本來打算幾個月後去臺住幾個星期，但這班機也可以
> 在臺中 stopover（中途停留），比下次去省錢。所以變計預備告訴
> Dick 我想到臺南近土人的村鎮住兩星期，看看土人與小城生活。（我
> 有個模糊的念頭土人與故事結局有關。）

但由於張愛玲實際上沒有見到張學良，也因此張愛玲的臺中臺南之行，改成
了東部的花東之旅，留下了與臺灣現今作家的追憶內容。在《少帥》的結局
中可以清楚看見兩條脈絡，一個是外國雇員因為分贓問題而橫死在中國，第
二條脈絡則是守舊派與中國軍閥之間的關聯：

> 「他始終在給他們找藉口，」羅納道，「他們是德瑞克的海盜團
> 夥，從劫掠者手裏劫財。」滿族，則是從明朝皇帝那裡劫來的。至
> 於外國人掌管的海關，他們的財富是帝國主義掠奪的果實，雖然這
> 話對於他也許布爾什維克些。「這麼說他也只是按照自己一貫的信念
> 做的了，」少帥道。「作家是不該這樣的。吠犬不噬嘛！」他受任於
> 全國陸海空軍副總司令，與羅納一切坐飛機到南京出席國民會議。
> 風傳他回不來了。南京會留著他，再不然他父親的老部下也會接管
> 東北。他兩個月後返回。他已結束了軍閥時代。下一次南行，太太
> 們也與他同坐一架私家飛機。終於是 20 世紀了。遲到 30 年而他還
> 帶著兩個太太，但是他進來了。中國進來了。〔註31〕

這樣的結局對於讀者而言不但不過癮且略嫌絮語，沒有交代清楚張學良最後
到底去了哪裡。如果正面一點論述張愛玲在《少帥》寫作上的表現，只能說
是張愛玲最關切的「荒廢、狂亂、混亂」的幾十年，正是《少帥》寫作背景
的年代。而陳叔覃和周四小姐（趙四小姐在《少帥》中經張愛玲改名為周四）
也確實體現了「焦灼不安的個人主義」，在小說前七章中可以看見張愛玲不斷
渲染歷史持續在前進，女人的命運卻始終在同一主調上反覆。這樣的論述主
調到了結局的時候，出現了一絲開放性，張愛玲呈現了人生的虛無和參差對
照，呼應著張愛玲自身在〈自白〉上的文字，那句「中國未來任何變化，都
可能萌芽那淺嘗即止的自由」。如果按照張愛玲的創作計畫，那顯示出其在創
作上 1961 年～1975 年乃至於後期寫作策略已經進行轉換，她嘗試想成為一個

---

〔註31〕張愛玲著，鄭遠濤譯：《少帥》（The Young Marshal），第 97 頁，皇冠出版社，
2014 年。

以美國市場主義爲導向的作者，於是在寫作上使用能觸發西方讀者想像的敘述手法來吸引讀者。但張愛玲的英文有時用得極爲令人詬病，劉紹銘曾專門敘述過張愛玲語言的問題：

> 對白不夠道地，我不敢斷言到底是她力不從心或刻意爲之，但張愛玲大概也意識到這個問題的原因。她在 1973 年 9 月 20 日致信宋琪，提到寫「Stale Mates」（後譯成中文爲《五四遺事》）的情況：「用中文還是英文思想，與你一樣，不過對白總是中文，抽象思想大都英文，與一向想看的書有關。」別的小說應該也是如此。她的英語對白確實時有硬譯之嫌，但那似乎是爲了營造疏離感或保留一種中國氣氛而甘心付出的代價。〔註32〕

張愛玲是否心甘情願付出這個代價，至今而言仍不得而知。但一個作家甘冒作品乏人問津的危險，而堅守自己的寫作方式，即使是充滿創作特色和強烈個人風格的張愛玲也不一定可以堅持到最後，尤其是張愛玲試圖打入西方市場已久，若是能做一些改變就能吸引讀者，筆者認爲張愛玲在某種程度上還是願意的。劉紹銘對於張愛玲的英文意見，或可採用營造疏離感的這一部分，但如前面所敘述需對「甘心付出的代價」存疑。這樣也可以更清楚的看出張愛玲在英文寫作上的努力。同樣的，張愛玲受限於閱讀取材（從她目前已曝光的晚年書信來看，其在美國若要接觸其它國家的第一手材料）必須要仰賴朋友的過濾篩選，因此張愛玲接觸的是「第二手」、「第三手」甚至是更之後的材料。張學良的故事於張愛玲有特別的意義，在於其中幾個層面給予了張愛玲很大的震動，熟悉的故事再加上與自己的戀愛經驗有相似和可藉鑒的家族材料，能讓張愛玲有機會在做很小的改動時，即可能獲得讀者良好的反饋。在《少帥》一書出版後，馮睎乾回到「創作的基點」來解析張愛玲寫作《少帥》，同時另外將張愛玲爲何寫作張學良歸因於張學良與胡蘭成的相像，認爲他們在三方面有著驚人的相似，可見對張愛玲的創作材料選擇上，許多研究者都能嗅出其套路：

> 其一，從事政治；其二，生性風流；其三，年紀都比女方大十年以上──少帥比趙四大十一年，而胡蘭成則比張愛玲年長十四歲。當然胡、張最明顯的矛盾是一個親日、一個抗日。但張愛

---

〔註32〕劉紹銘：〈輪迴轉生：張愛玲的中英互譯〉，收入在陳子善編：《重讀張愛玲》，第 228 頁，上海書店，2008 年。

　　玲對這類意識形態是淡漠的，所以還是讓胡蘭成投射到以張學良
　　爲原型的角色身上。至於趙四小姐，我認爲是她在愛情上的奇遇。
　　〔註33〕

馮晞乾將這些相似的地方，視爲張愛玲選擇張學良爲寫作題材的動機。同時
也爲了維持不是歷史而是歷史小說的形式，張愛玲在呈現歷史的手法上體現
了她的美學觀；例如張學良與趙四的戀愛故事在很大的程度上只有當事人才
一清二楚，加上張愛玲並沒有採訪到張學良，因此張愛玲或多或少借鑒了自
己的經驗或自己的文學想像，如：白居易《長恨歌》裡的「在天願作比翼鳥，
在地願結連理枝」這段即是白居易對楊貴妃和唐明皇愛情故事橋段的進一步
昇華；但同時張愛玲又希望盡可能的把眞實的歷史寫進小說，因此不僅參考
了正史傳記也包含了野史雜文。目前分析出來，關於張愛玲寫作《少帥》的
參考材料有兩類，第一類是仰賴朋友寄送的材料，這類在《張愛玲私語錄》
裡可略窺一二，其中張愛玲在 1963 年 4 月 2 日寫給鄺文美的信上，有這樣的
一段文字：「最近我身體又啾啾唧唧了起來，病了幾天。寫小說看參考材料，
找到金聖歎講軍閥時代『陪斬』的一段，不由地感謝 Mae（鄺文美）歷年寄
給我的《新生晚報》，從前實在美不勝收」。關於這段話有兩個部分值得注意，
一個是張愛玲寫小說不是憑空想像，而是有一定的事實根據，二是，據考證，
張愛玲提到的「金聖歎」不是評點小說《水滸記》、戲曲《西廂記》的那位，
而是筆名丁世五、金聖歎的程綏楚（1916～1997，字靖宇，湖南衡陽人），程
綏楚於 1950 年代移居香港。在 60 年代初在《新生晚報》上開設了一個《儒
林情話》的專欄，張愛玲看到的其實是這個專欄上的文章。也就是說張愛玲
在《少帥》中所提到的「陪斬」片段，來源是根據《儒林情話》這樣的專欄
材料，她透過閱讀朋友替她蒐集和寄送的剪報將認爲有益的材料吸收後轉換
成英語進行寫作：

　　Outside the city gate the four are lined up kneeling. The executioner
　　comes up to the first man, claps him hard on the back of the neck for
　　size, swings the sword once and licks the head away. He was getting to
　　number four who saw it all. That was the man from my village. He

---

〔註33〕　馮晞乾：〈《少帥》考證與評析〉，收入在《少帥》（The Young Marshal），第 257
　　　　頁，皇冠出版社，2014 年一書中，是現今評價張愛玲《少帥》中最完整的評
　　　　論文章。

fainted, and woke up lying on the prison floor. He was the execution companion. 〔註34〕

> 　　後來那四個人在城門外跪成一排，劊子手走到第一個跟前，先用力拍了拍他脖子後面估摸尺寸，大刀一落，頭踢到一邊。輪到第四個，就是那和我同村的，他看了前面那些昏過去了。醒來就躺在牢房地上。他是陪斬的。〔註35〕

張愛玲透過這樣的寫作方式，將舊報紙專欄上的文章寫入小說，豐富了小說。而同樣的方式，還有將張作霖的軼事通過羅納的心聲寫入了《少帥》第二章，同時，據考證，這樣的軼事來自高拜石的《古風春樓鎖記》的《官場現形記──段芝貴浮塵錄》其中一段，這類取材於剪報或小說的段落在其中應該還有不少，不過大多無從稽考。客觀來說，因爲取材的方式來自張愛玲最喜愛的小報，其中大多是軼事，受限於材料的缺乏，張愛玲在《少帥》中並未強烈的展示自己的政治觀點，對於張學良「西安事變」的事情因此也沒有多琢磨，這種採取模棱兩可的寫作態度，未嘗不是受到小報的影響和自身的政治觀點交織而成的結果，而張愛玲也在內容上融入了自己熟悉的情節，在描述羅納藏身洗衣籃的段落時與其《對照記》圖四的說明有幾分類似：

> 　　革命黨打到南京，二大爺坐只籮筐在城牆上縋下去我家裡一個年輕女傭悄悄笑著告訴我。她是南京人。多年後我才恍惚聽見他是最後一個兩江總督張人駿。一九六零初，我在一個美國新聞記者寫的端納傳（《中國的端納》），Donald of China 上看到總督坐籮筐縋出南京圍城的記載，也還不十分確定是他，也許因爲過去太熟悉了，不太能接受。〔註36〕

也就是說，張愛玲對於張學良除了有幾分熟悉外，也是因爲其中牽涉的內容與題材，自己有許多舊有經驗可以進行複製。這同時也是張愛玲企圖再打入英文讀者圈的證據，受限於張愛玲本身的寫作習慣和風格，與主流的西方思想不同，她免不了在發表的路上受挫，因爲喜歡描寫一些「不徹底的小人物」

---

〔註34〕張愛玲著，鄭遠濤譯：《少帥》（The Young Marshal），第 157 頁，皇冠出版社，2014 年。
〔註35〕張愛玲著，鄭遠濤譯：《少帥》（The Young Marshal），第 163 頁，皇冠出版社，2014 年。
〔註36〕張愛玲：《對照記》，第 10 頁，北京十月文藝出版社，2007 年。

而西方崇尚英雄以及性格鮮明的角色的緣故。因此選擇《少帥》這西方所首熟知的題材，不無這層意思。但因後來手邊材料不夠詳細以及總總原因，《少帥》未能與西方讀者見面，對張愛玲而言是憾事一件。回到讀者的反應上來看，很多評論者本身也是張愛玲的讀者，唐文標即是由書迷成為評論家，他原先是數學家，但也創作了大量的散文和詩歌。在對張愛玲的強烈興趣之下，出版了《張愛玲研究》，在書中他以自己的閱讀趣味來進行評論，贊同傳雷在 1944 年對張愛玲所做的評論，並對其中的觀點表示贊同，唐文標認為張愛玲在〈自己的文章〉中辯解軟弱無力，沒有辦法解釋自己的文章：

> 錯誤的地方不再採用了過了時的辭藻，我也相信，辭藻是不會有過時不過時之分別的。如果作者能小心去發掘，運用了 50 年前香港人慣用的辭藻，半世紀前常談的話題，舊日常見的事物，當時某一階層人習慣的口語，那樣的小說也許就成功成了文學的再生手段，或可以表現一下社會從那個環境蛻變過來，又向那方向走？但不，作者卻偷懶地抄襲了一些舊小說的陳腔濫調，模倣古代人的口氣，絕對不表現任何時空距離，剛剛相反，只把讀者隔離，無從知道描寫的是香港或者那間鬼屋，也無法走入書本世界中去。〔註37〕

唐文標的評論代表了 70 年代典型的另外一種思想，一種相對於個人心靈的檢討，試圖關注於社會中的問題，可以說張愛玲在臺灣能流行起來有著其複雜的理由。張愛玲一剛開始流傳到臺灣的作品是《秧歌》和《赤地之戀》由於這兩部小說寫的是人性扭曲的故事，而背景又恰好是新中國，故張愛玲卸下「漢奸」的罪名改以「反共作家」之姿進入到臺灣，其實，張愛玲並沒有明顯的反共立場。她被臺灣作家群所接受在於小說中透露的技巧與當時臺灣流行的現代主義有重疊之處，因此能與當時讀者的審美趣味連接在一起。同時臺灣讀者認為張愛玲故事中帶有上海鴛鴦蝴蝶派的韻味，能把才子佳人的故事寫得蒼涼而又殘酷，語言文字又相當華麗。種種因素堆疊後確立了她的小說能受到讀者的關注和喜愛，於是從 1966 年 4 月開始，張愛玲開始在皇冠出版社做系列的連載與發表。張愛玲開始把短篇小說《金鎖記》改編為《怨女》，由於這作品帶給了讀者驚豔的感受，進一步使張愛玲早期創作生涯受到臺灣讀者的關注，也才有了《張愛玲短篇小說集》以及此後的張愛玲熱。張愛玲

---

〔註37〕唐文標：《張愛玲研究》，第 100 頁，聯經出版社，1976 年。

能夠成功，一方面歸因於自身的小說技巧與創作手法，另一方面也歸功於政治環境，張愛玲第一次的成功，在於她填補了上海淪陷區文學的空白；第二次成功則是張愛玲填補了臺灣因外交與內在的政治壓抑所出現的心靈貧乏。張愛玲雖然不能在美國取得成功，但陰錯陽差之下，張愛玲又紅回了兩岸三地。在當時的政治封鎖下，張愛玲小說中所呈現的想像與慾望，與現代作家背負沉重的使命所展現的寫實截然不同，給予了讀者另一種想像，同時也超越了當時臺灣很多作家的格局，打破了作家長期因政治緊張而產生的創作淳滯狀態，也因此張愛玲儘管得到諸多批評但也被許多創作者肯定，進而被很多作家模仿。

# 第五章　在作家座標系中的位置

　　張愛玲在她所生存的年代，準確而言指她在上海淪陷區，以及晚年在美國而後從美國紅回來兩岸三的這兩段時間，或就像〈《傳奇》再版自序〉中那個「蠻荒世界裡得勢的女人」，能在美國之外的華人世界中皆佔有一席之地：「將來的荒原下，斷瓦頹垣裡，只有蹦蹦戲花旦這樣的女人，她能夠夷然地活下去，在任何時代，任何社會裡，到處是她的家」。〔註 1〕張愛玲在現代文學史是個微妙的存在，許多知識分子借由她展開對歷史的想望以及探尋。晚年的張愛玲，作品再次回到亞洲讀者面前時仍展現出迷人的風采，同時張愛玲本人隱身於美國，在賴雅過世後過著深居簡出的生活，與她所得到的一切保持著一定距離，無疑更增添了她的神秘色彩和一定的話題性。其在 40 年代自述：「現實這樣東西是沒有系統的，像七八個話匣子同時開唱，各唱各的，打成一片混沌。在那不可解的喧囂中偶然也有清澄的，使人心酸眼亮的一剎那，聽得出音樂的調子，但立刻又被重重黑暗上湧來，淹沒了那點了解。畫家、文人、作曲家將零星的和諧聯繫起來，造成藝術上的完整性。」〔註2〕將上面這段話結合歷史情境，可以發現張愛玲就如同她所敘述的一樣，具有「完整性」，而這完整性不僅是在藝術的，也是時代的。

　　劉紹銘認為在 1970 年代臺灣的文壇現象是「非鄉土，即張」，認為臺灣文壇中被這兩股主流力量所把持。但是若深論則會發現，其實這個看法並不準確，三三集刊承繼了張愛玲的文學風格，同時也被胡蘭成所影響，三三集

---

〔註 1〕 張愛玲：〈《傳奇》再版自序〉，《張愛玲小說集》，第 7 頁，安徽文藝出版社，1996 年。
〔註 2〕 張愛玲：〈燼餘錄〉，《流言》，第 41 頁，北京十月文藝出版社，2006 年。

刊的重要成員朱西寧、朱天心、朱天文對胡蘭成的關懷無微不至，雖然關懷
剛開始是對張愛玲崇拜的一種延伸，但是之後胡蘭成的文字風格卻影響到了
朱天文的寫作策略。在那之前。朱天文曾大膽將張愛玲小說中的對話移植到
自己的小說中，以一種貼近張愛玲靈魂的書寫策略，進行奪胎換骨的襲用。
隨著胡蘭成融入到自家的生活中，朱天文開始嚮往胡蘭成的思考模式，被其
奇異的文字所吸引，但仍然保留了張愛玲的荒謬向度（一種華麗文字所建構
而成的小人物文學世界，這世界中存在著許多令人難以「接受」的人物，諸
如：曹七巧、葛薇龍等……。）。胡蘭成在《今生今世》的《民國女子》中，
寫了對張愛玲的愛情訂盟。除了「獨特」的愛情觀同時也影響了很多人的人
生哲學，陳芳明對這整件事情的評價，他認爲受張愛玲文字影響頗深的朱家，
因受到其內在的文字力量開始轉向，原因在於朱家認同胡蘭成在時代中尋找
無需承擔責任的容身之處，陳芳明並點出胡蘭成遮蔽歷史、遮蔽戰爭，爲倖
存的生命找到合理化的「親」出口。這個「親」代表了一種沒有名目的大志，
也即無需求必須要確切定義的意義。這其實與張愛玲在一定程度上有所契
合。因此，臺灣文壇現象在 1970 年代應該加入「胡」，成爲「非鄉土，即張
胡。」因爲其實胡蘭成在不同的時空中，都成爲懂得張愛玲的人，而這也是
在這章裏所會討論的問題。

在 1930 年代能看見左翼作家已經打入了商業市場，象徵著鴛鴦蝴蝶小說
的地位不再全然壟斷中下層市民的閱讀。林培瑞（Perry Lin）注意到了這種微
妙的變化：

> 作爲一個整體，鴛鴦蝴蝶派小說開始喪失它在中國市民讀者中
> 的主導地位。巴金、茅盾、曹禺這些五四作家在當時的學生和其它
> 「新潮」讀者中頗有市場。這些新潮人物在本世紀最初十年讀的可
> 能全是鴛鴦蝴蝶派故事。到 1935 年大多數城市讀者無疑兩類作品都
> 讀，雖然讀的時候心情有些不同。30 年代鴛鴦蝴蝶派小說的相對衰
> 敗還有一個很重要的原因，那就是日本人對中國的進攻以及城市民
> 眾中隨之產生的民族危亡的急迫情感。〔註3〕

在這個氛圍下，包括張恨水、周瘦鵑、包天笑在內的一些主要通俗作家毫不
含糊地登上了要求民族團結，抵抗日本侵略的政治舞臺。這種行動拉近了他

---

〔註3〕Link, Perry: 1981, Mandarin Ducks and Butterflies: Popular Fiction in Early
Twentieth-Century Chinese Cities. P.14, University of California Press.

們與五四作家的距離，後者主張文學應該發揮它應有的作用，達到拯救中國的作用。巴金的小說《家》在 1930 年代爭取到了大批讀者。《家》在 1931 年4 月以《激流》標題在上海《時報》連載，分 246 期，直到 1932 年 5 月載完。由於小說很受歡迎，開明書店於 1933 年出版了第一個單行本，更名爲《家》。到 1937 年初，《家》已行銷 10 版。可見在抗戰前左翼文學已經開始進入市民的生活，但隨著上海淪陷，左翼的作品在上海隨即又因政治因素即日本的排斥和搜捕而沉寂下去。在歷史上爲國家民族情感及爲藝術是一直在拉鋸的，像是鄭伯奇在《創造周報》1923 年 11 月至 1924 年 1 月連續 3 期刊載的〈國民文學論〉（33～35 期）指出，關心中國文學之發展，應將此任務（即建設國民文學）視爲當務之急。鄭伯奇認爲，此事的緊迫性在於，軍閥混戰時期逐漸惡化的國內形勢已經造成了普遍的茫然和沮喪，因此批評了創造社會員和文學研究會奉爲圭臬的若干藝術和文學理論，包含了：「爲藝術的藝術」、「人生文學」、「平民文學」、「階級文學」等，也抨擊了世界文學的觀念，認爲這些理論沒有辦法使藝術與生活忠實於一切現實的東西。鄭伯奇認爲國家生活國民感情，實在是我們今日現實生活的一大部分，因此若不能忠於現實則文學不能發揮其傳播的作用。但世界文學其實已經包含了國民文學，鄭伯奇對此卻沒辦法做出很好的解釋，他沒辦法從理論上展現擺脫國家主義式的文學後剩下了什麼，因此主張「無論什麼人對於故鄉的土地，都有執著的感情」。來支撐自己「對故土的眷戀之情」與「共同的群體意識」的理念。〔註4〕在大時代的環境影響之下，張愛玲的出現使各個理論有了新的方向和新的目標，而張愛玲在整個座標系的位置也象徵著在來回倒騰的過程中，不同理念暫時占上風的結果。從張愛玲在上海與較親密的人及小團體中，也能看出爲國家情感及爲藝術爲人生的態度的此消彼長。同時張愛玲所展現出來的人生態度，即使她本人不承認與政治和文學理念之間的關聯性，但寫作的過程中張愛玲還是透露出些許信息，並影響著下一代人。

# 第一節　內外團體

　　內外團體的這種分法，是根據社會學的觀點。在社會學的定義中，把和自己親近的人稱之爲內團體，相對疏離的則稱之爲外團體。經由對內外團體

---

〔註 4〕鄭伯奇：〈國民文學論〉，《創造周報》（1923 年 12 月）。

的掌握能發現兩種不同的文學表現在張愛玲身上所留下的痕跡，以及張愛玲本身的堅持。當時張愛玲在上海和和胡蘭成及蘇青過從甚密，生活中張愛玲有接觸一些新文學的作品，透過張愛玲自身的廣泛閱讀，儘管她是以其自我的觀點去闡釋和理解新文學，但她仍對新文學有一定的理解與把握。因此胡蘭成對張愛玲作出的評價中，儘管是談其作品的閱讀感受，但也在無形中同步評價了張愛玲在素養上的養成。從早期的〈炎櫻衣譜〉到後期的〈談吃與畫餅充饑〉、〈四十而不惑〉等等，包括魯迅晚期翻譯的《死魂靈》及甚微冷僻的小說《貴家婦女》（蘇聯淑雪兼珂作），張愛玲皆有所涉獵。同時擅於吸收內化成自己的東西，在 1968 年張愛玲贈送朱西寧《張愛玲短篇小胡集》時，張愛玲在該書扉頁上提到「給西寧──在我心目中永遠是沈從文最好故事裡的小兵」。被張愛玲討論過的作家，目前除了上述提及的作家，尚有胡適、郁達夫、茅盾、巴金、穆時英和路易士，而在《張愛玲私語錄》裡則羅列了林語堂、凌叔華、梁文星（吳興華）、韓素音等作家。張愛玲提及的作家除了展現了新文學作家群的豐富性，也展現了張愛玲對新文學作家的熟稔。

張愛玲在〈自白〉中提到：「中國比東南亞、印度及非洲更早領略到家庭制度爲政府腐敗的根源。現時的趨勢是對西方採取寬容，甚至尊敬的態度，不予深究這制度內的痛苦，然而那卻是中國新文學不遺餘力探索的領域，不竭攻擊所謂『吃人禮教』，已達鞭撻死馬的程度。西方常見的翻案裁決，即視惡毒淫婦爲反抗惡勢力、奮不顧身的叛徒，並以弗洛伊德心理學與中式家居擺設相提並論。中國文學的寫實傳統持續著，因國恥而生的自鄙使寫作傳統更趨鋒利。相較之下，西方的反英雄仍嫌感情用事。我因受中國舊小說的影響較深，直至作品在國外受到語言隔閡同樣嚴重的跨國理解障礙，受迫去理論化與解釋自己，這才發覺中國新文學深植於我的心理背景」。這個說法雖然是張愛玲後期所提到的且在之前論述發行渠道時有所敘述，但在此章節主要是用之與其早年的想法做爲參照，此篇自白無疑是研究其心理活動的重要線索，但早在 1944 年在張愛玲參加女性作家座談會時就有所展露。1944 年 3 月 16 日上海《雜誌社》舉辦「女作家座談會」，在張愛玲提到她所喜歡的女作家時，在近代部分提到了蘇青與冰心，近代的最喜歡蘇青，蘇青之前，冰心的清婉往往流於過於做作，丁玲的初期作品是好的，後來略有點力不從心。踏實地把握生活情趣的，蘇青是第一個。而在談到自身作品所受到的影響時在書單裡，同時見到新舊作家的作品：「我是熟讀《紅樓夢》，但是我也曾熟讀

《老殘遊記》、《醒世姻緣》、《金瓶梅》、《海上花列傳》、《歇浦潮》、《二馬》、《離婚》、《日出》。其中《二馬》、《離婚》是老舍的作品，《日出》則是曹禺的劇作，在《小團圓》中曾再度提及。除了大陸方面的書籍，張愛玲對國外作品也有所涉獵。她說：「讀 S. Maugham, A. Huxley 的小說，近代的西洋戲劇，唐詩，小報，張恨水。從前喜歡看電影，現在只能看看櫥窗。」顯現出張愛玲不僅關注通俗文學作品，並因「熟讀」《紅樓夢》，後來產生了《紅樓夢魘》；她「熟讀」《海上花列傳》，後來產生了國語本《海上花》，更不必說這兩部文學名著對她小說創作的影響。陳子善指出張愛玲後期所做的長文〈談看書〉和〈談看書後記〉進一步說明她不僅關注當時西方的通俗文學，而且對歷史學、社會人種學、語言學等學術著述也表現出濃厚的興趣。〔註5〕同時，張愛玲具備的跨媒介寫作手法，巧妙結合文化視野，在作家早期談論戲劇與電影的文章中，已經提出嘗試「用洋人看京戲的眼光來看看中國的一切」（〈洋人看京戲及其它〉），以比較超然的角度提倡可以像電影一般提供虛實相生的媒介，予人轉換角度及位置去剖析中國人及中國人的生活。〔註6〕吳國坤評論張愛玲在文字與影像之間過渡往還，描述其書寫策略的高明。表達了張愛玲在電影劇本《六月新娘》及《情場如戰場》中使用了如蒙太奇式的西方表現技巧。吳國坤認爲張愛玲置換時間與空間的概念效果接近德國的表現主義，利用文字形成視覺藝術效果來自我抒發；並認爲張愛玲用幾乎誇張扭曲的情感表達，藉此表現女性的自覺。這種文字的力量在《傾城之戀》中有了很好的展現：

> 范柳原道：「我們到那邊走走。」白流蘇不作聲。他走，她就緩緩的跟了過去。時間橫豎還早，路上散步的人多著呢——沒關係。從淺水灣飯店過去一截子路，空中飛跨著一座橋梁，橋那邊是山，橋這邊是一堵灰磚砌成的牆壁，攔住了這邊的山。柳原靠在牆上，流蘇也就靠在牆上，一眼看上去，那堵牆極高極高，望不見邊。牆是冷而粗糙，死的顏色，她的臉，托在牆上，反襯著，也變了樣——紅嘴唇，水眼睛，有血，有肉，有思想的一張臉。

---

〔註5〕陳子善：〈張愛玲的文學視野〉，先收入宋以朗《我看、張看》，後收入宋以朗、符立中主編：《張愛玲的文學世界》，第23頁，新星出版社，2013年。

〔註6〕吳國坤：〈香港電影半生緣：張愛玲的喜劇想像〉，收入李歐梵等著，陳子善編《重讀張愛玲》，第308頁，世紀出版社，2008年。

柳原看著她道：「這堵牆，不知爲什麼使我想起地老天荒那一類的
話……。」〔註7〕

之所以引述這段話是表達張愛玲是採用「畫外音」在處理人物的內心獨白。
就一個語言系統而言，它的每個構成要素的價值，只有在和其它要素的差異
關係中才能體現出來，而整個系統一旦摻入新的成分，則全部系統的關係乃
至每個構成要素的意義都會發生根本的改變。〔註8〕張愛玲的藝術手法就在於
距離，而這種距離是張愛玲有意去進行，也就是說其自身帶有強烈的個人色
彩，希望在這種色彩下吸引讀者但同時又保有作家神秘性的一種做法。這種
營銷自我的方法現今看來仍未褪流行，也是張愛玲吸引人的一個原因。

張愛玲從 1943 年到 1994 年獲臺灣第 17 屆時報文學獎感言〈憶西風〉止，
60 餘年來創作 80 餘篇〔註9〕，近半數作品產於 1943～1945 年間，多半伴隨著
小說而創作的散文先後發表在上海《雜誌》月刊、《古今》半月刊、《小天地》、
《新東方》、《苦竹》雜誌、《小報》、《海報》、《力報》上。在觀察張愛玲的創
作歷程中，除了回到上海孤島時期關注張愛玲的散文作品，創作與創作之間
的聯繫外，同時也要關注兩個問題，一是張愛玲和胡蘭成文字上相互影響的
情形；二則是與蘇青在寫作議題上關於女性的寫作觀點。前者涉及內在精神，
後者則著重內在形式。迄今爲止，學界對於張愛玲的散文風格有多重描述：
高明的象徵、參差對照的形式、荒涼的內蘊、獨特的女性書寫〔註10〕等等……。
除了「驚豔」一詞之外，尚無可概括描述張愛玲散文風格的「統一性」感受。
然而相比這兩點，張愛玲深層裡在散文寫作中所展現的歷史看法與記憶回顧
的感受，無疑是研究張愛玲散文一個很好的切入口。透過她的散文可了解爲
何張愛玲每每帶著留戀傳統秩序的眼光，同時又有一種從日常生活中觀察歷
史的目光。有了這樣的前提，再看待胡蘭成如何形容張愛玲時，他對張愛玲
的讚譽就能有很好的理解。胡蘭成與張愛玲在一段時間內（在這主要指 1944

---

〔註7〕張愛玲：《傾城之戀：張愛玲短篇小說集之一》，第 208 頁，皇冠出版社，1991
年。

〔註8〕〔瑞士〕索緒爾（F. De Saussure）：《語言的價值——從整體來考慮符號》，《普
通語言學教程》，第 168 頁，中國社會科學出版社，2009 年。

〔註9〕鍾正道：《張愛玲散文研究》，篇末附錄，東吳大學博士論文，1988 年。

〔註10〕以上對於張愛玲散文的描述分別出自，張健：〈張愛玲的散文〉，《張愛玲新
論》，書泉出版社，1996 年；余凌：〈張愛玲的感性世界——析《流言》〉，《張
愛玲評說 60 年》，中國華僑出版社，2001 年；周芬伶：〈在豔異的空氣中〉，《豔
異——張愛玲與中國文學》第四卷，元尊文化出版社，1999 年。

～1945 時期），交從甚密，對於胡蘭成日後的人生態度與文學表達的風格影響
甚深。除了思想理論體系的解散之後再進行重組之外，張愛玲接近直觀感悟
的看世界方式，大大啓發了胡蘭成在政論之外文字表達的抒情可能。這從「一
炷香想念愛玲，是她開啓了我的聰明」。略得知。〔註11〕為此胡蘭成是懂得張
愛玲的，在〈評張愛玲〉中，胡蘭成描述張愛玲的文章「每一步都發出音樂」：
「是這樣一種清純的美，讀她的作品，如同在一架鋼琴上行走，每一步都是
音樂，但她創造了生之和諧，而仍然不能滿足於這和諧。她的心喜悅而煩惱，
彷彿是一隻鴿子時時想要衝破這美麗的山川，飛到無際的天空，那遼遠的，
遼遠的深處，或者墜落在海水的極深去處，而在那裡訴說她的秘密。」〔註12〕

　　胡蘭成這個讚譽看起來有些抽象和不知所謂，他先是把張愛玲的文章形
容成音樂而後又將其內心形容成一隻鴿子，在一個不爲人知的地方述說自己
的秘密。如果結合起歷史來看，與其說胡蘭成讀懂了張愛玲不如說是胡蘭成
從中看見了自己。張愛玲曾不只一次提到她對和諧的嚮往，這是一種對「小
我」的追求。除了在〈洋人看京戲及其它〉中提出自己對和諧的看法，張愛
玲在〈論寫作〉的末尾也寫出自己對「光整的社會秩序」的嚮往，她說：「多
麼天眞純潔的，光整的社會秩序：『文官執筆安天下，武將上馬定乾坤！』思
之令人淚落」。〔註13〕張愛玲是「小我」的，沒有拯救歷史的心志，但求「就
近求得自己的平安」〔註14〕如同傾城之戀的白流蘇，香港的陷落成全了自己
的心願；在年華眞正老去之前，借由戰爭的推助力嫁給了范柳原，有了安心
立命之所：

　　　　香港的陷落成全了她。但是在這不可理喻的世界裏，誰都知道
　　什麼是因，什是果？誰知道呢，也許就因爲要成全她，一個大城市
　　傾覆了。成千上萬了的人死去，成千上萬的人痛苦著，跟著是驚天
　　動地的大改革……流蘇並不覺得她在歷史上的地位有什麼微妙之
　　點。她只是笑盈盈地站起身來，將蚊煙香盤踢到桌子底下去。傳奇
　　裏的傾城傾國的人大抵如此。〔註15〕

〔註11〕張瑞芬：〈張愛玲的散文系譜〉，《逢甲人文社會學報》第 8 期，第 92 頁，逢
　　　　甲大學人文社會學院（2004 年 5 月）。
〔註12〕胡覽乘（胡蘭成筆名）：〈評張愛玲〉，《雜誌》月刊（上海）（1944 年 6 月）。
〔註13〕張愛玲：〈論寫作〉，收入《張看》，第 238 頁，皇冠出版社，2002 年。
〔註14〕張愛玲：〈談看書〉，收入《張看》，第 170 頁，皇冠出版社，2002 年。
〔註15〕張愛玲：《傾城之戀：張愛玲短篇小說集之一》，第 218 頁，皇冠出版社，1991
　　　　年。

對於成千上萬的人痛苦著並有人不斷地死去，白流蘇只關心自己今後的生活。張愛玲在《傾城之戀》作品中雖蘊含傳統儒教及中國傳統思想，但張愛玲要肯定的其實是女性特有的追求婚姻和享受被人照顧的特質，以及追求「小我和諧」的這個過程，和在大時代底下自己的生活，這也就是傅雷所不滿的原因認為張愛玲浪費自己的才華在描述一些瑣碎的事情。關於這點子宛玉持不同看法，其認為：「張愛玲筆下的女性幾乎清一色自處卑下，缺少昂揚奮進的生命情操，甚至流露諸般人性缺點，但作家對之其實並無鄙視之心，相反地同情她們必須身處惡劣環境並與之相周旋，也肯定這種涵容忍耐的女性特質。」〔註16〕除了《傾城之戀》的白流蘇，《桂花蒸·阿小悲秋》裡的阿小，同樣也是在自己的範圍內追求「小我」的和諧。女傭阿小，再喜歡整潔也只能在她所打理的範圍內整齊；在飛沙走石裡，就只剩下「寒縮的生存」。子宛玉將這些看做都是小人物本身為「小我」存在的努力證據，不管是傅雷的評論也好，子宛玉的評論也罷，這其實就是張愛玲所展現出的對文學的態度，後來注意到她的作家、評論家一樣有兩種一種是將張愛玲華美的文字視為心靈休息的地方，一種則是認同張愛玲這樣的想法，把國家及民族情感拋在腦後，以「小我」為最重要。

　　張愛玲當時參加過好幾個茶話會和聚會，分別有：崔承喜二次來滬聚會（1945年4月9日）與會者分別有關露、崔承喜、王淵及張愛玲，聚會目的是為了能透過崔成承喜將日本舞踊帶到上海同時宣傳北平的藝術研究所，促進中日在藝術上的交融，聚會基本上就是為了找出在藝術上可能有的交集性以及將中日舞踊發展成為東方的特有舞藝；女作家聚談會（1944年3月16日下午2時）與會者分別有汪麗玲、吳嬰之、張愛玲、潘柳黛、譚正壁（中國女性文學史作者）、藍業珍、關露、蘇青，作家分別講述了自己第一個作品的來歷、女作家對女作家的看法、對於外國女作家的意見、作品取材範圍問題、怎樣寫出作品以及讀書和消遣、女性作家的成就以及批判當時40年代的流行作品，張愛玲在其中指出「偉大的單純」以及肯定蘇青俊潔的表現方法，認為最普通的話成為最動人的，本身即是一種功力，同時不滿意40年代最時髦的「沖淡」的文章，因為一倡百和，從者太多，有時候難免有點濫調，但比洋八股到底是進步太多。〔註17〕以及《傳奇》集評論茶會記（1944年8月26日），出席者有：谷正櫆、

〔註16〕子宛玉：《風起雲湧的女性主義批評》第6~8頁，谷風出版社，1998年。
〔註17〕《女作家聚談會》，第56頁，《雜誌》月刊（上海）（1944年4月）。

炎櫻、柳雨生（書面參加）、南容、哲非、班公（書面參加）、袁昌、陶亢德、張愛玲、堯洛川、實齋、錢公俠、譚正璧、譚維翰、蘇青。可以發現在這 3 次裏頭，2 次出現了蘇青、2 次出現了譚正璧、2 次出現了關露，其中蘇青與張愛玲交往甚密，在上海淪陷區中與胡蘭成和張愛玲形成了內團體，並與張愛玲和胡蘭成互有評述，稱讚張愛玲為一個「仙才」並欽佩她。張愛玲則在〈我看蘇青〉一文中，稱讚蘇青最好的時候，可以做到「廣大親切」、「偉大的單純」於張愛玲而言，蘇青象徵了物質生活；在表面上談論蘇青的同時表述了自己，與此同時，胡蘭成則從性格和地域的角度表達對蘇青文字風格的想法：

> 蘇青是寧波人，寧波人是熱辣的，很少腐敗的氣息，但也很少偏激到走向革命。他們只是喜歡熱鬧的、豐富的、健康的生活。寧波人可是有一種自信的滿足。他們毋寧是跋扈的，所以也不像荒蕪的山地的人們那樣以自己的命運為賭博。他們大膽而沉著，對人生是肯定的。〔註18〕

蘇青初寫文章時在《宇宙風》、《古今》、〈風雨談〉發表。1994 年發表散文集《浣錦集》時，是年張愛玲出版小說《傳奇》，次年 1945 年張愛玲出版散文集《流言》，蘇青則出版《濤》、《飲食男女》、《逝水集》。張愛玲又評價蘇青「不過是個直接的女人，謀生之外也謀愛」。〔註19〕在蘇青散文《浣錦集》中《談女人》、《生男與育女》、《論女子交友》、《論紅顏薄命》、《論離婚》與張愛玲《談女人》、〈論寫作〉、《到底是上海人》皆觸及生活與女性問題，對當下情形表達個人獨到的看法，不畏懼世俗的眼光。但相比蘇青，張愛玲則多了一份對歷史的迷戀，在這一點上張愛玲也毫不諱言。在〈談看書〉中，她自述自己一直嚮往「遙遠與久遠的東西（the faraway and long ago）」：

> 小時候老師閱讀《綱鑑易知錄》，《綱鑑》只從周朝寫起，我就很不滿。學生時代在港大看到考古學的照片，才發現了史前。住在國外，圖書館這一類的書多，大看之下，人種學又比考古學還更古。
> 〔註20〕

但這種差異性卻不影響他們做朋友，原因在於張愛玲所追求的遙遠而久遠的東西，其實是要回到更早之前的中國，希望從中獲得一個跟現實生活中截

---

〔註18〕 胡蘭成：〈談談蘇青〉，《小天地》創刊號（1944 年 8 月）。
〔註19〕 張愛玲：〈我看蘇青〉，《天地》月刊（上海），第 19 期（1945 年 4 月）。
〔註20〕 張愛玲：〈談看書〉，《張看》，第 170 頁，皇冠出版社，2002 年。

然不同的世界，來滿足自己個人的追求，而蘇青則是直接且商業化的，加上胡蘭成時任汪僞政權的文化宣傳部政務次長，在日華文學領域裡極需能抓住讀者感受的作家。張愛玲的小說展現了文人氣，雖說是商業化的，但是區別了純粹以娛樂爲目的的鴛鴦蝴蝶派小說，如果按陳平原關於「詩騷」傳統和「史傳」傳統的觀點看來的話，張愛玲的小說可說是繼承了「史傳」傳統中寫人狀物的敘事手法，又繼承了「詩騷」傳統中注重個人感受和抒情的特點。這兩樣對張愛玲來說，前者是顯性的，後者則是隱性的，是在她文章的背後滲透出來，而這就抓住了很多讀者所需要的，在娛樂之餘能夠得到一些東西。若要論張愛玲這種風格從何繼承，則可以往前與五四找到部分共同點，都是注重文人感受。在李梅的論述中，張愛玲的小說與五四小說的最大分別是在於日常生活的個人感受。並點出張愛玲的小說比五四的小說多出了更大的可讀性，也就是說，雖然已經出現了像巴金《家》那樣的小說，但實際上讀者更願意看張愛玲這種有凄清悲涼和具有通俗娛樂的小說。這也是時代的特殊性使然，使得張愛玲的作品在上海淪陷區與任何一個時代相比都容易被接受，因此知識分子也在其中投入了想望，強調她作品裡面自己認爲好的部分。

在上海當時充滿著「多重曖昧性」的情況下，張愛玲能在政治上得到的反而比其它知識分子多，她的文學空間在上海得到了發展，並與其它相似的作家，也就是外團體的交往中，形成了她、蘇青、陶亢德、周黎庵、柳雨生、文載道、紀果庵、潘予且的上海作家群，而在更小的內團體中則有了她、蘇青跟胡蘭成。他們的文字都不是愛國文學也不屬於抗戰文字，但也不是墮落的文學，因爲在其中還存在著他們所認爲的良知，談論的都是「永久性」和「日常生活」這樣的話題，而其實日本提倡文學是有其目的，希望這些作家的文學能爲政治服務。但其它評論者或者是說在淪陷時期蟄伏的作家則從其中看見了別種可能，延續了中國文學的一部分，也就是從古至今「言志」下來的這一個脈絡，重視人情的日常的文學，而在戰爭年代這也成爲了最不可調和的部分，之後在別的年代張愛玲的重現和回歸也或多或少使其它時期的知識分子在其中找到了自己想要的，可以說張愛玲在誰的眼中都不是完整的，每個人都取走了她所想要的部分。藉由張愛玲參加了聚會以及談話會看來，張愛玲其實是清楚這件事的。雖然她是想要遠離政治的，但正是政治的複雜以及當時的環境帶給了她及她的作品一個舞臺。

## 第二節　男女作家

　　張愛玲的成功引來許多評論家以及作家對她的關注，在《傳奇》集評會上，袁昌以喜歡其小說為出發點，認為張愛玲的小說在描寫技巧上非常成熟，感到有點像法國的《紅與黑》（Le Rouge et Noire）小說中描寫西洋高等社會細膩的趣味，並且認為張愛玲是有修養的，對於寫作態度忠實，在《傳奇》裡的角色這些人物的生活本人有同樣經驗，所以覺得呼之欲出；其次，作品裡以女主角占多數，以女人寫女人心理，非常合適。像郭沫若所說：「有一種男人所缺乏的感覺」。譬如《紅樓夢》雖然是男人寫的，但只以男性的觀察和體會來寫女性心理，不若女人寫出來的親切，張愛玲和蘇青都是替女人講話，以微妙細膩的感覺寫出來，是女作家的長處。〔註21〕同時，袁昌也指出張愛玲小說的不足之處，認為一個小說家的成功，據西洋傳統當以長篇小說為準則，因為諾貝爾獎都授予長篇小說的作家。以袁昌的觀念看來，張愛玲對人生的觀察很到位，而從這個出發點更是希望張愛玲能進行更宏大敘事的創作，將作品提高到另一個層次。蘇青則從作品的文字魅力談起：

> 　　我讀張愛玲的作品，覺得自有一種魅力，非急切地吞讀下去不了。讀下去像聽淒幽的音樂，即使是片斷也會感動起來。她的比喻是聰明而巧妙的，有的雖不懂，也覺得她是可愛的。它的鮮明色彩，又如一幅圖畫。對於顏色的渲染，就最好的圖畫也趕不上，也許人間本無此顏色。〔註22〕

蘇青透過對張愛玲文字的讚賞，來肯定張愛玲作品的表現。但張愛玲的文字不只是「聰明巧妙的」，也潛藏著對歷史的矛盾，在李歐梵《張愛玲的日常生活和「現時感」》，引用〈我看蘇青〉說明張愛玲的「現代意識」。一段話，就可以解釋張愛玲在面對歷史文明的矛盾心情：

> 　　一隻鐘滴答滴答，越走越響。將來也許整個的地面上見不到一隻時辰鐘。夜晚投宿到荒村。如果忽然聽到鐘擺的滴答，那一定又驚又喜——文明的節拍！文明的日子是一分一秒劃分清楚的，如同十字布上挑花。十字布上挑花，我並不喜歡，繡出來的也有小狗，

---

〔註21〕 朱慕松記錄：〈《傳奇》集評茶會記〉，《新中國報》，1944 年 8 月 27 日。
〔註22〕 同上，蘇青對「一種魅力」的話題做出對張愛玲作品的闡釋。

也有人，都是一曲一曲，一格一格，看了很不舒服。蠻荒的日夜沒有鐘，只是悠悠地日以繼夜，日子過得像軍窨的淡青底子上的紫暈，那倒也好。〔註23〕

張愛玲的矛盾在對蠻荒日夜裏的山村中聽到鐘擺的滴答，展現了出來。無法割捨現代文明的情感又對原始洪荒產生嚮往的情感，這種對歷史的保留恰與本雅明歷史進步直線產生了對照；而又與本雅明「經驗的傳承」產生了連結，本雅明在《說故事的人》中提到：要發揮潛移默化的力量，便要把故事說得簡潔，使一個故事能深刻嵌入記憶的，莫過於拒斥心理分析的簡潔凝練。……講故事人越能令聽著進入一個鬆懈無慮的狀況，故事便越能佔據聽者的記憶。故事越能充分與聽者的記憶融爲一體，聽者就也越是願意在日後向人重述這個故事，使經驗得以交流傳承。〔註24〕這一點看法與張愛玲對經驗和記憶的理解很接近。張愛玲很看重她的經驗和記憶。這樣的經驗和記憶在其它張愛玲的作品中也可以讀到，因此在水晶的一場關於張愛玲的演講中（1987年4月8日蒙特利公園市「小臺北」圖書館友誼廳），水晶對觀眾的問題——張愛玲是偉大的作家嗎？進行這樣的回答:「不算。張愛玲的作品寫人性灰暗面，小說中主人翁一錯便錯到底，沒有希望走回頭，她的書有些情節更令人產生心驚肉跳，對人性的絕對絕望。她的作品有一好處，是教人有所比諸，現實的景況並沒有她筆下的人物景況壞，從而產生慰藉提升作用，偉大的作家必然離不了對人性對人生的深深同情，而張愛玲卻沒有」。柯振中則認爲讀張愛玲的作品，除了直接讀之外，有時也要間折及曲折來讀：

譬如直接讀她的散文〈爐餘錄〉會直覺她（張愛玲）這人做人有點不近人情。假若換個角度間折曲折讀，還是會覺得她冷澈文字背後存有的那絲絲稀薄悲憫人之情。雖然絲絲稀得只像幾縷蛛絲卻要去密密網住那些讀者的心。……（省略）張愛玲寫凍瘡似的人生人性往往寫到淡紫紅的半透那等程度。凍瘡似的人類人心可以因「腫」變到「淡紫紅半透明」那種詭異奇色，生命眞的會是完全「沒有意義」的嗎？張愛玲採取戳破剖解「腫凍瘡」的方式來拯救「生

---

〔註23〕張愛玲:〈我看蘇青〉,《天地》月刊（1945年4月）。
〔註24〕本雅明著，漢娜‧阿倫特編，張旭東、王斑譯:《啓迪‧本雅明文選》，第84頁，三聯書店出版社，2012年。

命」，讓它徹底脫胎換骨再來出生一次，希望這生會比前生沒有那般
腫痛臭毒。〔註25〕

回到張愛玲的散文，可以看出張愛玲自身是矛盾的。在企圖肯定傳統的同時，
又畏懼傳統對自己的束縛。在〈談音樂〉中，張愛玲就把大規模的交響樂和
五四運動聯繫在一切，並表述交響樂的特點就是把每個人的聲音都變爲自己
的聲音，令人一開口便震驚於自己聲音深宏遠大，分不清楚是自己說的還是
人家說的，感到模糊的恐怖。〔註26〕張愛玲對交響樂的不滿，恰可以視爲其
自身在追求傳統與現代和諧中，害怕現今社會將自己同化和對自己過多干
預，但又渴望維持「平衡」，張愛玲所追求的是個人能在環境中感到和諧，而
她對環境的詮釋則是略帶傳統的「沖淡」，將簡單原始的東西恰如其分地展
現。「現時」的矛盾與記憶中的和諧嚮往產生衝突。這種衝突不僅張愛玲有，
對當時任汪僞政權的胡蘭成也有同樣的困擾，胡蘭成在日本大東亞戰爭所提
倡的「近代的超克」有極細微的密切關係，這種抵制西方資本主義文明的內
涵，使得胡蘭成在文章傾向上不自覺地受影響，在認識張愛玲之後，胡蘭成
嘗試把自己解脫出來，卻沒有成效。在《今生今世》中胡蘭成曾解釋過自己
內心的矛盾：

日本的文化都風格化，故對西洋精神的衝突遠較中國爲甚，但
中國文明有些興像不可以三十二個相見如來，我倒是先從日本的定
型東西起的。然後我又從愛玲把這種定型解脫。原來中國民間對現
代西洋的東西，是像唐人詩裡的「石家金穀重新聲，明珠十斛買娉
婷，此日語笑得人意，此意歌舞重人情。」只管無禁忌的採用，但
凡稱心得意極爲好。文明無須要自衛，衛道或護法皆只是喪氣話。
可是要這樣乾淨，我還久久不能。〔註27〕

胡蘭成更表示，《苦竹》對他而言是希望能得到自己身上沒有卻渴望擁有的品
性，且不可以私意去干涉人世。唐文標在附錄談到，胡蘭成與張愛玲是兩個
極端，但其實他們兩個都有共同的地方，在40年代早期上海淪陷區的知識分
子基本上都是挫折和希望並存，矛盾與放肆交進的，知識分子承受了一定的

〔註25〕柯振中：〈我見過張愛玲？〉，收入在張錯：《尋找張愛玲及其它》，第188～189
　　　　頁，時報文化出版社，2004年。
〔註26〕張愛玲：〈談音樂〉，收入《流言》，第213頁，北京十月文藝出版社出版社，
　　　　2009年。
〔註27〕胡蘭成：《今生今世》，第335頁，遠景出版社，2004年。

苦悶和壓力。胡蘭成的《苦竹》與《紫羅蘭》、《萬象》、《古今》、《雜誌》、《天地》、《小天地》這幾本雜誌承載著不只是文藝消閒性還有宣傳日本對華政策的責任。雖然胡蘭成逐漸和政府中人斷了往來，卻有《苦竹》將他所受的日本的「典型」反應到雜誌上來。根據《苦竹》的目錄看來，在刊載了張愛玲〈談音樂〉、〈自己的文章〉、《桂花蒸·阿小悲秋》以及炎櫻的《死歌》外，免不了刊載與政治相關聯的文章，如第一期：敦仁的《試談國事》、貝燉煌的《求開國事會議》、北一輝的《中國革命外史》；第二期的敦仁《文明的傳統》；第三期敦仁《中國之命運》、胡蘭成自己的《告中國人及日本人》、《中國文明與世界文藝復興》、江梅《延安政府又怎樣》、王昭午的《中國與美國》。在《今生今世》裡還有一段話是引起許多就有國家民族情感的人所不滿的，意即胡蘭成提及池田表示傷心難過，因爲原先可以卻又沒有做解放亞洲的戰爭，竟然糟蹋了。「但是將來還是要來過，惟不由日本而由中國出面。當下見池田悲憤，我亦陪陪他，明知不能，仍眞心想望再過半年乃至一年。可見中國人與日本人不同，中國人覺得雖成敗現實，亦仍如天地未濟，遂有一種浩然之氣，少有本分悲憤之感。」〔註28〕這一段話是根據唐文標的《張愛玲資料大全集》所收錄的文字。後來胡蘭成在校訂的時候把這段話全部刪掉，在文中強調與張愛玲之間的關係。原文中有許多日本漢字像是：簡體字的「小氣」，繁體字裡爲「小氣」但胡蘭成書寫的爲日文的「気（けち）」，又像是簡體字的「眞實」，繁體字裡爲「眞實」，日文則爲「眞実（しんじつ）」，胡蘭成不以簡體或繁體的書寫而是用日本的漢字進行表達；以及簡體的「讀」，繁體爲「讀」，日文則爲「読む（ようむ）」，胡蘭成也同樣選用日本漢字。顯示胡蘭成的日化很深，對於日本的文字已然與中文分不開。整段文字讀起來極爲費勁，當遇到日文漢字的時候需要上下連貫文意進行猜測。在當時胡蘭成的年代文學尚未進行簡化，因此胡蘭成的教育過程中基本上是以日文和繁體字構成。但若以純粹的中文探討胡蘭成的中文字時則很多地方都會出現問題，爲眞實呈現，筆者將此段用胡蘭原文摘錄如下，例如在《今生今世》（韓版）119頁：「晚飯後兩（りょう）人並膝坐在燈（とう）下、我不該又把我與秀美的事也據（こ）實（じつ）告訴愛玲、她聽了已經（たち）說不出話來。我還問她武漢記的稿本可曾看了、她答、「看不下去」、當爲因爲裡邊（ほとり）到處都

---

〔註28〕 胡蘭成：《今生今世》（韓國版），唐文標保留了胡蘭成在上面改動的痕跡在收入張愛玲材料的時候，一併整理到《張愛玲資料大全集》，第297頁。

寫著小周的事。而我竟然一獃、因我從（い）不想到她會妒忌、只覺（さ）我們兩（りょう）人是不可能被世人妒忌或妒忌是世人的。我是凡我所做的及所寫的、都爲的從（い）愛玲受記、像唐僧取經（たち）、一一像觀（かん）音菩薩報銷、可是她竟不看、這樣（さま）可惡（わるい）、當下我不禁打了她的手背一下、她駭怒道「啊！」我這一打、原先一半兒（こ）假裝生氣（き）、一半兒（こ）不知所措的頑皮、而被她這一叫、纔覺（さ）得眞是驚動了人天。但是我還有點木膚々。」〔註29〕看完這一段文字可以注意到胡蘭成在文字的使用上夾雜著大量的日本漢字用法，以前多半有人論述胡蘭成可能受到傳統影響而對中華文化有所了解但又不夠深入；所以可以間接說通他文字使用上的選擇。但最後一個「々」字顯現出了胡蘭成受到日本文化的影響大過於中文也可以說明胡蘭成在寫作的過程中存在著日本思維以及語境，同時其它的中文是以繁體字寫作而成。爲求對原文的保留，這一段文字是胡蘭成的原文再呈現，而不是用現在的簡體字，同時也需要留意在現今通行的簡化字部分有些其實是選擇了古字的寫法，胡蘭成的「當」、「寫」、「著」也不是現今通用的繁體字字型。

　　胡蘭成做汪僞政權的一個政府官員即使是後來辦了《苦竹》雜誌，想要能做點自己的事情仍然夾雜著日本文化及當時的政治色彩，到晚年時的寫作展現出的文字就更加明顯。張愛玲在即使是想要保持政治獨立性，也不可能完全獨善其身，成爲單純爲藝術而藝術或是爲商業化而純商業化的作家。當時的政治環境是日本要杜絕一切「激發民族意識對立」、「對時局具有逆反傾向」的作品，爲此而實行大規模「焚書」，僅東北一個地區 1931～1936 年查禁的書刊即達 800 萬冊。另一方面，又千方百計強迫和誘使作家爲「建設大東亞新秩序」而寫作。〔註30〕這樣，淪陷區作家於「言」與「不言」兩方面都處於不自由的狀態，這時從時代中心主題向「日常生活」與「永久的人性」的轉向，所形成的「反英雄」、「反浪漫」的傾向，與「鄉土文學」堅持的英雄主義、浪漫主義的文學傳統，形成互相對立、又互相補充的文學潮流，而張愛玲所代表的即是前一派。與張愛玲相近的還有周

〔註29〕《西飛》，胡蘭成（韓版）《今生今生》原文第 119 頁，收入唐文標：《張愛玲資料大全集》，第 303 頁，時報文化出版社，1974 年。
〔註30〕錢理群、溫儒敏、吳福輝著：《中國現代文學三十年》，第 352 頁，北京大學出版社，2008 年。

作人，1937 年日軍佔領北京後，儘管公眾皆呼籲周作人離開，周作人卻未加入知識分子的南遷行動。在寫給《宇宙風》編輯的信中，周作人爲自己辯駁道是因自己背負著太多的家累。而周作人更於 1939 年接受了北京大學圖書館館長的任命。在那之前，周作人在一次貌似刺殺的行動中受到輕傷，國民黨與日本人互相卸責，指稱是對方籌劃這次行動。在 1941 年時，周作人成爲南京的汪僞政權成立的政務委員會一員，因加入日本組織，在二次大戰後以通敵罪名被國民政府判處 15 年；於 1949 年得到釋放，周作人回到了北京，在 50 年代從事希臘與日本經典的翻譯，並撰寫關於魯迅的書籍論述。由於政治上的不明確態度使得周作人在學界評價兩極，欣賞的人以小品文和其優秀的翻譯貢獻肯定他的存在意義，而否定的人則恨不得他消失，周作人的一生相當容易就能提取關於民族歷史的敘事。同時魯迅與周作人的反目成仇成了周作人反對中國進步的體現，由於魯迅和周作人受了相同的教育並擁有一樣的成長背景，因此許多學者研究上著重在周作人個性上的缺陷，認爲是因其性格上的失敗，導致周作人在政治上的不正確。若深入探究其性格裡潛藏的原因可以追溯到 1980 年代中期舒蕪的文章中，作爲在周作人研究上最富洞見與同情的學者之一，先是肯定了周作人對於新文化運動的貢獻，而後補充道：

> 周作人的失敗源於他的精神結構之底層的那種貴族的優越、冷漠，以及超然的中庸主義（即儒家的中庸主義）。中國文化是自我調節型的，並因此成爲中庸主義最好的土壤。而當民族遇到生死存亡的危機。最迫切需要的是振作，是突破，從而實現徹底的文化革命。這正是魯迅所做的。而周作人卻乘著中庸主義的小舟湧上歷史的潮頭。〔註31〕

舒蕪認爲周作人骨子裡所流露出來的貴族之氣，以至周作人傾向於個人主義與自由主義，舒蕪的這個看法與舒衡哲的意見很相似，舒衡哲提出「由於軍閥政府不能容忍魯迅鼓動性的宣傳，在屠殺學生事件（1926 年 3 月）的幾個月後，魯迅離開了北京。周作人留了下來，埋頭於個人化小品文，沉溺與個人的感情世界中，他在『五四』中對『人性』的關注，逐漸爲被他視爲敵對

---

〔註31〕舒蕪：〈周作人概觀〉，第 1 部分，第 89 頁，《中國社會科學》，1986 年第 4 期。

力量的『社會』所磨蝕……本應成為一個反抗者的周作人日益轉入隱士般的生活。他的個體悲傷使其不再為天下之憂而憂」。〔註32〕這個看法將周作人的貢獻更公平地審視，同時根據當時的環境作為對其客觀評價的根據，周作人的錯誤開始被歸咎在新文化運動時適合「啓蒙」的條件缺乏；因而周作人無法取得成功，同時失去了對於民眾的責任感與信念。而這個評價是較為準確的，意即在同等條件下魯迅是不斷前行，而周作人則是頻頻回顧，展現了一定程度的自我性。隨著周作人在美文上的逐漸發展，最終引來了阿英的批評。阿英首先含蓄地指出，在第一次德謨克拉西運動的興奮平息之後，中國思想界就被分為兩部分，一部分希望繼續抗爭，另一部分「不能不停滯著腳步，或者轉向消沉，談風月，談身邊瑣事了」，並點出《蒼蠅》可算是談風月的代表，隨後在 1925 年的五卅事件之後，許多作家開始意識到主要的鬥爭是反對帝國主義及不談論個人主義，而周作人並未因此而有所改變，因此阿英開始直接點名抨擊周作人：

> ……而落後的，風花雪月一派，雖偶而也發一兩聲對於社會現狀的呻吟，大部時間，卻依舊耗在趣味的消閒上，大概是為求社會進步而淤積的血越多，他們愈發加緊的向趣味主義的頂點上跑，雖然他們也有「不得已的苦衷」。所以，在新文學運動開始不久，……胡適就逐漸的失卻了進步的氣質，而周作人等也取些茶食，酒，鳥聲，野菜，草木蟲魚，八股文，妖術等等的題材，孜孜不倦的向下努力了。〔註33〕

阿英認為周作人的成功與曾被胡適稱讚其平淡的文體毫無關係。而周作人骨子裡是希望變革的，但無法面對變革所需的抗爭。也因此周作人自身在〈風雨談〉的序言裏將自己描述得無聊苦寂，在解釋了〈風雨談〉標題意味風雨淒淒以致如晦後，表示也想過此文集成為「風月談」，然則最終周作人仍舊在文章中選擇最舒服的自我角度進行論述，而這種角度是既不積極也不保守，企圖向讀者呈現周作人所認為的自我角度：「風月，本來也是可以談的，而且老實說，我覺得也略略知道，要比亂罵人的正人與胡謅風月的雅人更明白得

---

〔註32〕〔美〕舒衡哲（Vera Schwarcz）著，劉京建譯：《中國啓蒙運動：知識分子與五四遺產》，第 161 頁，新星出版社，2007 年。

〔註33〕阿英：〈小品文談〉，鄭樹森：《現代作家散文》，第 76 頁，百花文藝出版社，1986 年。

多。然而現在不談。〔註 34〕」同樣的，張愛玲爲避免別人批評她，在〈自己的文章〉中提出自己對創作的觀點：

> 我喜歡參差的對照的寫法，因爲它是接近事實的，《傾城之戀》裏，從腐舊的家庭裡走出來的流蘇，香港之戰的洗禮並不曾將她感化成爲革命女性，香港之戰影響范柳原，使他轉向平實的生活，終於結婚了，但結婚並不使他變爲聖人，完全放棄往日的生活習慣與作風。因此柳原與流蘇的結局，雖然多少是健康的，仍舊是庸俗；就事論事，他們也只能如此。極端病態與極端覺悟的人究竟不多。時代是這麼沉重，不容易那麼就大徹大悟。〔註 35〕

張愛玲在一定程度上與周作人的理念有一些相近的地方，延續的是「爲藝術而藝術」以及「爲人生而藝術」的概念。但張愛玲則更商業化。在 30 年代中朱光潛曾經明確表示「十九世紀所盛行的『爲文藝而文藝』是一種不健全的文藝觀」。〔註 36〕沈從文則希望自己的作品能夠給那些「對中國社會變動有所關心」、「各在那裡很寂寞的從事與民族復興大業的人」以「一種勇氣同信心」。〔註 37〕這反應了半封建半殖民國家中的自由主義作家，不可能完全無視民族、國家的呼喚，他們也是以自己的不同於革命作家的方式，通過也許是更爲曲折的道路，與自己的民族、人民和社會現實生活保持著一種態度或聯繫。但 40 年代在上海淪陷區的作家，由於政治的限制失去表達與激發民族救亡熱情的文學啓蒙功能，淪陷區文學就比其它時期和其它地區的文學更重視市場功能。用溫儒敏的話來說，淪陷區作家正是徘徊於「作家內在精神追求」與「文學市場需求」之間，艱難地、煞費苦心地尋求兩者的契合點。〔註 38〕

## 第三節　後輩影響

夏志清在《文學雜誌》2 卷 4 期（1957 年 6 月）刊登了〈張愛玲的短篇

---

〔註 34〕周作人：〈風雨談小引〉，〈風雨談〉，《周作人全集》第 3 卷，第 259 頁，藍燈文化事業出版社，1992 年。
〔註 35〕張愛玲：〈自己的文章〉，收入《流言》，第 21 頁，皇冠出版社，1991 年。
〔註 36〕朱光潛：〈我對於本刊的希望〉，《文學雜誌》1939 年創刊號。
〔註 37〕沈從文：〈邊城‧題記〉，《沈從文全集》第 6 卷，第 68 頁，北嶽文藝出版社，2009 年。
〔註 38〕錢理群、溫儒敏、吳福輝著：《中國現代文學三十年》，第 352 頁，北京大學出版社，2008 年。

小說〉一文，指出張愛玲的小說之所以迷人，在於「她的意象的繁複和豐富，她的歷史感，她的處理人情風俗的熟練，她對人的性格的深刻的發掘。」夏志清更進一步點出張愛玲小說的精髓，《傳奇》裡有很多篇小說和男女之間有關：追求、獻媚或是私情；男女之愛總有它可笑的或是悲哀的一面，但是張愛玲所寫的絕不止此。人的靈魂通常是給虛榮心和慾望支撐的，把支撐拿走以後，人要成了什麼樣子──這是張愛玲的題材」。〔註39〕這樣等同於從現代主義角度出發來談論小說中的人性的脆弱與醜惡。正因為夏志清具有這種觀點的緣故，無形中是張愛玲的小說在臺灣文壇的介紹中被合理化了，同時，也使得張愛玲作品能夠與臺灣的作家發生聯繫。雖然《文學雜誌》中的觀點與胡適的「自由的文學」是可以互通的，但「人的文學」並非是胡適首創的，往前可以上推到周作人，在其《藝術與生活》有一篇〈新文學的要求〉提到「人的文學」的定義，〔註40〕當中強調「這文學是人性的，不是獸性的，也不是神性的」，並且「這文學是人類的，也是個人的，卻不是種族的，國家的，鄉土及家族的」。胡適雖然沒有明說他的文學觀念來自於周作人但兩人的觀念相當接近。胡適認為「自由的文學」就是「人的文學」，認為文學應該具備「人氣」、「人格」、「人味」。在 1934 年胡適就以「中國文藝復興」（Chinese Renaissance）為題作為英文演講，指出新文學運動與文學革命「是對傳統文化許多觀念和制度有意識的抗議運動，是有意識把那些受傳統力量束縛的男女個人解放出來的運動」。在這個承上啟下的關聯中，《文學雜誌》介紹的作品就帶有了自由主義的精神，也影響了諸如陳秀美、王文興、白先勇。夏濟安更在〈舊文化與新小說〉的文章中說明小說家應該如何作文章：

> 處在「新舊對立」與「中西矛盾」的環境中，一個小說家「應該為這種『矛盾對立』所苦惱」，而且也應該藉小說的藝術形式，解決這種苦惱。他所要表現的是：人在兩種或多種人生理想面前，不能協調的苦悶。直截了當的把真理提出來，總不如把追求真理的艱苦掙扎的過程寫下來那樣的有意思和易於動人。〔註41〕

夏濟安認為在現實的環境裡，人面對的情景往往是分裂的；在分裂的狀態下人的衝突、矛盾、焦慮、苦悶將會借文學表現出來。在這樣的文學主張下，

---

〔註39〕夏志清：〈張愛玲的短篇小說〉，《文學雜誌》2 卷 4 期，1957 年 6 月。
〔註40〕周作人：〈新文學的要求〉，收入《藝術與生活》，北京十月文藝出版社，2011 年。
〔註41〕夏濟安：〈舊文化與新小說〉，第 34 頁，《文學雜誌》第 3 卷第 1 期（1957 年 9 月）。

其手足夏志清因而介紹了張愛玲到臺灣，並同時邀請張愛玲成爲《文學雜誌》的撰稿者爲雜誌大量譯介了美國的小說、詩以及評論。在現代美學的建構上，張愛玲沒有現代作家那樣沉重的使命，同時，注重內心情緒的刻畫也與臺灣現代主義所追求的相吻合，從這個角度出發，閱讀張愛玲的知識分子都能找到書籍裡面對自己而言有意義的部分，並且逐漸上昇到了熱潮的高度，將張愛玲所有的文章都給予新的肯定。這種肯定現今看來是有評價正確的，同時也帶有過度崇拜和理想化。例如在《紅玫瑰與白玫瑰》中，現代主義的知識分子認爲振保不能接受嬌蕊在被自己遺棄後仍然生活得非常理直氣壯，因此振保哭泣的「竟不能止住自己」〔註42〕，研究者認爲張愛玲在這篇小說裡強烈暗示，男性彷彿是強者，是權力支配者。然而，一旦女性不再被支配時，男性頓時就變成了弱者。認爲她的小說清楚揭示女人，好像是四季循環，是生老病死，是飲食繁殖，則無論何種折磨痛苦都能承擔下來，因此得出結論，以爲張愛玲小說與當時政治口號虛構出來的熱烈的反共文學比較起來，顯得眞實無比。同樣的情況還展現在對《傾城之戀》的理解上，集中於肯定白流蘇苦心追求的愛情最後完美收場。指出張愛玲使用誇張的手法，勾勒愛情的非凡意義：

> 香港的陷落成全了她。但是在這不可理喻的世界裡，誰知道什麼是因，什麼是果？誰知道呢？也許就因爲要成全她，一個大都市傾覆了。成千上萬的人死去，成千上萬的人痛苦著，跟著是驚天動地的大改革……流蘇並不覺得她在歷史上的地位有什麼微妙之點。
>
> 〔註43〕

陳芳明認爲張愛玲透過女性要得到愛情就必須瓦解父權的方式是一種隔離美學的建構，在這種疏離的情況下女性的愛情也隨之完成，並將《傾城之戀》與《赤地之戀》做比較，認爲兩者同時都是一種對「解放」的表現手法。《傾城之戀》是以城市的陷落來比喻女性愛情之解放，而《赤地之戀》連同《秧歌》則是對中國政治獲得「解放」的一種墮落。由於初期張愛玲是作爲反共作家引進臺灣，因此在解讀上也會傾向解將之解讀爲反應大陸現實的作家，認爲張愛玲對中共政府也保持高度的疏離感。這樣的表現手

〔註42〕 張愛玲：《紅玫瑰與白玫瑰》，收入《傾城之戀：張愛玲短篇小說集之一》，第87頁，皇冠出版社，1996年。

〔註43〕 張愛玲：《傾城之戀》，收入《傾城之戀：張愛玲短篇小說集之一》，第230頁，皇冠出版社，1996年。

法影響了朱西寧，他自己曾經承認：「魯迅在小說的象徵手法方面，給予我莫大的影響；其它在形象的掌握我、人物的塑造、辭藻運用方面給予我重大的影響的，也許是張愛玲。」朱西寧更在《一朝風月二十八年》中強調：「張愛玲給了我小說的啓蒙」。〔註44〕而朱西寧作爲作家初登文壇，其實是以反共作家或軍中作家的角色出現，像是《海燕》、《大火炬的愛》都偏向懷鄉意識，同時展露出對北方的鄉土記憶。在張愛玲的作品進入了臺灣文壇後，其作品風格與臺灣作家產生了融合。朱西寧一剛開始是將其作爲一個平衡，企圖在魯迅和張愛玲之間取得平衡，而後其文章裡承載的價值就開始出現了轉變，例如《哭之過程》小說的第一段句子：「算是雜亂後的和平──似乎也容或是和平後的雜亂，這都說不很清楚」。〔註45〕這種語法給予了讀者一種時代錯亂的感覺，在文中朱西寧沒有明顯表現出時代，傳達了一種抽象的時間和歷史。緊接著朱西寧在下一段繼續加強這種表現：「說不是很清楚的離亂與和平的方位，何者在前，何者在後，以及兩者之間的界限何在；那是紋身在我們民族的年代上和版圖上的兩片水彩。然後湮到一起，找著找著，來不及的就混湖了」。這種對歷史的表現手法與張愛玲對歷史的態度是相同的。在英文版的《洋人看京戲與其它》裏，張愛玲對「歷史」一詞的英文翻譯不是「history」，而是「The past」（過往），顯示在張愛玲的世界裡，歷史等於過往：

> Perhaps nowhere else in the world dose the past play so active a role in common everyday life-the past in the sense of elucidated experience, communal memories analyzed by the historical viewpoint.〔註46〕

在張愛玲眼裡歷史與過往是兩個可置換的概念，歷史就是過去的時間、人事物，也就是過往，張愛玲在原文裏充分展現了她的想法，使用了「elucidated experience」以及「communal memories」，分別爲「經過闡明的經驗」以及「公眾的記憶」，對張愛玲而言，中國的公眾記憶就是「積習相延」。在〈中國人的宗教〉中，張愛玲便提到，中國人表面上無宗教可言，卻有一個共同的宗教背景，那便是佛教與道教混合成的「模糊心理背景」，張愛玲闡述了知識階層及下層對於這樣「模糊心理背景」的態度：

---

〔註44〕朱西寧：《一朝風月二十八年》，《中國時報・人間副刊》，1971 年 5 月 31 日。
〔註45〕朱西寧：《哭之過程》，收入《冶金者》，第 48 頁，仙人掌出版社，1972 年。
〔註46〕Eileen Chang: *Still Alive*, p.433, The XXth Century 1943.

　　　　下層階級的迷信是這廣大的機構中取出的碎片──這機構的全
　　貌很少有人檢閱過，大約是因爲太熟悉了的緣故。下層階級的迷信
　　既然是有系統的宇宙觀的一部分，就不是迷信。……至於知識階級
　　呢，他們嘴裏說不信，其實也並沒說謊，可是他們的思想行動偷偷
　　地感染上了宗教背景的色彩，因爲信雖不信，這是他們所願意相信
　　的。〔註47〕

張愛玲將日常生活中的積累形容成「這廣大的機構中取出的碎片」，呼應了張
愛玲一直追求完美藝術而不得的心情；同時表現了一種對歷史的感知方式，
也就是歷史和過往可以循環反覆同時也能模糊在一起的概念。這種觀念延續
到了張愛玲晚期作品的風格上，在《小團圓》的一開頭是這樣寫的：「大考的
早晨，那慘淡的心情大概只有軍隊作戰前的黎明可以比擬，像《斯巴達克斯》
裡奴隸起義的叛軍在晨霧中遙遠羅馬大軍擺陣，所有的戰爭片最恐怖的一
幕，因爲完全是等待。」〔註48〕又再下一段補充說明道：「過三十歲生日那天，
夜裡在床上看見陽臺上的月光，水泥闌干像倒塌了的石碑橫臥在那裏，浴在
晚唐的藍色的月光中。一千多年前的月色，但是在她三十年已經太多了，墓
碑一樣沉重的壓在心上」。〔註49〕張愛玲以一種現時和歷史的交互參照，企圖
將其界限模糊以作爲一種無時間的敘述，與朱西寧所接受到的歷史和現時的
認知是相同的，而張愛玲也將這種風格一以貫之。正是因爲這樣的表現方式，
張愛玲散文及小說的風格，不只影響了第一代作家（1949 年來臺）影響了一
批臺灣第二代作家諸如：朱天文、朱天心、袁瓊瓊、三毛、白先勇等，這批
作家在成長經歷中，父輩爲 1949 年隨著國民黨撤退來臺，繼而在臺灣落地生
根；而他們在接受父輩的意識中在臺灣的土地成長起來，對大陸的想像來自
父輩的傳承，和自我的朦朧意識構建而成。在受到歷史經驗及張愛玲的影響
後，這類作家在文章中展現了深刻的「中國性」，極少在敘述上「歐化」，而
是採取在情感氛圍上對舊傳統與傳統中國的眷戀與悵惘，形成張愛玲式的「中
國烏托邦」，建構在一個自我世界裏。也就是邱貴芬所言：「一方面撫慰『失
落中國』的挫折，一方面延續『想像中國』的慾望」。

〔註47〕張愛玲：〈中國人的宗教〉，收入《餘韻》，第 19 頁，皇冠出版社，1991 年。
〔註48〕張愛玲：《小團圓》，第 15 頁，北京十月文藝出版社，2009 年。
〔註49〕同上，第 15 頁。

　　無法割捨現代社會的情感，又對鄉土記憶產生嚮往的情感，以及對歷史的保留，恰與本雅明歷史進步直線產生了對照，而又與本雅明「經驗的傳承」產生了連結，本雅明在《說故事的人》中提到：要發揮潛移默化的力量，便要把故事說得簡潔，使一個故事能深刻嵌入記憶的，莫過於拒斥心理分析的簡潔凝練。……講故事人越能令聽著進入一個鬆懈無慮的狀況，故事便越能佔據聽者的記憶。故事越能充分與聽者的記憶融爲一體，聽者就也越是願意在日後向人重述這個故事，使經驗得以交流傳承。〔註50〕這一點看法與張愛玲對經驗和記憶的理解很接近，也與受張愛玲影響的這批作家很相似。受到影響的不僅體現在歷史的情感上，也展現在「時代性」和「超越性」上。白先勇是這麼說的：「文學之所以有價值，因爲千百年前寫的文章，今天看來仍能引起共鳴，仍能引起大家去了解人生的意義，我想這是因文學有它的時代性，同時又有超越性，偉大的文學必有其時代性和超越性」。〔註51〕白先勇認爲張愛玲的小說在「描寫上海人，入木三分」，體現了舊時代和人生的準確描述。同時白先勇的家庭環境和張愛玲是相似的也因此在人性刻畫上，與張愛玲在表現上同樣展示了人生的悲劇感和虛無。與張愛玲相同白先勇將這種虛無潛藏在熱鬧、擁擠、繁華的日常生活下，著重描寫人物的性格。在《臺北人》裡白先勇強調了自己的創作依歸，扉頁上寫著：「紀念先父、母以及他們那個憂患重重的時代」，同時將劉禹錫的《烏衣巷》附在這句話的後邊，以「舊時王謝堂前燕，飛入尋常百姓家」。這兩處紀念往昔歲月和時空變遷。

　　再看張愛玲的《對照記》，同樣的把家庭的影響放入到了文章中，在《對照記》中，張愛玲這樣形容她所沒經歷過與祖父母相處的時期「我沒趕上他們，所以跟他們的關係僅只是屬於彼此，一種沉默的無條件的支持，看似無用，無效，卻是我最需要的。他們只靜靜地躺在我的血液裡，等我死的時候再死一次」。〔註52〕張愛玲這段話，在《小團圓》中也出現，但是語順不太一樣：「她愛他們。他們不干涉她，只靜靜地躺在她血液裡，在她死的時候再死一次」。這種反覆對「愛」的幻覺出現在張愛玲的小說中。榮格曾指出，受心理經驗影響，創作「處理的是從人類知覺領域汲取來的觀來的材料例如生活

〔註50〕本雅明著，漢娜‧阿倫特編，張旭東、王斑譯：《啓迪‧本雅明文選》，第84頁，三聯書店出版社，2008年。

〔註51〕白先勇：〈談小說技巧〉，第89頁，《海峽》雜誌（福州）1983年第4期。

〔註52〕張愛玲：《對照記》，第45頁，北京十月文藝出版社，2007年。

的教訓，情緒的震動，激情的體驗，以及人類命運中通常遇到的危機，這一
切，構成了人的知覺，特別是他的感情生活」。這種生活材料被詩人吸收到心
裡去，從平常的高度提到詩意的高度，並加以表達，把讀者平時迴避、忽視
或只是渾渾噩噩地感覺到的東西完全塞進他的意識。〔註53〕白先勇和張愛玲
的共同點可以說是體現在家庭環境和成長經歷以及對人性的描寫，以及對現
時的關切理解和生活方式的展現。白先勇認為自己悲天憫人的情懷和張愛玲
是一脈相承的，都是通過對時代變遷的角度，萃取其中的故事，運用日常生
活的象徵和對白，描寫出時世變遷之下呈現出來的人性本質。白先勇的這種
轉變視為其自我創作風格的轉型，在早期《金大奶奶》帶有明顯的現代派色
彩，而後在70年代中期開始，臺灣的政治、經濟逐漸穩定，文學開始出現了
新的面向和可能，因此從對西方的模仿實驗上轉回對中國傳統的追尋。日常
敘事又再一次得到關注，這種轉變痕跡最明顯的就是白先勇和朱西寧。白先
勇塑造了《永遠的尹雪豔》、《金大班的最後一夜》、《那一片血紅的杜鵑花》、
《遊園驚夢》等一系列以臺北人故事為原型的題材小說，展現了人生的境遇
所造成的情感壓抑和糾結，同為現代派作家的歐陽子說：「白先勇是一個道道
地地的中國作家他吸收了西洋現代文學各種寫作技巧，使得他的作品精煉，
現代化然後他寫的總是中國人，說的中國故事」。〔註54〕白先勇藉由這群身份
不明的「臺北人」體現出曾經享受的權利的繁華和虛空，但是政治因素──
一場隔絕兩岸聯繫的大變動影響著這一輩人。若把白先勇的小說純粹看成這
兩種不足以體現白先勇創作的目的，王德威因而提出第三種閱讀方式，即從
時代的背景去談，認為《臺北人》不僅是契合白先勇個人的經驗，或是白先
勇那一輩子知識分子和文化人的家國經驗；它可能更廣義地成為整個中國 20
世紀追求、體會現代性的寓言。〔註55〕因此白先勇的《臺北人》雖然受到張
愛玲敘事風格的影響，但整體上文中所悼亡的不僅是繁華的逝去以及對家國
或個人的傷痛，而是對整個歷史文明、對事件本身的進程的合理性及邏輯性
的反思，從這來看才能理出在所謂「國殤」的語境之下，寫一個「情殤」的
「情」。藉著張愛玲的文字風格，白先勇創造出一種關於時間動向的告白，以

〔註53〕 〔德〕榮格《心理學與文學》，〔英〕戴維·洛奇編：《二十世紀文學評論》（上），
上海譯文出版社，1987年。
〔註54〕 白先勇：《臺北人》，第222頁，爾雅出版社，2010年。
〔註55〕 王德威：《抒情傳統與中國現代性：在北大的八堂課》，第208頁，三聯書店
出版社，2010年。

及批判和自我批判的國族寓言，在最後超出了張愛玲的影響開始創造出自己自嘲、反思的角度，展現出自己對現代性的體悟從而擺盪在兩岸中去找尋可以依附的一個形式及對象。

同樣受影響的還有施叔青，在 1991 年至 1995 發表了長篇系列小說「香港三部曲」以妓女黃得雲的一生，追溯了 19 世紀以來的香港歷史同時展現了黃得云以及英國派駐香港的殖民地官員亞當‧史密斯之間的情感糾葛，展現出香港和殖民宗主國以及殖民本身之間的關係，施叔青企圖通過以《她名叫蝴蝶》、《遍山洋紫荊》、《寂寞雲園》對香港產生構建，在構思上有《連環套》的影子。與張愛玲《傾城之戀》、《第一爐香》、《茉莉香片》、《連環套》相同的是，施叔青也創造了一系列以香港為創作主體的香港故事，像是《愫細怨》描述的是一個從美國的都市女人愫細與一個在香港經營印刷廠的廣東老闆洪俊興之間的故事，為了使洪俊興能夠真正地和自己在一起。愫細展現了一切女人所能展現的全部；然則洪俊興遊走在自己的太太和愫細之中，一方面迷戀愫細的城市感覺，一方面又流連自己與太太之間的家庭以及對孩子的責任。愫細嘗試展現自己清高的一面，卻不斷被物質所引誘而沉淪。在不甘做情婦的角色中掙扎，在折磨中不斷的消耗自己的生命。《票房》則是描寫從北京到香港的京劇演員丁葵芳，在到香港之後面臨了生存和藝術的雙重尷尬；《常滿姨的一日》寫出一個臺灣女人到紐約做幫傭，描寫夢想和幾近變態的生命慾望，被形容為《桂花蒸‧阿小悲秋》的翻版。研究者認為施叔青繼承的是對人性、尤其是對現代女性心理的生動描繪。施叔青在 1995 年接受採訪時也坦言自己受到張愛玲影響相當大：「《張愛玲短篇小說集》是我的聖經。她雖然死了，但巨靈影響仍在」。甚至表示自己因為太喜歡讀她的作品所以「有一陣子我怕再繼續受到影響，把她的書藏起來，看都不敢看，怕受她干擾」。〔註 56〕施叔青本人也對張愛玲做過分析，認為「張愛玲冷眼看世界，她對人性摸得太徹底，太深了。人性的基本被她抓住，難怪她的作品永遠也不會過時，張愛玲是不朽的。她對人不抱希望，人就是人，有他的貪婪、自私，卻偶而也閃爍著溫暖愛心的。」這種敘述風格影響著施叔青，她把張愛玲對香港的敘事延伸到了施叔青現在所在的香港，在敘事的過程中作為他者對香港進行論述，一種對香港的記憶與想像。無論是朱西寧、白先勇或是施叔青，

---

〔註56〕〈張愛玲文學芻議──兼談《異鄉記》〉，《人間副刊》，1995 年 9 月 10 日。

繼承的都是張愛玲的文學與美學思維，著重在文字之間潛藏的暗示、影射、影喻及象徵，在利用迂迴、婉轉、曲折的文字敘述，細緻地刻畫女性角色時，也反襯男性在社會中的不安以及騷動。

# 結　論


　　張愛玲的研究熱潮從 80 年代至今，已到該冷靜重新審視的時候。要追溯
推崇張愛玲的研究者與張愛玲本人這類的知識分子，所具有的意識則必須要
將學術史與文學史合併出來進行討論。張愛玲將自己對於歷史的解釋加諸在
文本中，運用七巧的惡毒、阿秋的伶俐以及白流蘇的婚戀追求和顧曼楨的被
動構建出社會的「細節」，將這些不完整的，命運不受到自己所掌握的人作為
一個時代背景中的小人物加以敘述。因此她的作品被公認有著感官上細膩的
描繪，其中「大」歷史議題傾向於退到背景之後，代表了與「革命性」的極
端對立面向。在周蕾看來，中國文學的脈絡之中，革命性往往與現代性相關
聯，現代主義尋求「內在主體性」與「新國族」之間的身份認同，但張愛玲
的敘事模式卻破壞了這樣的身份認同，她的女性角色因為意識形態而顯得不
完整，這些女性角色嘲弄追尋如此身份認同的進步性修辭。〔註 1〕這樣的敘事
方向最終決定了她成為作家後的命運，因為封建中國仍然存在她作品之中，
當現代中國文學無法從政治上獲得激勵的時候，面臨外在環境的改變，文學
開始向詩言志的方向傾斜。但探討「歷史」底層這種矛盾的情感結構只從張
愛玲出發是不夠的，還需要探討民族主義在戰爭中取得的優勢，這種環境與
時代的迫切性，讓寫實主義再一次從歷史中被「召喚」出來，在個人表述層
面上或者社會層面呈現的都是「推倒封建貴族文學，建設通俗寫實和社會的
文學。」在不同年代中對裡頭的詞彙進行重新理解然後推陳出新。因此傳統
中國藝術被譴責為「為藝術而藝術」，以英文來看則更顯得蒼白「art for art's

---

〔註 1〕　〔美〕周蕾：《婦女與中國現代性：西方與東方之間的閱讀政治》，第 183 頁，
　　　　　三聯書店出版社，2008 年。

sake」的頹廢「文人藝術」（litierati art）〔註2〕，對於戰爭年代的選擇或是其它年代中純粹對美感的追求，就遭到不少人的反對。梁實秋、朱光潛、沈從文等在他們的理論宣言中，都公開地表示反對「爲藝術而藝術」。梁實秋指出爲「文藝而躲避人生，這就是取消了文學本身的任務」，「文學裡面是要有思想的骨幹，然後才能有意義，要有道德性描寫，然後才有力量」。〔註3〕30年代面臨的精神危機沒有展現在這類知識分子的身上，相反的他們努力追求嚴肅性，希望嚴肅地自我反省、嚴肅地思考社會人生。但抗日戰爭改變了中國知識分子的思維和對現實的重新認識，在民族矛盾日益加深的情況下，知識分子再一次面臨作出回應和選擇的問題。只不過，政治上的不同趨向也影響了文藝選擇的不同面向，文學再次面臨考驗，民族的責任讓文學審美重心發生了偏移，社會的變化必然也反應在了文學之中，這種知識分子意識的轉型與文學思想的嬗變，傳遞出了相當的信息量。

如溫儒敏所述，在30年代，中國的文化和政治的中心已經從北京轉到上海。上海文壇很複雜，既有典型的商業化的流行文學、墮落的文學，有新感覺派之類前衛的文學，有張愛玲這樣很傳統又很現代的文學，更有富於使命感而深受青年傾賴的左翼文學。〔註4〕在文學的表現上也不盡相同。張愛玲除了商業化的特徵也展現出很濃烈的半現代半傳統的特質，尤其是張愛玲的作品多發表在1943～1945年的上海淪陷區。在日本文藝政策及大東亞共同圈的概念建構之下，知識分子所能選擇及發表的範圍就逐漸緊縮。上海淪陷區的創作風格開始又回到「個性的文學上」，同時張愛玲的特質也使得留在上海淪陷區的文人有了新的念想，期待在張愛玲的文章中可以看到爲民族、國家情感的大義。但在胡蘭成〈評張愛玲〉中可以看見張愛玲是無心於這類情感的追求：

> 有一次，張愛玲和我說：「我是個自私的人」，言下又是歉然又是倔強，停了一停，又思索著說：「我在小處上是不自私的，但在大處是非常的自私。」她甚至是會懷疑自己的感情，貧乏到沒有責任

〔註2〕 Joseph R. Levenson: *Confucian China and Its Modern Fate*, I, p.127, University of Califoornia Press, 1965.

〔註3〕 梁實秋：〈文學與科學〉，收入《梁實秋論文學》，第373頁，時報文化出版社，1978年。

〔註4〕 溫儒敏：〈沈從文與「京派」〉，收入《文學史的視野》，第199頁，人民文學出版社，2004年。

心。但她又說：「譬如寫文章上頭，我可是極富責任的。」究竟是什
麼回事呢？當時也說不上來。〔註5〕

在張愛玲這番表述之後，他認爲自己也得到了啓發，他說：「（這件事之後）
是幾天之後，我和一個由小黨員做到大官的人閒談，他正經地並且是很好意
地規勸我：應當積極，應當愛國，應當革命。我倦怠地答道：『愛國全給人家
愛去了，革命也全給人家革去了，所以我只好不愛國了，不革命了』」。這顯
然是個歪理，胡蘭成繼續補充，「正如魯迅說的：正義都在他們那一邊。他們
的正義和我們有什麼相干？而這麼說說，也有人會怒目而視，因爲群衆是他
們的，同志也是他們的，我又有什麼『我們』？好，就說是和我不相干吧。
於是我成了個人主義者」。〔註6〕在胡蘭成的反應之下顯示家國、民族情感在
個人面前不是一個需要考慮的部分，他將自己標榜爲「個人主義者」，然則「德
不孤，必有鄰」。因此胡蘭成顯然是立不住腳的，在這樣的分法之下，也顯示
出胡蘭成是寂寞的，在對抗整個中華民族的宏大敘事中，胡蘭成顯得很微不
足道。他配合的是日本的文藝政策，而這路線與他構建的「自我認同」相吻
合，並且說明自己追求的個人主義只是一種冷淡有著自己想法的人生，並且
碎言絮語表示這樣的個人主義可以走向新生，或者破滅，卻不是不會走向腐
敗：

> 如今人總是把個人主義看做 15 世紀歐洲文藝復興時代專有的
> 東西，殊不知歷史上無論哪個新舊交替的時代都是這樣的，奴隸社
> 會也好，封建社會，資本主義社會也好，當它沒落之際，都是個人
> 被團體淹死，而人類被物質淹死，奴隸厭倦主人，主人也厭倦奴
> 隸。。……蘇格拉底與盧騷就是這麼的要祛除氤氳於「霧數」的東
> 西上頭的神秘，而訴之於理性。他們都是個人主義者。盧梭還挑戰
> 地說：「我即使不比別人更好，至少我是和別人不同的。」〔註7〕

透過對胡蘭成的理解，可以理解那時期「個人主義」知識分子的不同想法，
一方面將個人的追求放到最大，另一方面則在追求遠離政治的可能性。此時
張愛玲的出現給予了知識分子對比的可能性，胡蘭成並以自己的立場評價魯
迅認爲他參加左翼文學是一個無比的損失，因爲魯迅過早地放棄了他的個人

---

〔註5〕　胡蘭成：〈評張愛玲〉，《雜誌》月刊（上海），第 79 頁（1944 年 5 月）。
〔註6〕　同上。
〔註7〕　同上，第 80 頁。

主義。個人主義是舊時代的抗議者，新時代的立法者，同時胡蘭成認爲它可以在新時代的和諧中融解，而不是什麼紀律或克制自己所能消滅的。在這樣的情況下，胡蘭成認爲張愛玲可代表魯迅之後偉大的尋求者，因爲張愛玲與魯迅最大不同的是讓文學從政治走向人間，因此也更加親切，在整個時代都在解體的情況下，張愛玲所尋求的是一種自由、眞實而安穩的人生。胡蘭成將張愛玲所追尋或是他自身所追尋的視爲一種柔和、明淨的個人主義。在張愛玲作品裡面可以看見中國舊文人文學的傳統，帶有強烈的主觀主義，差異在於其所處的時代封建倫理道德的枷鎖已然開始崩壞，也因此張愛玲可以將筆觸探入自我潛意識最隱秘的角落，而這在過去是不允許進入文學的。但張愛玲也與舊文人一樣謹愼地將藝術創作局限在自身的經驗範圍內，這點與郁達夫相同，他所寫的東西必須來自第一手材料。然則張愛玲與中國傳統的抒情性又不盡不同，抒情性是主觀主義和個人主義的一大特徵，主觀主義是古文最主要的特點。作者的個人經歷，他的觀點、思考和感受，是創作靈感的唯一源泉。文人士大夫的相當一部分創作是爲了私人交流而寫的日記、書信等最具私人性的作品，外部世界在他們的作品裡只是個人感覺的對象。總是只表達一個印象，一種感受，一幅圖畫或一段經歷，不注重情節、故事和描述。〔註8〕但張愛玲還加入了情節、故事和描述，然而張愛玲與中國傳統的抒情性又不盡不同，其加入了情節、故事和描述，也就是說張愛玲有傳統抒情性所沒有的東西因此許多人對張愛玲寄予厚望。在這樣的情況下，傅雷對張愛玲提出了批評，認爲張愛玲的創作視野及題材太過於單調，總不脫男女情愛和惡夢般的小說，世界像是病人臨終的房間。煩惱，焦急，掙扎，全無結果。在〈論張愛玲的小說〉時傅雷是這樣說的：

> 我不責備作者的題材只限於男女問題。但除了男女之外，世界究竟還遼闊得很。人類的情慾不僅僅限於一兩種。假如作者的視線改變一下角度的話，也許會擺脫哪種淡漠的貧血的傷感情調；或者痛快成爲一個徹底的悲觀主義者，把人生剝出一個血淋淋的面目來。我不是鼓勵悲觀，但心靈的窗子不會嫌開得太多，因爲可以免除單調與閉塞。〔註9〕

---

〔註 8〕 〔捷克〕亞羅斯拉夫‧普實克著：《抒情與史詩：現代中國文學論集》，第 173 頁，三聯書店出版社，2010 年。

〔註 9〕 迅雨（傅雷）：〈論張愛玲的小說〉，《萬象》雜誌（上海）（1944 年 5 月）。

傅雷主張開闊的創作思想，而張愛玲集中在男女題材。時代的大背景成爲男女之間的點綴，因此小說裏沒有雄渾的時代主題，這種哀傷格調佔據了張愛玲的小說使得背景淪爲表現人性的道具。張愛玲自身雖然提出反駁，但這反駁只是證明了張愛玲認爲男女戀愛是「永恒性」的。在〈寫什麼〉一文中張愛玲更強調了這個思想：「像戀愛結婚，生老病死。這一類頗爲普遍的現象，都可以從無數各各不同的觀點來寫，一輩子也寫不完。如果有一天這類的題材已經沒的的可寫了，那想必是作者本人沒的可寫了。即使找到了嶄新的題材，照樣的也能夠寫出濫調來」。〔註10〕張愛玲的自信，來自於在戰爭的年代中上海淪陷區成爲一個特殊的地區，在特殊的歷史語境中殖民者對被殖民者，包括他們的代表，總是擁有無上的權力，日本對上海的控制過於嚴實使得知識分子在展現家國情感上沒辦法那麼順利，可以說政治的語境下文學也被牽動往政治這條路上走。因此通過此時的知識分子對張愛玲的理解及評論可以展現出不同人之間的觀點，從而看出特殊寫作環境及意義性。知識分子其實也在不同時代環境下展現了不同的觀點，最明顯的例子是柯靈從《遙寄張愛玲》到之後的轉變，柯靈認爲「日本侵略者和汪精衛政權把新文學一刀切斷了」，說明張愛玲的才華是因爲時空得到發揮，但其實新文學傳統是否被一刀切斷則有所存疑。

在前邊章節也提到，張愛玲因爲上海解放後，沒辦法適應新的社會環境，因此輾轉從香港去了美國，與和故事裏的人物一樣，張愛玲也是「不徹底」，在呼喚英雄、要求革新的主流話語在戰爭年代以及之後的戰後建構開始出現後，張愛玲都是被排除在主流之外的，但是張愛玲存在著與中國傳統相近的部分，因此知識分子在閱讀的過程中能找到自己休憩的港灣。因此在不同的時代中，知識分子從中寄汲取了自己想要的部分加以進行評述，不變的一點是張愛玲人物的「不徹底」，沒有革命文學來得有力度和深度，因此沒有辦法展現出「進步」的氣息，在好幾個時期都被排斥在大歷史敘述之外，這也是張愛玲本身不確定自己是在文學史裡頭扮演什麼樣地位的眞正原因。往上梳理張愛玲這一條脈絡線索，可以勾勒出「詩言志」以及「爲藝術而藝術」的路線，她與他們有點相似卻又不是那麼地一致。但是若把她只視爲注重讀者的「消費」型作家，則又簡化了戰爭年代與她之間的聯繫；唯有把她跟時代

〔註10〕張愛玲：〈寫什麼〉，收入《流言》，第 113 頁，北京十月文藝出版社，2012年。

及當時的知識分子連接起來，才能看得出張愛玲的「輕」其實包含著一點點「重」，這個「重」體現在她對自己的獨立思考以及對和中國傳統的傳承。在戰爭年代如此，張愛玲重新進入讀者眼簾的時候也如此。夏志清介紹張愛玲的作品回臺灣時，正逢現代主義的論戰。作家在張愛玲的作品中看見了自己想看到的部分，一種不用對時代及大環境交代的路線出現在他們面前，藉由張愛玲他們可以更堅定自己的思想與觀念；給了理解日常生活與社會關係的另一種闡釋可能。張愛玲文字中的中國，給予了他們「爲藝術而藝術」，以及不讓文學作品淪爲西方末流的可能。張愛玲的出現讓「爲藝術而藝術」與「爲人生而藝術」之間的長期辯論關係有了新的可能。

擁護者認爲張愛玲以她的小說，給臺灣讀者具體示範了何謂現代主義美學。她擅長描寫封鎖、出走、斷裂、背叛、孤絕等等的隔離美學。這種美學之所以引起眾多的討論就在於張愛玲的小說與同時期的無數小說完全不同。然而真的有所不同嗎？翻開張愛玲主要集中創作年代（1943～1945 年）的小說，在 1943 年看見有：徐訏的《鬼戀》（1943 年 1 月第一版）主要是強調「女鬼」本來對社會變革持積極態度，因爲屢經曲折就消極起來。「爲了逃避現實」、「過著鬼的日子」後來被一位男子深深愛上，但最後還是悄然消失；以及路翎的《飢餓的郭素娥》（1943 年 3 月），小說塑造了一充滿著原始力、肉體和精神處於雙重飢餓的勞動婦女；柳杞的《守衛》（1943 年 3 月）；梁山丁的《綠色的谷》（1943 年 3 月）；徐盈的《前後方》（1943 年 4 月）；袁犀《貝殼》（1943 年 5 月）；張恨水《第二條路》（1943 年 6 月 19 日）、《石頭城》（1943 年 6 月 27 日）；茅盾《走上崗位》（1943 年 8）月；趙樹理的《小二黑結婚》（1943 年 9 月）；馬寧的《無名英雄傳》（1943 年 9 月）；趙樹理《李有才版話》（1943 年 10 月）。在這一年中的文學特色因爲不同地域而有不同的情況，但整體而言大多是敘述及反應戰鬥著的中國社會樣貌，以及抗日鬥爭的生活，此外也出現了報導文學像《不自由的故事》這一類的文字以其它國家遭受黑暗野蠻的統治，書寫了憎惡法西斯渴望自由的情感；其它的作品在語言上則不如張愛玲的文字來得精煉以及吸引人，但也是以揭露時代的弊病爲出發點。在這個時期郭沫若在《新華日報》寫作了〈新文藝的使命——紀念文協五週年〉，指出了「在這種洪濤激浪的澎湃當中也不免有些並不微弱的逆流的氣息，起先我們是聽見『與抗戰無關』的主張，繼後又聽見『反對作家從政的高論』，再後則是『文學的貧困』的呼聲——叫囂著自抗戰以來只有些

田間式的詩歌與文明樣式的話劇」。郭沫若認爲在面對民族遭受著空前的浩劫，「卻高喊『與抗戰無關』究竟是何用意，真令人費解」。〔註11〕郭沫若認爲在大敵當前，應該加緊「克服種種的困難，加緊對反法西斯的鬥爭，增強對敵僞的怨恨，提高文藝作品的質量」。鞏固作家團結與民族團結的陣容，以爭取民族解放與人類解放的勝利才是最重要的。在此看來，在這個年代的小說作品中張愛玲的作品可謂是與主流價値不相符。

　　1943 年 10 月 19 日毛澤東《在延安文藝座談會上的講話》總結了「五四」以來革命文藝運動的經驗，講述了一些文藝的根本問題，例如文藝服務對象問題、如何服務問題、文藝與政治問題、藝術典型化問題、文藝批評標準問題以及批評和借鑒問題，將文藝確立在認眞學習馬克思主義和學習社會的問題上，專注在文學藝術是爲大衆服務上面，這影響了 1944 年和 1945 年的作品傾向，在 1944 年有丁玲的《我在霞村的時候》（1944 年 3 月）主要反應抗日戰爭時期敵後抗日根據地人民的生活與鬥爭；老舍的《火葬》（1944 年 4 月）則反應出日軍流露出在戰爭中敷衍與怯懦恰好是自取滅亡；羅洪的《鬼影》（1944 年 5 月）反應敵僞統治下的淪陷區生活，著重在世態炎涼作者同時在〈序〉中說：「這裏我想告訴讀者們，上海在魔掌之下，是怎樣的恐怖，而有些人是在怎樣的袖手旁觀，惟恐不能好好地做個順民；而有些人只想在別人的奮鬥及犧牲上面，建築他們的美夢」。〔註12〕同年的作品還有鄭定文的《大姐》（1944 年 7 月）；周而復的《圍村》（1944 年 8 月）；巴金的《憩園》（1944 年 10 月）小說充分表現了舊家庭、舊制度、舊人生的必然滅亡和以金錢財富「長宜子孫」爲代表的就傳統的弊害。巴金同時也在《《憩園》內容說明》中描述：「這部小說藉著一所公館的線索寫出了舊社會中前後兩家主人的不幸的故事，寫出封建地主家庭的必然的沒落」。〔註13〕在《《憩園》法譯本序》裏頭又再度說明：「這本小說是爲垂死的舊社會唱輓歌」。以及俞林的《老趙下鄉》（1944 年 12 月）及柯藍的《洋鐵桶的故事》（1944 年 12 月）。在這一年裏蘇青也出版了《結婚十年》以及無名氏（卜乃夫）的《北極風情畫》，前者以大膽率直的閨房描述和細膩的心理描寫引起上海市民的注目，而《北極風

---

〔註11〕郭沫若：〈新文藝的使命——紀念文協五週年〉，《新華日報》1943 年 3 月 27 日。
〔註12〕羅洪：〈序〉，收入《鬼影》，點滴出版社，1944 年。
〔註13〕巴金：《《憩園》內容說明》，《憩園》，第 6 頁，文化出版社，1944 年。

情畫》則是刻畫男女之間瘋狂的情感，因此受到一部分讀者的歡迎以及批評家指責。整體而言在這一年的文學裡依然維持三大區域創作理念及風格的不同，但與 1943 年相同，沒有與張愛玲文字風格相似的作家出現。

1944 年的 6 月 10 日《新華日報》發表社論《響亮的號召》以及《民主、武裝、保衛大東南》在文章中闡明「保衛大東南」的重要意義及民主、武裝與保衛大東南之關係。重慶文化界的沈鈞儒、郭沫若、張申府、鄧初民、張志讓、章伯鈞、茅盾、沈志遠、夏衍、劉清揚、胡風、封禾子、金山、侯外廬、史良、陶行知、宋之的、司徒慧敏、葉以群等人的聯名致電廣西黨政軍及文化教育界各界，響應桂林文化界發起的活動，這一行爲得到了全中國抗戰文化界的支持和呼應。在這樣的情勢之下，張愛玲在上海淪陷區儼然是一股「逆流」，與抗戰相反而行。到 1945 年時國統區開始強調進步文藝的方向是面向農村，引起了國統區的較大反響。戲劇節和詩歌界等積極呼應，提出「戲劇到農村去」、「詩歌下鄉」等口號。文藝評論家也大聲疾呼到農村去才能解決今天文藝創作貧乏的問題。在〈天下天平——《西柳集》讀後感〉中伍辛認爲這樣的政策將會使創作導往正確的方向，因爲「農村好比一塊未琢的玉，未開拓的原野，是可給我們的筆尖以充分的養料」。如果說 1943 年還存在著不同的聲音，隨著抗戰時間的推移，聲音逐漸趨向一致。

可以總結出，在抗戰中（1943～1945 年）知識分子幾乎都在撰寫民族文學或是抗日作品，張愛玲這樣的存在是少數完全不涉及任何抗日的聲音，而專注在小人物的描寫及日常敘事上。支持者認爲張愛玲在「千篇一律」的浪潮中活出了自己的聲音。這種目的或許是張愛玲特別追求的，又或是世故老成的。她懂得在政治中遊走，藉由對自己的作品尋找出版的方式；胡蘭成對她的追捧是他看見她對抗戰的疏離態度，而日本政府正需要這樣的市民趣味來拉攏上海的民眾，張愛玲也滿足這樣的方式。待張愛玲再一次在 80 年代進入文學史的視野中則是包含了研究者對她的想像，但研究重點應該放在一種在現代主義的追求下，如何解構其背後的政治因素。臺灣作家在這股文學風潮下幾乎可以說，沒有能力辨識現代主義之所以會進入臺灣的政治原因；在當時除陳映眞寫過《知識人的偏執》〔註 14〕一文，建議對現代主義重新予以反省檢討希望恢復寫實主義時，無人對其進行探討。不只無法解構背後的政

〔註 14〕陳映眞（許南村）：〈鞭子和提燈——代序徐南村：《知識人的偏執》〉，第 5 頁，遠景出版社，1976 年。

治因素，也只有極爲少數的知識分子可以辨別出現代主義和臺灣特有的「美援文化」關心。張愛玲作品的引進，因而改變了知識分子的審美原則，使之像寫實主義的風氣沉寂下去，同時陳映眞的「馬克思」理論由於政治因素在臺灣也被視爲一個知識分子的「異數」存在，普遍的不被接受，尤其是臺灣左翼的知識分子更與陳映眞自識的「左」意見相左，這也爲日後世紀末的文學論爭埋下了伏筆。在 2003 年藤井省三在《臺灣文學這一百年》（臺灣文學この百年）試圖以泰瑞‧伊格爾頓（Terry Eagleton）的「雜草」觀點淡化論調衝突、社會性脈絡及文化議題；從文本之間的關聯性，以及構成兩者的源頭進行價値判斷，也就是「受歷史變化的影響」與「社會意識形態密切關聯」的價値判斷，成爲問題的關鍵。〔註 15〕由此來看待大東亞戰爭下的皇民文學，並加上安德森民族主義和出版主義的論述，以及李妍淑「國語」與國家主義的理論；努力淡化國家的「邊界」概念和臺灣對於日本的主權意識形態（意即正當性）的考證，企圖論述引向日本所謂的「國語」論述。這是明治時期的日本，於自我形成國民國家後，在往殖民地帝國發展時，爲維持國家的自我認同性，以擔負其不可或缺的作用，而被創造出來的產物。〔註 16〕而這種「共同體」的論點與陳芳明《臺灣新文學史》的命運相同，遭受陳映眞的嚴屬批判。2003 年 11 月 3 日，陳映眞發表《警戒第二輪臺灣「皇民文學」的第二輪圖謀——讀藤井省三《百年來的臺灣文學》：批評的筆記（一）》指出藤井省三「明目張膽地爲臺灣皇民文學塗脂抹粉，把當時爲日本侵略戰爭服務的臺灣『皇民文學』說成『愛臺灣』、嚮慕『日本的現代性』的文學，而不是彰久明甚的漢奸文學」。〔註 17〕並認爲藤井省三的做法延續著臺灣學界特定的風氣，充滿了力圖把臺灣文學從中國文學分裂出去的證據。遠在日本的藤井省三直到讀到 2004 年 3 月陳映眞接受香港《文學世紀》雜誌專訪的〈左翼人生：文學與宗教——陳映眞先生訪談錄〉被陳映眞認定爲日本侵略史中的後期右派學者後，才決定將自己認爲被誤解的部分寫成〈陳映眞對拙著《臺灣文學百年》之誹謗中傷〉一文回應陳映眞的多篇「攻擊」文字，在這一篇文

---

〔註 15〕藤井省三著，張季琳譯：〈序——何爲臺灣文學〉，《臺灣文學這一百年（臺灣文學この百年）》，第 20 頁，麥田出版社，2004 年。

〔註 16〕同上，第 23 頁。

〔註 17〕陳映眞：〈警戒第二輪臺灣「皇民文學」的第二輪圖謀——讀藤井省三《百年來的臺灣文學》：批評的筆記〉，《人間思想與創作叢刊》，人間出版社，2003 年冬季號。

章中藤井省三指責陳映眞穿鑿附會地誤會自己，先後於 2004 年 6 月發表於香港《作家》雜誌〔註 18〕、臺灣《聯合文學》〔註 19〕上，在 2004 年 7 月又將同一文章《陳映眞氏に反駁する——拙著「臺灣文學この百年」への誹謗中傷をめぐって》〔註 20〕再度以自己的母語——日語發表在日本《東方雜誌》，而後最終收錄在藤井省三《臺灣文學這一百年》（臺灣文學この百年）附錄中對於陳映眞的不實指控，藤井省三感到非常憤怒，除了關於「金錢醜聞的謠言」還寫到陳映眞誤讀扭曲《大東亞時期的臺灣皇民文學》，以及陳映眞是遺忘魯迅精神的「僞左翼」作家。而文章末尾則提到「陳氏稱呼我爲『右派學者』，事實上，他不但默認在東亞所發生的言論鎮壓，並且又根據謠言侵犯學問自由，他根本遺忘了魯迅精神，他才是一位道道地地的『喪家的乏走狗』僞左翼作家」。〔註 21〕藤井省三與陳映眞分屬兩端，只有在叩其兩端時才能看見臺灣從日本戰敗退出後的臺灣文學模糊的面貌；同時從他們的爭論中也才能看見兩類知識分子的堅持，及主流話語權落在了「爲藝術而藝術」的追尋上。

　　張愛玲雖然未生長在臺灣，但她卻從夏志清的書中進入了臺灣，這是一個很有意思的發展，並非只有臺灣這樣，大陸同時也面臨到了相同的問題，1980 年代在傳統、現代的二元論之間大陸對於社會主義的開始進行反思使得歷史進入一種探尋的姿態。證實了個人從傳統的思維方式得到了某種程度的解脫，同時也預示了國家力量加在個人頭上的束縛正在鬆動，個人開始從過去再一次解放出來。因此「重寫文學史」構成 80 年代文學活動的核心面向之一，按照賀桂梅的說法，這時候的文學是再一次對「歷史座標的挪用與重構」，由於歷史類比的關係（「文革」等同於封建社會）的存在，五四時期的歷史座標被重新移置於 80 年代的歷史語境之中，構成了 80 年代社會和文化啓動的內涵。它以重寫歷史的方式重構並挪用了五四時期的歷史座標。而這一「現

---

〔註 18〕藤井省三著，黃英哲譯：〈回應陳映眞對拙著《臺灣文學這一百年》之誣謗中傷〉，《作家》（香港），第 24 期（2004 年 6 月）。

〔註 19〕藤井省三著，黃英哲譯：〈回應陳映眞對拙著《臺灣文學這一百年》之誣謗中傷〉，《聯合文學》（臺北），第 236 期（2004 年 6 月）。

〔註 20〕原文標點作〈陳映眞氏に反駁する——拙著『臺灣文學この百年』への誹謗中傷をめぐって〉，爲符合大陸標點符號習慣將『臺灣文學この百年』改爲「臺灣文學この百年」，第 8～12 頁，日本《東方雜誌》281 號，東方書店，（2004 年 7 月）。

〔註 21〕藤井省三著，黃英哲譯：〈回應陳映眞對拙著《臺灣文學這一百年》之誣謗中傷〉，《聯合文學》（臺北），第 236 期，聯合文學出版社（2004 年 6 月）。

代性裝置」一旦形成，便構成了 80 年代書寫歷史和現實的方式。〔註22〕這也使「現代」的面目開始模糊起來，與此同時夏志清的《中國現代小說史》（1979年）和司馬長風的《中國新文學史》（1974年）對大陸學界產生了很大的影響。夏志清對沈從文、錢鍾書、淩淑華以及特別是張愛玲給予了高度評價，使得出走到海外的張愛玲重進入了大陸的學界；司馬長風則提出以「誕生期」、「收穫期」、「凋零期」來劃分新文學發展的時段，並對「新月派」、「語絲派」、「孤島文學」等概念進行了重視。這種對「孤島文學」及張愛玲的重視形成了「張愛玲熱」而這背後也代表了非左翼文學越來越大的比重。80 年代初期的「沈從文熱」以及 80 年代後期的「張愛玲熱」都代表了側重「查缺補漏」的觀點，將 50 年代後期形成的文學史模式中被抹去或批判的作家作品、文學流派以及文學思潮重新挖掘和定義。

　　若以正面積極的態度來看，則會顯現出這時出現的文學史已經將「現代文學」的幅度開得更開，內容開始變得豐富，不同政治立場的作家作品都進入了文學史。並且將這種評價評斷爲「反應出文學史的眞實面貌」及「尊重文學歷史事實」，但隨著熱潮一波波起來，開始走向了極端，即所有一切曾經反對的都是好的，以及所有被讚揚的的都應該被批判，將文學從這一個極端推向了另外一個極端。臺灣部分研究者在不清晰何謂「眞實面貌」、「本來面目」的「意識形態」等概念，就開始挖掘可用的材料塡補空白。這與宣稱要「重新研究、評估中國新文學重要作家、作品和文學思潮、現象……衝擊那些似乎已成定論的文學史結論。」〔註23〕的大陸研究者相同，過分強調突出知識分子的「主觀性」和「個人性」，希望以美學標準重新評價文學史，也就是說「重寫文學史」的倡導者似乎更傾向於「美學標準」，並對「歷史主義」這種提法表示懷疑：

　　　　過去的任何一段歷史，都不過是前人或我們自己對這歷史的一
　　　　種描繪，要完全復原過去的歷史現象，在邏輯上是不可能的，因而
　　　　認爲不同時期的評價者在對過去歷史作出評價時，所表現的都是「各
　　　　自不同的當代意識罷了。」〔註24〕

---

〔註22〕賀桂梅：《歷史與現實之間》，第 67 頁，山東文藝出版社，2008 年。
〔註23〕陳思和、王曉明：〈重寫文學史・主持人的話〉，《上海論壇》1988 年第 4 期。
〔註24〕王曉明：〈歸途上的腳印〉，《刺叢裡的求索》，第 265 頁，上海遠東出版社，
　　　　1995 年。

也就是說在「重寫文學史」的過程，在於對原有的格局中作出調整，而這時張愛玲進入文學史也就是再一次在對的時間出現，相比於在解放後不上不下的境遇，此時的張愛玲著實引起了極大的關注，然而在這股熱潮中也潛藏著衝突與悖論，如論文中所述，張愛玲蘊涵的「可能性」被不同人所揀選或利用，以同樣的作品在不同的年代以不同的面貌出現在文學界，這是非常值得深入挖掘的問題。究竟張愛玲對父權制社會中性別壓抑意識的自覺，與建構女性主體形象和用一種獨特的表現文字呈現作品，是實踐了一種基於女性獨特經驗的女性美學，還是個人的書寫趣味及商品化和個人化的追求。大陸或臺灣這些研究者，是純粹帶著獨特的審美眼光還是帶著自我論述在解剖張愛玲，來佐證自己的個人主義情懷，都是這論文嘗試體現的。然則，不可否認的是張愛玲獨特的文字魅力以及「輕」作品中所流露出的一點點重，成爲了張愛玲之所以跨時代而依舊被注意的特點，或許這才是柯靈「偌大的文壇，哪個階段都安放不下一個張愛玲」話裡的眞意。

# 參考文獻

## 一、作家作品

### （一）張愛玲作品

1. Eileen Chang：Still Alive, The XXth Century 1943, June.

2. 張愛玲：〈打人〉，上海《天地》第 9 期，1944 年 6 月。

3. 張愛玲：〈自己的文章〉，上海《苦竹》第 2 期。

4. 張愛玲：〈「卷首玉照」及其它〉，上海《天地》，第 17 期。

5. 張愛玲：〈我看蘇青〉，上海《天地》月刊，第 19 期。

6. 張愛玲：《傾城之戀：張愛玲短篇小說集之一》，皇冠出版社（臺北），1991 年。

7. 張愛玲：〈中國人的宗教〉，《餘韻》，皇冠出版社（香港），1991 年。

8. 張愛玲：〈更衣記〉，《流言》，皇冠出版社（香港），1991 年。

9. 張愛玲：〈洋人看京戲及其它〉，《流言》，皇冠出版社（香港），1991 年。

10. 張愛玲：〈自己的文章〉，《流言》，皇冠出版社（臺北），1991 年。

11. 張愛玲：《傾城之戀：張愛玲短篇小說集之一》，皇冠出版社（臺北），1991 年。

12. 張愛玲：〈《海上花》國語版譯後記》〉，《張愛玲散文全編》，浙江文藝出版社，1992 年。

13. 張愛玲：《張愛玲文集》（第二卷），安徽文藝出版社，1992 年。

14. 張愛玲：《秧歌》，皇冠出版社（臺北），1995 年。

15. 張愛玲：〈《傳奇》再版的話〉，《張愛玲全集》（第一卷），海南出版社，1995 年。
16. 張愛玲：〈紅玫瑰與白玫瑰〉，《傾城之戀：張愛玲短篇小說集之一》，皇冠出版社（臺北），1996 年。
17. 張愛玲：〈傾城之戀〉，《傾城之戀：張愛玲短篇小說集之一》，皇冠出版社（臺北），1996 年。
18. 張愛玲：〈《傳奇》再版自序〉，《張愛玲小說集》，安徽文藝出版社，1996 年。
19. 張愛玲：〈寫什麼〉，《流言》，花城出版社，1997 年。
20. 張愛玲：《第一爐香》，花城出版社，1997 年。
21. 張愛玲：〈談看書〉，《張看》，皇冠出版社（香港），2002 年。
22. 張愛玲：〈論寫作〉，《張看》，皇冠出版社（香港），2002 年。
23. 張愛玲：〈爐餘錄〉，《流言》，北京十月文藝出版社，2006 年。
24. 張愛玲：〈洋人看京戲及其它〉，《流言》，北京十月文藝出版社，2006 年。
25. 張愛玲：《對照記》，北京十月文藝出版社，2007 年。
26. 張愛玲：《小團圓》，北京十月文藝出版社，2009 年。
27. 張愛玲：〈談音樂〉，《流言》，北京十月文藝出版社，2009 年。
28. 張愛玲：〈童言無忌〉，《流言》，北京十月文藝出版社，2009 年。
29. 張愛玲：《怨女》（張愛玲典藏新版），皇冠出版社（臺北），2010 年。
30. 張愛玲、宋淇、鄺文美著：〈張愛玲語錄・寫作〉，《張愛玲私語錄》，北京十月文藝出版社，2011 年。
31. 張愛玲：〈寫什麼〉，《流言》，北京十月文藝出版社，2012 年。
32. 張愛玲著，鄭遠濤譯：《少帥》（The Young Marshal），皇冠出版社，2014 年。

（二）其它作家作品
1. 蔡元培：《蔡元培全集》，中華書局，1984 年。
2. 茅盾：《茅盾文藝雜論集》（下），上海文藝出版社，1981 年。
3. 張天翼：《張天翼文集》第 1 卷，上海文藝出版社，1989 年。
4. 周作人：〈風雨談小引〉，〈風雨談〉，《周作人全集》第 3 卷，藍燈文化事業出版社，1992 年。
5. 趙風：《袁殊傳略》作於 1991 年 12 月 26 日，收錄在袁殊：《袁殊文集》，南京出版社，1992 年。

6. 吳宓著，吳學昭整理：《吳宓日記——第 6 冊（1936～1938）》，三聯書店（北京），1998 年。

7. 夏志清：《雞窗集》，三聯書店（上海），2000 年。

8. 胡適著，曹伯言整理：《胡適日記全編》，安徽教育出版社，2001 年。

9. 胡蘭成：《今生今世》，遠景出版社，2004 年。

10. 徐復觀著，李維武編：《徐復觀文集（第一卷）：文化與人生》，湖北人民出版社，2009 年。

11. 白先勇：《臺北人》，爾雅出版社，2010 年。

12. 周作人：《藝術與生活》，北京十月文藝出版社，2011 年。

## 二、專書著作

1. 羅洪：《鬼影》，點滴出版社，1944 年。

2. 巴金：《憩園》，文化出版社，1944 年。

3. 胡蘭成：《山河歲月》，日本自費出版，1954 年。

4. 金雄白：《亂世文章》第一集，吳興記出版社，1964 年。

5. 朱西寧：《冶金者》，仙人掌出版社，1972 年。

6. 《西飛》，胡蘭成（韓版）《今生今世》，收入唐文標：《張愛玲資料大全集》，時報文化出版社，1974 年。

7. 夏志清：《文學的前途》，純文學出版社，1974 年。

8. 唐文標：《張愛玲研究》，聯經出版社，1976 年。

9. 顧仲彝：《十年來的上海話劇運動 1937～1947》，神州圖書出版社，1976 年。

10. 陳映真（許南村）：〈鞭子和提燈——代序徐南村：《知識人的偏執》〉，遠景出版社，1976 年。

11. 朱西寧：《日月長新花長生》，皇冠出版社，1978 年。

12. 梁實秋：《梁實秋論文學》，時報文化出版社，1978 年。

13. 朱西寧：《民族文學的再出發》，故鄉出版社，1979 年。

14. 〈中國民主政團同盟對目前時局的看法與主張〉，1944 年 5 月，收錄在中國民主同盟中央文史資料委員會編：《中國民主同盟中央歷史文獻》，文史資料出版社，1983 年。

15. 胡頌平：《胡適之先生年譜長編初稿》，聯經出版社，1984 年。

16. 阿英：〈小品文談〉，收錄在鄭樹森：《現代作家散文》，百花文藝出版社，1986 年。

17. 上海社會科學院歷史研究所編：《九一八到一二八上海軍民抗日運動史料》，上海社會科學出版社，1986 年。

18. 魏紹昌：《東方夜談》，海峽文藝出版社，1987 年。

19. 柯靈：《文苑漫遊錄》，香港三聯出版社，1988 年。

20. 南溪（陳青生）：〈淪陷時期的上海文學期刊〉，收入《中華文學史料》，百家出版社，1990 年。

21. 金耀基：《中國現代化與知識分子》，時報文化出版社，1991 年。

22. 李翼中：〈帽簷述事〉，收入中央研究院近代史研究所所編印的《二二八事件資料選輯》（三），中央研究院近代史研究所，1992 年。

23. 周雪光：《當代中國的國家與社會關係》，桂冠出版社，1992 年。

24. 金耀基：《中國社會與文化》，牛津大學出版社，1992 年。

25. 王德威：《小説中國——從晚請到當代的中國小説》，麥田出版社，1993 年。

26. 王曉明：《刺叢裡的求索》，上海遠東出版社，1995 年。

27. 周蕾：《婦女與中國現代性——東西方之間閱讀記》，麥田出版社，1995 年。

28. 張健：《張愛玲新論》，書泉出版社，1996 年。

29. 錢理群：《精神的煉獄——中國現代文學從「五四」到抗戰的歷程》，廣西教育出版社，1996 年。

30. 子宛玉：《風起雲湧的女性主義批評》，谷風出版社，1998 年。

31. 周芬伶：〈在豔異的空氣中〉，收入《豔異——張愛玲與中國文學》第四卷，元尊文化出版社，1999 年。

32. 楊澤編：《閱讀張愛玲：張愛玲國際研討會論文集》，麥田出版社，1999 年。

33. 廖亦武：《沉淪的聖殿》，新疆少年出版社，1999 年。

34. 陳耀成：《最後的中國人》，素葉出版社，1998 年。

35. 潘君祥：《上海通史第 8 卷：民國經濟》，上海人民出版社，1999 年。

36. 胡平：《禪機：1957，苦難的祭壇》，廣東旅遊出版社，2000 年。

37. 許德珩：《許德珩回憶錄：爲了民主與科學》，中國青年出版社，2000 年。

38. 夏志清：《張愛玲的小説藝術》，大地出版社，2000 年。

39. 水晶：《張愛玲的小説藝術》，大地出版社，2000 年。

40. 余凌：〈張愛玲的感性世界——析《流言》〉，《張愛玲評説 60 年》，中國華僑出版社，2001 年。

41. 陳伯海：《上海文化通史》，上海文藝出版社，2001 年。

42. 侯德礎：《抗戰時期中國高校內遷史略》，四川教育出版社，2001 年。

43. 龔之方：〈離滬之前〉，收入關鴻編《金鎖沉香張愛玲》，人民文學出版社，2002 年。

44. 夏志清：《海內外張愛玲研究述評》，收入金宏達主編：《鏡象繽紛》，文化藝術出版社，2003 年。

45. 鄭樹森：〈夏公與「張學」〉，收入金宏達主編：《回望張愛玲：華麗影沈》，文化藝術出版社，2003 年。

46. 張旭東：《批評的蹤跡》，三聯書店出版社，2003 年。

47. 胡蘭成：《中國文學史話》，上海社會科學院出版社，2004 年。

48. 柯振中：〈我見過張愛玲？〉，收錄在張錯：《尋找張愛玲及其它》，時報文化出版社，2004 年。

49. 溫儒敏：〈沈從文與「京派」〉，收入《文學史的視野》，北京：人民文學出版社，2004 年 2 月。

50. 古蒼梧：《今生此時，今世此地——張愛玲、蘇青、胡蘭成的上海》，牛津大學出版社，2004 年。

51. 夏志清：《中國現代小說史》，劉紹銘譯，復旦大學出版社，2005 年。

52. 陳明遠：《知識分子和人民幣時代》，文匯出版社，2006 年。

53. 翁智遠主編：《同濟大學史》（第 1 卷 1907 年～1949 年），同濟大學出版社，2007 年。

54. 蕭公權：《問學諫往錄》，黃山書社出版社，2008 年。

55. 賀桂梅：《歷史與現實之間》，山東文藝出版社，2008 年。

56. 李澤厚：《中國現代思想史論》，三聯書店出版社，2008 年。

57. 劉禾：《跨語際實踐：文學、民族文化與被譯介的現代性（中國，1900～1937）》，三聯書店出版社，2008 年。

58. 錢理群、溫儒敏、吳福輝著：《中國現代文學三十年》，北京大學出版社，2008 年。

59. 陳子善編：《重讀張愛玲》，世紀出版社，2008 年。

60. 吳國坤：〈香港電影半生緣：張愛玲的喜劇想像〉，收錄在李歐梵等著，陳子善編。

61. 錢理群：《1948：天地玄黃》，中華書局，2008 年。

62. 忻平：《從上海發現歷史——現代化進程中的上海人及其社會生活（1927～1937）》，上海大學出版社，2009 年。

63. 沈從文：〈邊城·題記〉，《沈從文全集》第 6 卷，北嶽文藝出版社，2009 年。

64. 王堯：《「重返 80 年代與當代文學史敘述」》，收錄在洪子誠等著，程光煒《重返 80 年代》，北京大學出版社，2009 年。

65. 曠新年：〈「重寫文學史」的終結與中國現代文學研究轉型〉收錄在洪子誠等著，程光煒《重返 80 年代》，北京大學出版社，2009 年。

66. 西南聯大〈除夕副刊〉主編：《聯大八年》，新星出版社，2010 年。

67. 陳子善：《研讀張愛玲長短錄》，九歌出版社，2010 年。

68. 王德威：《抒情傳統與中國現代性：在北大的八堂課》，三聯書店出版社，2010 年。

69. 魏承恩：《中國知識分子的浮沉》，老古文化出版社，2010 年。

70. 林毓生：《中國傳統的創造性變化》，三聯書店出版社，2011 年。

71. 周天度、孫彩霞：《救國會》，中國社會科學出版社，2011 年。

72. 高全之：《張愛玲學（增訂二版）》，麥田出版社，2011 年。

73. 郭強生：《張愛玲學校》，聯合文學出版社，2011 年。

74. 陳芳明：《臺灣新文學史》（下），聯經出版社，2011 年。

75. 吳錦旗：《抗戰時期大學教授的政治參與與研究》，南京大學出版社，2012 年。

76. 易杜強著：《戰爭與革命中的西南聯大》，九州出版社，2012 年 3 月。

77. 陳子善：《沉香譚屑──張愛玲生平和創作考釋》，牛津大學出版社，2012 年 3 月。

78. 劉川鄂：〈消費主義語境下的張愛玲現象〉，收錄在林幸謙：《印象‧張愛玲》，聯經出版社，2012 年。

79. 陳子善：〈張愛玲的文學視野〉，收錄在宋以朗、符立中主編：《張愛玲的文學世界》，新星出版社，2013 年。

80. 卓如、魯湘元主編：《20 世紀中國文學編年（1932～1949）》，河北教育出版社，2013 年。

81. 張英進：〈魯迅……張愛玲：中國現代文學研究的流變〉，收錄在王風、蔣朗朗、王娟編：《對話歷史──五四與中國現當當代文學》，北京大學出版社，2014 年。

82. 李梅：《張愛玲──日常敘述的現代性》，世界圖書出版社，2014 年。

83. 馮晞乾：〈《少帥》考證與評析〉，收錄在《少帥》（The Young Marshal），皇冠出版社，2014 年。

## 三、期刊及報章雜誌

1. 傅斯年：〈人生問題發端〉，《新潮》1919 年 1 期。

2. 胡適：〈不朽〉，《新青年》1919 年第 2 期。

3. 〈文學研究會宣言〉，《新青年》第 8 卷第 5 號，1921 年 1 月 1 日。

4. 雁冰（茅盾）：〈文學和人的關係及中國古來對文學者身份的誤認〉，《小說月報》第 12 卷第 1 號，1921 年 1 月 10 日。

5. 陳獨秀：〈物和我〉，《新潮》1921 年第 1 期。

6. 鄭伯奇：〈國民文學論〉，《創造周報》，1923 年 12 月。

7. 張若谷：〈咖啡座談〉，上海《申報》，1928 年 8 月 6 日。

8. 〈各大學請政府公佈方針，否則將與學生一致行動，下星期起正常上課〉，《申報》1931 年 9 月 26 日。

9. 〈教育界救國會電請出兵〉，《申報》1931 年 9 月 26 日。

10. 馬相伯：〈爲日禍敬告國人書〉，《申報》1931 年 10 月 23 日。

11. 〈上海各大學教授抗日救國會成立〉，《申報》1931 年 11 月 30 日。

12. 《大美晚報》1936 年 1 月 30 日。

13. 應國靖：〈「孤島」時期文學刊物出版概況〉，《抗戰文藝研究》，1938 年 2 期。

14. 乃一：〈魯迅先生逝世二週年紀念會〉，《申報》1938 年 10 月 21 日。

15. 〈開場白〉，《申報》開創《遊藝界》專欄，1938 年 11 月 1 日。

16. 朱光潛：〈我對於本刊的希望〉，《文學雜誌》1939 年創刊號。

17. 〈失去了光輝的南京路〉，《申報》1942 年 1 月 5 日。

18. 陳公博：〈上海的市長〉，《古今》半月刊第 11 期，1942 年 11 月。

19. 種村：《有官對支形式的研究》（昭和 17 年（1942 年）12 月 2 日），收藏於日本外務省外交史料館。

20. 舍人：〈上海文文化界的總檢討〉，《上海》1943 年 2 月號。

21. 郭沫若：〈新文藝的使命——紀念文協五週年〉，1943 年 3 月 27 日。

22. 蘇青：〈發刊詞〉，《天地》創刊號，1943 年 10 月。

23. 〈女作家聚談會〉，《雜誌月刊》1944 年 4 月。

24. 迅雨（傅雷）：〈論張愛玲的小說〉，上海《萬象》1944 年 5 月。

25. 胡蘭成：〈評張愛玲〉，《雜誌》月刊，1944 年 5 月。

26. 胡覽乘（胡蘭成筆名）：〈評張愛玲〉，上海《雜誌》月刊，1944 年 6 月。

27. 胡蘭成：〈談談蘇青〉，《小天地》創刊號，1944 年 8 月。

28. 朱慕松記錄：〈傳奇〉集評茶會記，《新中國報》，1944 年 8 月 27 日。

29. 譚正璧：〈論蘇青與張愛玲〉，《風雨談》月刊，1944 年 11 月號。

30. 〈納涼會記〉，1945 年 8 月《雜誌》第 15 卷第 5 期。

31. 唐大郎：〈讀張愛玲著《傳奇》增訂本後〉，上海：《文匯報·浮世繪》，1946 年 12 月 3 日。

32. 唐大郎：〈高唐散記──紀念生平〉，《鐵報》復刊第 724 號，1947 年 11 月 21 日。

33. 夏志清：〈張愛玲的短篇小說〉，《文學雜誌》2 卷 4 期，1957 年 6 月。

34. 朱西寧：〈一朝風月二十八年〉，《中國時報·人間副刊》，1971 年 5 月 31 日。

35. 林柏燕：〈從張愛玲的小說看作家地位的認定〉，臺北《中華日報》副刊，1973 年 4 月 1 日至 4 月 2 日。

36. 林柏燕：〈張愛玲、《紅樓夢》、郁達夫〉，臺北《中華文藝》第 8 卷第 4 期，1974 年 12 月。

37. 白先勇：〈談小說技巧〉，《海峽》雜誌 1983 年第 4 期。

38. 余英時：〈中國知識分子的創世紀〉，臺北《聯合文學》1984 年 1 卷 2 期。

39. 柯靈：〈遙寄張愛玲〉，北京《讀書》，1985 年 4 月號。

40. 劉以鬯：〈編後語〉，《香港文學》1985 年 2 月第 2 期。

41. 舒蕪：〈周作人概觀〉，第 1 部分，《中國社會科學》，1986 年第 4 期。

42. 陳子善：〈張愛玲創作中篇小說《小艾》的背景〉，香港《明報月刊》第 253 期，1987 年 1 月。

43. 臺繼之：〈另一種傳說──關於《小艾》重新面世至背景與說明〉，臺北《聯合報》副刊，1987 年 1 月 18 日。

44. 林以亮（宋以朗筆名）：〈張愛玲語錄〉，初載《明報月刊》1976 年 12 月號，後刊載於《聯合文學》1987 年 3 月號。

45. 陳思和、王曉明：〈重寫文學史·主持人的話〉，《上海論壇》1988 年第 4 期。

46. 余英時：〈中國知識分子的邊緣化〉，香港《二十一世紀》1991 年總 6 期。

47. 施叔青：〈談張愛玲小說〉，《中國時報·人間副刊》，1995 年 9 月 10 日。

48. 夏志清：〈海內外張愛玲研究述評〉，《華文文學》，1996 年第 1 期。

49. 夏志清：〈張愛玲給我的信件〉，臺北《聯合文學》，1997 年 4 月。

50. 鍾正道：《張愛玲散文研究》，東吳大學，1997 年 6 月。

51. 吳瓊：〈民國時期教師薪俸的歷史演變〉，《教育評論》，1999 年第 6 期。

52. 南帆：〈四重奏：文學、革命、知識分子與大眾〉，《文學評論》，2003 年第 2 期。

53. 陳映眞：〈警戒第二輪臺灣「皇民文學」的第二輪圖謀──讀藤井省三《百年來的臺灣文學》：批評的筆記〉，《人間思想與創作叢刊》，人間出版社，2003 年冬季號。

54. 張瑞芬：〈張愛玲的散文系譜〉，《逢甲人文社會學報》第 8 期，逢甲大學人文社會學院，2004 年。

55. 黃平：〈有目的之行動與未預期之後果——中國知識分子在 50 年代的經歷談源〉，香港《中國社會科學季刊》，2005 年總 9 期。

56. 徐淑卿：〈逝世 10 年後：張派作家談張愛玲〉，臺灣《中國時報》開卷版，2005 年 9 月 8 日。

57. 陳子善：〈張愛玲與小報——從《天地人》「出土」談起〉，《印刻文學生活誌》，印刻出版社，第 48 期，2007 年 8 月。

58. 劉超：〈中國大學的去向——基於民國大學史的考察〉，《開放時代》，2009 年第 1 期。

59.〈近 20 年竟有 5 次「張愛玲熱」王蒙覺得「有點悲哀」〉，《北京晨報》2010 年 9 月 22 日。

## 四、外國專書著作

### （一）譯本

1.〔英〕戴維·洛奇編：《二十世紀文學評論》（上），上海譯文出版社，1987 年。

2.〔美〕劉易士·柯塞（Coser，Lewis）：《理念的人》（中譯本），桂冠出版社，1992 年。

3.〔法〕白吉爾（Beregre, M. Claire）：《中國資產階級的黃金時代》（Marie-claire bergere lage dor de la bourgeoisie Chinoise）（中譯本），上海人民出版社，1994 年。

4.〔德〕哈貝瑪斯（Jürgen Habermas）等：《社會主義：後冷戰時代的思考》中譯本，牛津大學出版社，1995 年。

5.〔德〕墨子刻（Thomas, Metzger）：《擺脫困境——新儒學與中國政治文化的的演進》，江蘇人民出版社，1996 年。

6.〔日〕藤井省三著，張季琳譯：〈序——何為臺灣文學〉，《臺灣文學這一百年（臺灣文學この百年)》，麥田出版社，2004 年。

7.〔美〕格里德（Grieder, Jerome）：《胡適與中國的文藝復興》，江蘇人民出版社，2005 年。

8.〔以〕艾德華·薩義德（Said Edward）著，單德興譯：《知識分子論》（中譯本）。

9.〔德〕墨子刻（Thomas, Metzger）：《擺脫困境——新儒學與中國政治文化的的演進》，江蘇人民出版社，1996 年。

（二）原本

1. Murphey, Rhoads: Shanghai: *Key to Modern China*, MA, Cambridge: Harvard Press, 1953.

2. C.T. Hsia: *A History of Modern Chinese Fiction: 1917～1957*, Indiana University Press, 1961.

3. Max Weber/H.H Gerth/C. Wright Mills: *From Max Weber-Essays in Sociology*, Oxford University Press, 1958.

4. Joseph R. Levenson: *Confucian China and Its Modern Fate, I*, niversity of Califoornia Press, 1965.

5. Bourdieu, Pierre: *The Corporation of the Universal: the Role of Intellectuals in the Modern World*. Theory and Society Press. 1969.

6. Edward. Shils: Max Weber on University-*The Power of the State and the Dignity of the Academic Calling in Imperial Germany*, University of Chicago Press, 1974.

7. Nee, Victor: *China's Uninterrupted Revolution: From1840 to the Present*, Pantheon Press, 1975.

8. John Wakeman: *World Authors 1950～1970, A Companion Volume to Twentieth Century*, Authors Press, 1975.

9. Link, Perry: *Mandarin Ducks and Butterflies: Popular Fiction in Early Twentieth-Century Chinese Cities*. University of California Press, 1981.

10. Bendix, Reinhard: *The Intellectual's Dilemma in the Modern World*, Society Press, 1987.

11. Eileen Chang: *The Rouge of the North*, the University of California Press, 1998.

12. Eileen Chang: *The Rice-Sprout Song*, the University of California Press, 1998.

13. Lee, Leo Ou-Dan: *Shanghai Modern*, Harvard Univ. Press, 1999.

14. Harry Harootunian: *History's Disquiet*, Columbian University Press, 2000.

15. Yomi Breaster, *Witness Against History: Literature, Film, and Public Discourse in Twentieth-Century China*, Stanford University Press, 2003.

# 五、外國期刊及報章雜誌

1. 〔捷〕亞羅斯拉夫・普實克：〈中國現代小說的根本問題——評夏志清的《中國現代小說史》〉，《通報》（Toung Pao）（荷蘭萊登）1961 年第 49 期。

2. 〔日〕藤井省三著，黃英哲譯：〈回應陳映眞對拙著《臺灣文學這一百年》之誣謗中傷〉，《作家》，第 24 期，2004 年 6 月。

3. 〔日〕藤井省三著，黃英哲譯：〈回應陳映眞對拙著《臺灣文學這一百年》之誣謗中傷〉，刊載於《聯合文學》，聯合文學出版社，第 236 期，2004 年 6 月。

4. 〔日〕藤井省三：〈陳映眞氏に反駁する——拙著「臺灣文學この百年」 への誹謗中傷をめぐって〉，爲符合大陸標點符號習慣將『臺灣文學この 百年』改爲「臺灣文學この百年」，東方書店，日本《東方雜誌》281 號， 2004 年 7 月。

# 附錄一　張愛玲文學年表

| 年份 | 年齡 | 事　　　蹟 |
|------|------|-----------|
| 1920 | 1 | 9 月 30 日出生於上海市麥根路（今泰興路），原籍河北豐潤，本名張瑛，父親張廷重，母親黃素瓊。 |
| 1921 | 2 | 12 月 11 日張子靜出生。 |
| 1922 | 3 | 自上海遷居天津英租界，父任職於津浦鐵路局，英文秘書。 |
| 1923 | 4 | 在母親的督促下背誦唐詩，曾於張人駿面前背頌「商女不知亡國恨，隔江猶唱後庭花。」張人駿因之流淚。張愛玲說：「我喜歡我 4 歲的時候懷疑一切的眼光」。 |
| 1924 | 5 | 開始私塾教育，母親與姑姑張茂淵赴歐遊學。 |
| 1927 | 8 | 嘗試第一篇小說卻沒有寫完。 |
| 1928 | 9 | 父去職，由天津搬回上海。母妻與姑姑由英國返回上海。讀《紅樓夢》、《西遊記》、《七俠五義》等書。學鋼琴、英文和繪畫。 |
| 1930 | 11 | 入黃氏小學插班讀六年級，改名張愛玲。父與母離婚。姑姑與母親搬出寶隆花園的洋房，租住法租界。 |
| 1931 | 12 | 入讀上海聖瑪利亞女校，隨白俄老師學習鋼琴。 |
| 1932 | 13 | 在聖馬利亞的校刊上發表第一篇散文《遲暮》，跟父親學寫舊詩。 |
| 1934 | 15 | 父再婚，取孫寶琦之女孫用蕃，遷回麥根路別墅。 |
| 1936 | 17 | 母攜美國男友返回上海。張愛玲在《鳳藻》上發表散文《秋雨》。 |
| 1937 | 18 | 在聖瑪利亞校刊《國光》半月刊上發表《牛》、《霸王別姬》及評張若謹小說的文章《若馨評》。在《鳳藻》上發表《論卡通畫之前途》。中學畢業，與後母有口角被父責打，並被拘禁半年。 |

| 年份 | 年齡 | 事　　蹟 |
|------|------|---------|
| 1938 | 19 | 年初逃出麥根路的家，與母親住在開納路（今武定西路）的開納公寓。由猶太裔老師補習數學。參加倫敦大學遠東區的入學考試，得第一名（但後因戰爭緣故未能成行）。在英文《大美晚報》上發表被禁及出逃的經過。係張愛玲首次以英文發表作品。 |
| 1939 | 20 | 與母親、姑姑遷居靜安寺赫德路口的愛丁頓公寓（今常德公寓）住5樓511室。戰爭爆發，持倫敦大學成績單入讀香港大學文科，認識炎櫻成爲終身好友。參加《西風》雜誌三週年紀念徵文以《天才夢》一文獲獎。 |
| 1940 | 21 | 獲香港大學兩項獎學金，港大畢業可免費赴英讀牛津大學。 |
| 1941 | 22 | 太平洋戰爭開始而輟學。母親的男友死於戰火中。 |
| 1942 | 23 | 夏，與炎櫻返上海。與姑姑遷居愛丁頓公寓6樓615室。秋，與炎櫻插班入聖約翰大學四年級就讀。11月因寫作輟學。在英文報紙《泰晤士報》上寫影評與劇評。在英文月刊《二十世紀》發表〈中國人的宗教〉、〈洋人看京戲及其它〉和五六篇影評。 |
| 1943 | 24 | 4月，初識周瘦鵑。5月～6月在《紫羅蘭》月刊發表小說《沉香屑》第一爐香及第二爐香。7月，初識柯靈。《雜誌》月刊，小說《茉莉香片》。8月《雜誌》月刊，散文《倒底是上海人》；《萬象》月刊，小說《心經》（上）。9月，初識蘇青。《萬象》月刊，小說《心經》（下）；《雜誌》月刊，小說《傾城之戀》（下）。11月，《古今》半月刊，散文《洋人看京劇及其它》；《雜誌》月刊，小說《金鎖記》（上）；《天地》月刊，小說《封鎖》；《萬象》月刊，小說《琉璃瓦》。12月，《古今》半月刊，散文《更衣記》；《雜誌》月刊，小說《金鎖記》（下）；《天地》月刊，散文《公寓生活記趣》。初識胡蘭成，胡蘭成擔任汪僞政權宣傳部政務次長。 |
| 1944 | 25 | 1月《萬象》月刊，長篇小說《連環套》，共登六期，7月自動腰斬。2月《天地》月刊，小說《年輕的時候》。3月《雜誌》月刊，小說《花凋》；《天地》月刊，散文《談女人》。4月《雜誌》月刊，散文〈論寫作〉；《雜誌》月刊，小品三則——《愛》、《有女同車》、《走！走到樓上去！》。5月《天地》月刊，散文《童言無忌。》、《造人》；《雜誌》月刊，小說《紅玫瑰與白玫瑰》（上）；《萬象》月刊，迅雨（傅雷）〈論張愛玲的小說〉；《雜誌》月刊，胡蘭成〈評張愛玲〉（上）。6月《雜誌》月刊《紅玫瑰與白玫瑰》（中）；《天地》月刊，散文《打人》；《雜誌》月刊，胡蘭成〈評張愛玲〉（下）。7月《雜誌》月刊，散文《說胡蘿蔔》；《新東方》月刊，散文〈自己的文章〉；《天地》月刊散文《私語》。8月《雜誌》月刊，散文《詩與胡說》；《雜誌》月刊，散文〈寫什麼〉；《天地》月刊，散文〈中國人的宗教〉（上）；與胡蘭成結婚，炎櫻媒證。9月《天地》月刊，散文《忘不了的畫》；《小天地》月刊第一期，散文《散戲》、《炎櫻語錄》；小說集《傳奇》 |

| 年份 | 年齡 | 事　　　蹟 |
|---|---|---|
| 1944 | 25 | 由《雜誌》出版社出版。4 天及再版。10 月，《天地》月刊，散文〈中國人的宗教〉（下）。11 月《雜誌》月刊，小說《殷寶灩送花樓會——列女傳之一》；《天地》月刊，散文《談跳舞》；《苦竹》月刊（胡蘭成創辦）第一期，炎櫻散文《死歌》；12 月《雜誌》月刊，小說《等》；《苦竹》月刊，小說《桂花蒸・阿小悲秋》；《苦竹》月刊，散文〈自己的文章〉（重刊）；胡蘭成赴湖北辦《大楚報》；大中劇團在卡爾登戲院（今長江戲院）上演舞臺劇《傾城之戀》。 |
| 1945 | 26 | 1 月《傾城之戀》繼續上演；散文集《流言》由中國科學出版公司出版。2 月《雜誌》月刊，小說《留情》；《天地》月刊，散文《卷首玉照及其它》。3 月，《雜誌》月刊，小說《創世紀》（上）；《天地》月刊，散文《雙聲》。4 月《雜誌》月刊，小說《創世紀》（中）；《雜誌》月刊，散文《吉利》；《天地》月刊，散文〈我看蘇青〉。5 月《雜誌》月刊，小說《創世紀》（下）；散文《姑姑語錄》；《天地》月刊，胡覽乘（胡蘭成筆名）《張愛玲與左派》。8 月，抗戰勝利，胡蘭成匿名逃亡。 |
| 1946 | 27 | 應桑狐之邀編寫電影劇本《不了情》和《太太萬歲》。其母親再度返回上海。 |
| 1947 | 28 | 4 月《大家》月刊創刊號，小說《華麗緣》。5 月～6 月《大家》月刊，小說《多少恨》（以《不了情》劇本改寫）。6 月，與胡蘭成離婚，與姑姑遷居梅龍鎮內重華新村 2 樓 11 號。11 月《傳奇》增訂本由山和圖書公司出版。12 月 14 日，《太太萬歲》在上海皇后、金城、金都、國際四大影院同時獻映，連續兩周爆滿。上海評論界圍繞《太太萬歲》爆發一場戰爭。文華影片公司籌拍《金鎖記》，後來流產。 |
| 1948 | 29 | 其母再次赴歐。張愛玲遷出愛丁堡公寓，先後在華懋公寓和重華新村短租。 |
| 1949 | 30 | 4 月 25 日上海解放。解放軍向蘇州河以南的市區行進，由於全市秩序迅速恢復，有些市民讀報方得知上海解放。7 月 6 日，上海舉行慶祝解放市民聯合大會。 |
| 1950 | 31 | 1 月，以筆名梁京在《亦報》連載長篇小說《十八春》。7 月，參加中共舉辦的首屆「上海文藝工作者代表大會」，夏衍爲總主席，梅蘭芳、馮雪峰爲副主席，周信芳（麒麟童）爲執行副主席，陳白塵爲秘書長。會期爲 7 月 24 日～7 月 29 日，500 餘人與會。11 月《十八春》由《亦報》社出版，張愛玲搬入卡爾登公寓。 |
| 1951 | 32 | 5 月，仍以筆名梁京在《亦報》連載中篇小說《小艾》。 |
| 1952 | 33 | 持港大復學證明離滬，經廣州抵香港。住女青年會，後休學去東京找炎櫻。爲香港的「美國新聞處」翻譯《老人與海》、《愛默生選集》、《美國七大小說家》等書。 |

| 年份 | 年齡 | 事　　　蹟 |
|------|------|-----------|
| 1953 | 34 | 結識宋淇夫婦，用英文撰寫長篇小說《秧歌》、《赤地之戀》，其父在上海病逝。 |
| 1954 | 35 | 《秧歌》、《赤地之戀》英文版出版。《秧歌》和《赤地之戀》的中文版在香港的美國新聞處出版的《今日世界》上連載並出版。《張愛玲短篇小說集》由香港天風出版社出版。她寄《秧歌》中文版給胡適並開始通信。 |
| 1955 | 36 | 11 月，搭「克利夫蘭總統號」郵輪赴美，租住在紐約救世軍辦的女子宿舍。與炎櫻重逢，拜訪胡適。 |
| 1956 | 37 | 2 月，獲新罕布什爾州愛德華‧麥克道威爾基金會資助，在基金會莊園專事寫作。3 月，結識劇作家賴雅。8 月 14 日與賴雅結婚，馬莉‧勒德爾出席婚禮。用英文寫長篇小說《粉淚》（Pink Tears） |
| 1957 | 38 | 4 月，與賴雅住彼得堡松樹街 25 號。5 月《粉淚》出版被拒沮喪後病倒。《秧歌》劇本在哥倫比亞廣播公司播出。《上海遊閑人》（The Shanghai Loafer）寫作開始，同年母親病逝。 |
| 1958 | 39 | 11 月 13 日，遷至加州杭廷頓‧哈特福基金會，駐營半年。小說《五四遺事》發表於臺北《文學》雜誌，爲香港電懋公司寫《情場如戰場》、《桃花運》、《人財兩得》等劇本。將陳紀瀅《荻村傳》改寫並譯成英文《荻中笨伯》（Fool in the Roads）可惜一直找不到出版商出版。 |
| 1959 | 40 | 5 月 13 日移居舊金山租住布什（Bush）街 645 號。結識美國女友愛麗斯‧碧瑟爾（Alice Bisell）完成《荻中笨伯》的中英文劇本，11 月收到美國入籍通知。 |
| 1960 | 41 | 7 月取得美國公民資格。 |
| 1961 | 42 | 3 月下旬炎櫻來訪。秋天，初訪臺灣爲小說《少帥》（Young Marshal）搜集寫作材料要求來訪張學良被拒。結識臺灣小說家白先勇、王文興、陳若曦及王禎和並與王禎和赴臺灣東部旅遊，途中獲悉賴雅再度中風。冬天爲香港電懋電影公司編寫《紅樓夢》和《南北一家親》的劇本。 |
| 1962 | 43 | 3 月返美，與賴雅租華盛頓第六街 105 號皇家院（Regal Court）。在英文雜誌《記者》上發表《重回前方》。 |
| 1963 | 44 | 《魂歸離恨天》劇本完成未拍電影。7 月賴雅散步跌了一跤，之後連續幾次中風，終致癱瘓不起。 |
| 1964 | 45 | 電懋電影公司老闆陸運濤空難死亡，公司面臨關閉宋淇決定另謀出路。張愛玲遷至黑人區肯德基院（Kentnuky Court）爲「美國之音」的廣播劇翻譯劇本，包括莫泊桑、亨利‧詹姆斯等的小說。 |

| 年份 | 年齡 | 事　　蹟 |
|---|---|---|
| 1965 | 46 | 為「美國之音」撰寫劇本，為美國新聞處翻譯。 |
| 1966 | 47 | 9 月赴俄亥俄州擔任邁阿密大學駐校作家。長篇小說《怨女》中文版在香港《星島日報》上連載，改寫小說《十八春》為《半生緣》。參加印地安那大學中西文學關係研討會，結識莊信正，兩人開始長達 30 年的友誼。 |
| 1967 | 48 | 成為麻州康橋賴德克利夫大學彭丁學院成員，開始英譯《海上花列傳》。《半生緣》在香港《興島晚報》和臺北《皇冠》雜誌連載。10 月 8 日賴雅去世，享年 76 歲。 |
| 1968 | 49 | 臺北皇冠出版社出版《半生緣》、《流言》、《秧歌》、《張愛玲短篇小說集》。在《皇冠》雜誌上發表《紅樓夢未完》，接受殷允芃採訪。 |
| 1969 | 50 | 加州大學伯克利分校中國研究中心主任陳世驤邀請她為高級研究員，繼續《紅樓夢》的研究。 |
| 1971 | 52 | 接受水晶專訪。陳世驤去世。張愛玲自「中國研究中心」離職。 |
| 1972 | 53 | 移居洛杉磯開始幽居生活。 |
| 1973 | 54 | 在《皇冠》上發表《初詳紅樓夢》；《幼獅文藝》月刊重刊《連環套》、《卷首玉照及其它》；《文季》寄刊重刊《創世紀》。水晶的《張愛玲的小說藝術》由臺北大地出版社出版。 |
| 1974 | 55 | 在《中國時報》「人間」副刊上發表〈談看書〉與〈談看書後記〉。 |
| 1975 | 56 | 在《皇冠》上發表《二詳紅樓夢》。完成英譯本《海上花列傳》（未出版）。 |
| 1976 | 57 | 臺北皇冠出版社出版《張看》。發表《三詳紅樓夢》。胡蘭成《今生今世》由臺灣遠行出版社出版。 |
| 1977 | 58 | 《紅樓夢魘》由皇冠出版社出版。 |
| 1978 | 59 | 《赤地之戀》（刪節本）臺灣慧龍出版社出版。 |
| 1979 | 60 | 在《中國時報》「人間副刊」上發表小說《色·戒》。 |
| 1981 | 62 | 《海上花注釋》由皇冠出版社出版。胡蘭成 7 月 29 日逝世於日本東京（享年 75 歲）。 |
| 1983 | 64 | 唐文標編《張愛玲卷》由臺北遠景出版公司出版，《惘然記》由皇冠出版社出版。 |
| 1984 | 65 | 上海《收穫》雜誌重刊《金鎖記》。唐文標編《張愛玲資料大全集》由臺北時報出版公司出版（因著作權問題未能上市發行）。 |
| 1985 | 66 | 與林式同初次見面。張愛玲因躲蚤患不斷搬家。 |

| 年份 | 年齡 | 事　　　　蹟 |
|------|------|------|
| 1986 | 67 | 後母在上海病逝。 |
| 1987 | 68 | 《餘韻》由皇冠出版社出版。 |
| 1988 | 69 | 《續集》由皇冠出版社出版。張愛玲搬至林式同建造的 Lake St.公寓。 |
| 1989 | 70 | 坐公車摔了一跤，右肩骨受傷。 |
| 1991 | 72 | 張愛玲搬至林式同介紹的 Rochester Ave 公寓。她姑姑在上海病逝。 |
| 1992 | 73 | 預立遺囑，指定林式同爲遺囑執行人。 |
| 1993 | 74 | 完成《對照記》。 |
| 1994 | 75 | 皇冠出版公司出版「張愛玲全集」15 冊：《秧歌》、《赤地之戀》、《流言》、《傾城之戀》、《第一爐香》、《半生緣》、《張看》、《紅樓夢魘》、《海上花開》、《海上花落》、《惘然記》、《續集》、《餘韻》、《對照記》、《愛默生選集》。獲《中國時報》文學成就獎。 |
| 1995 | 76 | 9 月 8 日逝世於洛杉磯租住的公寓內遺囑說明（一）盡速火化；（二）骨灰撒於空曠原野；（三）遺物留給宋淇、鄺文美夫婦處理。9 月 19 日遺體在洛杉磯惠澤爾市玫瑰崗墓園火化。9 月 30 日冥誕，骨灰由林式同、張錯、高張信生及高全之、張紹遷、許媛翔等人攜帶出海，撒於太平洋。 |

※此表根據《張愛玲 90 冥誕暨逝世 15 週年紀念特刊》內張愛玲華麗與蒼涼的一生編
　輯及周芬伶《哀與傷 張愛玲評傳》（上海：新華書店，2007 年 8 月）頁 151～162
　編輯而成。

# 附錄二 張愛玲英文〈自白〉及譯文

TEXT：

CHANG, EILEEN（Chang Ai-Ling）（September 30, 1920～）, Chinese novelist, writes: "I spent most of my life in Shanghai where I was born, the child of a blind marriage that ended in divorce. My father was a 'gentle man of leisure', my mother a painter who traveled and stayed in Europe. However, they both believed in an early acquaintance with Chinese classics and I had long hours of tutoring since the age of seven. I went to a large Episcopalian school for girls for six years and discovered that my family was not as different as I had thought, if more extreme. The Chinese family system was falling apart, generally held together only by economic factors. I was going to London University over my father's objections but was prevented by the Second World War. My mother sent me to the University of Hong Kong instead. The Pacific War caught up with me there in my junior year, so I went back to Shanghai. I made a living by writing stories and film scripts and became increasingly engrossed in China. It took me three years to make up my mind to leave after the Communist take -over."

After I got to Hong Kong I wrote my first novel in English. The Rice-Sprout Song, which was published in the U.S. for the last ten years, largely occupied with two unpublished novels about China before the Communists, a third that I am still working on, and translation, film and radio scripts in Chinese. The publishers here seem agreed that the characters in those two novels are too unpleasant, even the poor are no better. An editor at Knopf's wrote that if things were so had before, then the communists would actually be deliverance. Here I came against the curious literary convention treating the Chinese as a nation of Confucian philosophers spouting aphorisms, an anomaly in modern literature. Hence the dualism in current thinking on China, as just these same philosophers ruled by trained Communists. But there was decay and a vacuum, a need to believe in something. In the final disintegration of ingrown latter-day Confucianism, some Chinese seeking a way out of the prevalent materialistic nihilism turned to communism. To many others Communists rule is also more palatable for being reversion to the old order, only replacing the family with the large blood kin, the state, incorporating nationalism, the undisputed religion of our time. What concerns me most is the few decades in between, the year of dilapidation and last furies, chaos and uneasy individualism, pitifully short between the past millenniums on the one hand and possibly centuries to come. But my changes in the future are likely to have geminated from the brief taste of freedom, as China is isolated by more factors than the U.S. containment policy.

The Chinese experience predates the problems of Southeast Asia, India and Africa, where the family in its large scene is just as much of a system, said to be at the root of government corruption, as in China. The trend is for the West to be tolerant, even reverential, without a closer look at the pain inside the system, a field that has been thoroughly explored by modern Chinese literature in its'eternal attacks on what was called "the man-eating old ritualistic teaching", to the extent of flogging a dead horse. A common reversal of verdict is the vicious adulterous woman represented as a desperate rebel against the scheme of things-Freudian psychology juxtaposed with chinoiserie. The realistic tradition persists, sharpened by the self-disgust that came from national humiliations, By comparison the occidental nonhero is still sentimental. I myself am more influenced by our old novels and have never realized how much of the new literature is in my psychological background until I am forced to theorized and explain, having encountered barriers as definite as the language barrier.

## 譯　文

　　張愛玲（1920 年 9 月 30 日～），中國小說家，如此自述：「我於上海出世，此生大部分時間都住在那裡。父母經媒妁安排結婚，結果離異。家父是『有閒紳士』，家母是畫家，旅居歐洲。然而他們都篤信中國經典的幼兒教育，我自七歲起就接受家教老師冗長教學。後來我在規模頗大的聖公會女校寄讀 6 年，發現我的家庭並非我想像的與眾不同，只不過較趨極端而已。中國家庭制度當時正在崩盤，一般而言僅靠經濟因素勉強維繫。如非第二次世界大戰爆發，母親改送我去香港大學，我會罔顧父親反對而前往英國倫敦大學就讀。第三那年，太平洋戰爭接踵而至到香港，因此我回到上海。我靠寫短篇小說及電影劇本維生，變得越加熱衷於中國事物。共產黨執政 3 年之後，我才下定決心要出國。」

　　「到香港後我寫了第一部英文長篇小說：《秧歌》，在美國出版。我這 10 年住在美國，忙著完成兩部尚未出版的關於共產黨之前的中國長篇小說，目前正在寫第三部；此外，從事翻譯並撰寫中文電影與廣播劇本。美國出版商似乎都一致認為那兩部長篇小說的人物過於可厭，甚至窮人也不討喜。Knopf 出版公司有位編輯來信說：『如果舊中國如此糟糕，那麼共產黨不成了救世主？』我來此地違抗著奇異的文學風氣——近代文學的異數：視中國為口吐金玉良言的儒學哲學家所組成的國度。所以目前對中國看法有個二元論，認為中國不外乎訓練有素的共產黨員統治者那批哲學家。然而過往的中國腐敗且虛空，以及曾經相信某種東西的需要。在內外生長的近代儒學主義達到崩潰的邊緣中，有些中國人開始在盛行的物質虛無主義裡尋求出路，於是相信了共產主義。就許多人而論，共產黨統治也比回到舊社會好得多，以較大的血親——國家主義來取代家庭血親，編整成無爭議性的信仰。」而我個人最關切介於兩者之間的那幾十年：荒廢、狂鬧以及混亂，以及個人主義下的焦灼不安，也許在過去的千年與未來或幾百年之間，那幾十年短得可憐。然而中國未來任何變化，都可能萌芽那淺嘗即止的自由，因為在美國圍堵政策之外，還有更多的因素使得中國被孤立。

　　中國比東南亞。印度及非洲更早領略到家庭制度為政府腐敗的根源。現時的趨勢是西方採取寬容，甚至尊敬的態度，不予深究這制度內的痛苦。然而那卻是中國新文學不遺餘力探索的領域，不竭攻擊所謂『吃人禮教』，已達鞭撻死馬的程度。西方常見的翻案裁決，即視惡毒淫婦為反抗惡勢力、奮不

顧身的叛徒，並將佛洛依德心理學與中式傢具擺設相提並論。中國文學的寫實傳統持續著，因國恥而生的自鄙使寫實傳統更趨鋒利。相較之下，西方的反英雄仍嫌感情用事。我因受中國舊小說的影響較深，直至作品在國外受到語言隔閡同樣嚴重的跨國理解障礙，受迫去理論化與解釋自己，這才發覺中國新文學，深植於我的心理背景。

# 附錄三　作爲創傷療救的小說
## ——張愛玲重寫型敘述研究

## 摘　要

　　張愛玲的創傷性經驗，乃成因於她童年經歷所帶來的傷害生存環境的壓迫以及內心愛的極度匱乏，致使她寫作時自發性情感移轉，無意識地採取心理治療，進而彌補和滿足內心對愛與安全感的需求。張愛玲因而藉由「重寫」來做爲自身的創傷療救和舊作的改寫過程，而香港經驗、上海經驗及家族和婚戀等生活經驗和日常體驗便一再重複出現在文本的敘述中。透過情結演繹、改寫機制、記憶補償及悲劇衝突來展現及療癒自我，其中的記憶與現實交叉更讓仿自傳書寫的現實部分成了確立，而文本中對於時間的緊迫性、荒誕性、存在性，三者的時間表述。也再再表示了張愛玲急於展現及確認自我存在價值的目的，透過創作和書寫文字流轉自己的生命能量，經由敘事療癒紓解自我的創傷。

　　因而張愛玲的《私語》、《童年無忌》及晚期的《對照記》、《小團圓》、《雷峰塔》、《易經》成了本書支撐的重點文本以及其它早期作品的參照。夏志清認爲：「張愛玲應該是今日中國最優秀最重要的作家。僅以短篇小說而論，堪與英美現代女文豪蔓殊菲爾、安泡特、韋爾蒂、麥克勒斯之流相比，某些地方她恐怕還要高明一籌。而後夏志清雖然修正了自己對張愛玲的評論，可對於張愛玲的評論上，這段話仍然具有相當大的代表性。張愛玲或許過早地消耗了自己所有的能量因此在晚年的時候只能在細節上打轉，但不可否認地這些出自於張愛玲本身的材料更能讓我們「解構」張愛玲，還原出張愛玲的風貌也更能了解她的特殊性。

　　關鍵詞：張愛玲　重寫　創傷療救　記憶補償　敘事療癒

# Novels as Cures for Trauma:
## The Study of Eileen Chang's Rewriting Style of Narration

Wang Wan Ju

〔Abstract〕

The traumatic experience of Eileen Chang is a result of the pain felt during her childhood, the oppressive living conditions, and the extreme crave for love, which leads to the spontaneous emotion-transferring while she was writing and triggers the unconscious psychological treatment, in the hope of satisfying the inner desire for love and the sense of security. Thus, Chang used the process of rewriting to "cure her trauma", and the details of her life in Hong Kong and Shanghai and daily experiences about her family and marriage were then repetitively mentioned in her narration. She expressed herself and healed her wounds through plot description, rewriting process, memory compensation, and tragic conflicts, among which the overlapped occurrence of memory and reality made parts of the like-autobiography authentic, and the unique expression of the urgency, the absurdity, and the beingness of time revealed Chang's purposes of presenting and confirming her value of being, and easing her pain during the narrating which was regarded as a therapeutic process of life force transferring through words creating and writing.

…Therefore, Chang's "Whispering" and "Free Children", and "Words and Pictures", "Small Reunion", "the fall of the pagoda" and "the book of change" written in her late years are taken as the important books to support the arguments and the references to her other books during the early stage of her writing. C.T.Hsia is quoted here "Nowadays Eileen Chang should be regarded as the most brilliant and most important writer in China. Her short novels are as good as if not better than those of the great modern British and American writers such as Katherine Mansfield Katherine Anne Porter Eudora Welty and Carson McCullers. " Although Hsia modified his comment later what he said still represents the opinions of most people. Chang may exhaust her talents in her early creations and could only focus on details in her late years but it is undeniable that these books written out of her own experiences enable us to deconstruct Chang restore what she was really like and have a better understanding of her uniqueness.

Key Words: Eillen Chang Rewrite Cures for trauma Memory compensation Therapeutic narrating

# 導　論

　　敘事心理學認為，人們通過敘事的原則使事件之間產生聯繫，而正是這種具穩定性與連續性的特質，才使得事件產生了意義。一旦創傷性事件發生了，可能讓連續性遭到破壞，因而改變或摧毀了原本所具有的意義，使得當事人失去了生活的目標與支持，頓時找不到方向，陷入於焦慮痛苦之中。所以敘事治療的目的就是透過敘事過程，來修復生命故事，從而協助其找回穩定性，重新尋到生存的意義與運作的常軌，讓身心歸於健康。〔註1〕因此舊作的重寫成為張愛玲的書寫主軸，如《半生緣》由《十八春》修改而成，而在這其中，張愛玲刪除了大團圓式的結局讓它試圖用一種平靜的淡然，來擦拭生命過往中的片刻。同樣由舊作更改而成的還有因李安執導而重新被大家所認識的《色戒》以及《浮花浪蕊》、《相見歡》。

　　至於後期的《對照記》、《小團圓》、《雷峰塔》、《易經》則是張愛玲回顧自身經歷，書寫了與自身經驗高度相關的作品，張愛玲藉由這些作品不斷地「淨化」和「重生」。而張愛玲在其自身作品中，使用了人與自我的衝突像是《紅玫瑰與白玫瑰》的佟振保在性意識面前的身不由己，即是他命運悲劇的主調。《第一爐香》的梁太太與葛薇龍則是受盡情慾與物欲折磨的悲劇人物代表，張愛玲一方面用敘事療癒自己的同時一方面也彰顯了「意識」下的悲劇。《花凋》裏的鄭川嫦墓碑上雖然刻了新式的碑辭和添購了白色大理石天使，但看似在死後仍獲得父母重視的鄭川嫦他們的親子關係在「全然不是那麼一回事」的反高潮句式，揭開了美麗童話的外衣，掀出了赤裸裸的黑暗底牌。《等》

---

〔註1〕馬一波、鍾華著：《敘事心理學》，第147頁，上海教育出版社，2006年。

則是《傳奇》裡的切片式寫照，透過一對永遠都沒有交集的夫婦，悲劇就在其中流轉，她呈現的是美麗女子的平凡與哀愁，這些人或許是受創最重的受害者，但同時也是無奈的加害人。《小團圓》到了最後，最後一句，她寫著：「……奴隸起義的叛軍在晨霧中遙望羅馬大軍擺陣，所有的戰爭片中最恐怖的一幕。因爲完全是等待。」十分悚然。這樣一本半部幾乎都著墨在愛情和家庭上的小說，絲毫沒有給讀者任何希望與撫慰。〔註2〕當然，這也是我們從未在張愛玲的小說中得到的東西，或者說沒有這麼深刻且直接地感受張愛玲自身經驗在作品中地體現。

所謂人的實踐，本質上是社會的實踐，個人離不開社會。歷史時代不同則對抗社會的力量不同，衝突的性質不同則人與社會衝突的悲劇性表現自然不同。如同馬爾庫塞所說：「現實社會正是一個病態社會，人性價值在當今病態社會中以遭受道徹底的迫害與扭曲。『人性』與『當今社會』之間存在著根本性的衝突，文化工業使人們的生活水準提高，並無從消除而且更加劇它對於人類全面的操控、控制的情況，人們成爲既存社會秩序下的受制約者。」〔註3〕

這些矛盾成了張愛玲敍事的主軸線成了張愛玲抒發內心衝突與想望的最佳管道。她將深藏於潛意識下的慾望，透過昇華作用，產生一種自我滿足感，讓自己的內心焦慮與衝動得以排除和宣泄達到維持身心平衡的目的。是因此本書的思路以「創傷——重寫」做爲主軸，論文要研究的對象是張愛玲的「重寫型敍事」。這一敍事的動機是，通過不斷重複講述，張愛玲不斷化解原生家庭帶來的童年創傷，以及張愛玲的生活經驗，帶給張愛玲的創作局限性。而現有研究狀況未對此領域有所深入覆蓋，前人研究資料豐碩，但大多探討張愛玲的小說所具有的意義很少去深入「重寫——創傷」大部份是討論張愛玲原生家庭所帶給她的影響。像是在《看張及其它》中陳子善以張愛玲生前擬付郵寄往上海的一封感謝信和贈送收信人的一只小錢包開始，在相隔漫長的整整十四年之後，終於安安地送達收信人之手做爲開始。第二部份則探討中篇小說《傾城之戀》的種種，第三部份及第四部份則講述了《鬱金香》出土記及《小團圓》的前世今生；最後，則總結了張愛玲做爲民國的一道奇特風

〔註2〕楊佳嫻：〈才子佳人的順寫與逆寫：胡蘭成《今生今世》與張愛玲《小團圓》〉，收入「世界末華文文學國際學術研討會」論文集，東海大學，2013年。
〔註3〕馬爾克塞著，左曉斯等譯：《單面人》，第50頁，湖南人民出版社，1988年。

景線的價值。再者則是根據歷史脈絡則是 40 年代傅雷〈論張愛玲的小說〉、譚正璧《論蘇青與張愛玲》、1961 美國哥倫比亞大學夏志清教授的英文本《中國現代小說史》而針對張愛玲後期作品《對照記》、《小團圓》、《雷峰塔》及《易經》的交叉參照，狀似對「重寫型敘事」做為張愛玲創傷療救的一種方式進行梳理及分析。

格林（Graham Green）曾說，作家的前二十年涵蓋了他全部的經驗，其餘的歲月則是在觀察。他說：「作家在童年和青少年時觀察世界，一輩子只有一次。而他整個寫作生涯，就是努力用大家共有的龐大公共世界，來解脫他的私人世界。」依據他這個說法，那麼，我後來的寫作生涯，整個的其實都在咀嚼、吞吐、反覆塗寫和利用這個，前身。〔註4〕張愛玲的成功除了時代給予了她機會，更有著「生活經驗」和「人生體驗」在背後支撐著她。了解她的「成名要趁早」背後所謂的糾葛及人性的陰暗幽微，以及她「重寫」的目的究竟為何？是故，做此研究。

---

〔註4〕 天文：《花憶前身——回憶張愛玲和胡蘭成》，收入《再讀張愛玲》，第 213 頁，牛津大學出版社，2002 年。

# 第一章　多重創傷

　　《愛的自由式：女同志故事書》：「每個人的心裡都有秘密。最好的事情是和藹可親」。佛洛伊德強調作家幼年時代的記憶對其一生創作具有不可低估的影響，一篇作品就像一場白日夢一樣，是作家幼年遊戲的繼續，也是童年幻想的替代。在《作家與白日夢》中，佛洛伊德指出，心理小說的特質無疑是由作家的一種思維方式所構成，亦即作家運用自我觀察的方法將他的「自我」分裂成許多「部份的自我」，藉由主角們的心理衝突來體現內在的精神狀態，並讓自我以扮演旁觀者的角色來表達內心的言說。〔註5〕在張愛玲所生的家庭就小小的清朝，如此的文化底蘊最終決定了她的創作生命朝現代思潮的反方向回歸，至親血脈的疏離使張愛玲與胞弟夾雜在其中成了不正常之愛下的犧牲者，缺凡情感溫暖的張愛玲爲此在情感世界中付出了慘痛的代價。

　　生性孤獨的張愛玲，在賴雅的過世後，開始了自己與自己對話的歲月，朝人生的終點靠攏。張均的《張愛玲傳》這樣概括了張愛玲的餘生：「歷經了浮世的悲歡之後，她不再談論生活。亦不再哀輓人世的悲涼，相反，從悲涼中細細琢磨出生命亮美的色澤，再以文字形式把它擬訂在現實之中，才是她晚年唯一醉心之事。她選擇了一條沉緬於記憶與想像的自由生活方式。她與時間握手言歡。」〔註6〕在張愛玲一生裡，童年家庭生活的變故所帶給她幼小心靈的嚴重創傷，反應在其作品中，家族的傾敗、婚戀的失意、社會的動盪乃至於時代的劇變，都可以窺見其創傷性體驗的顯影，以下就宗法壓抑、黑

〔註5〕佛洛伊德著，車文博主編：《佛洛伊德文集》，第 63 頁，長春出版社，2004年。

〔註6〕張均：《張愛玲傳》，第 275 頁，文化藝術出版社，2005 年。

暗家園、愛的缺失及離群索居分別開展創傷經驗中的創作移轉，試圖找出張愛玲在文學中的生命軌跡。

## 第一節　宗法壓抑

　　張愛玲強勢挑戰父權來自於不和諧的家庭，在《私語》中的父親形象是「我父親那時打了過度的嗎啡針，離死很近了，他獨自坐在陽臺上，頭上搭一條濕毛巾，兩目直視，橡前掛下了牛筋繩索那樣粗而白的雨，嘩嘩下著，聽不見他嘴裏喃喃說些什麼，我很害怕了。」爲此，于青在《張愛玲傳略》中曾提及：「無論如何，曾經顯赫的家族不會代表它後裔們的價值，但它沉重的身影是不能不影響到被它的影子遮蔭過的後人的。」〔註7〕遺少型的父親，肉體精神皆瀕臨死亡，鎭日恍惚於煙毒之中，父親的理想形象盡失。張愛玲甚至這樣描述過她的父親：「像拜火教的，波斯人，我把世界強行分作兩半，光明與黑暗，善與惡，神與魔。屬於我父親這一邊的必定是不好的。」〔註8〕

　　如林幸謙所言，若從歷史層面的角度來觀看張愛玲小說在父權主導文化下，所呈現的一種深具弔詭性的文學現象：即處於宗法父權體制鞏固的社會背景下，所營造的無父去勢的書寫模式，我們似乎可以從中觀察窺視到，張愛玲強勢挑戰傳統宗法社會壓制的潛意識動機。〔註9〕在這其中張愛玲的文本是半新半舊的，既要有所突破又充滿著壓抑，像《傾城之戀》中的這段小說中的時代背景雖然是現代不過其精神卻是古代的，典型的「男主外，女主內」。中國傳統的女人是認爲一定要結婚的，有了婚姻才有了長期的歸宿。戀愛的目的就只有一個──結婚：

> 　　如果她正式做了范太太，她就有種種的責任，她離不了人。現在她不過是范柳原的情婦，不露面的，她應該躲著人，人也應該躲著她。清靜是清靜了，可惜除了人以外，她沒有旁的興趣。她所僅有的一點學識，全是應付人的學識。憑著這點本領，她能夠做一個賢慧的媳婦，一個細心的母親。在這裏她可是英雄無用武之地。「持家」罷，根本無家可持，看管孩子罷，柳原根本不要孩子。省儉過

---

〔註7〕于青：《張愛玲傳》，第33頁，中國華僑出版社，2003年。
〔註8〕張愛玲：《私語》，收入《流言》，第159頁，皇冠出版社，1991年。
〔註9〕林幸謙：《女性主體的祭奠》，第99頁，廣西師範大學出版社，2003年。

日子罷，她根本不用爲了錢操心。她怎麼消磨這以後的歲月？找徐

太太打牌去？看戲？然後姘戲子，抽鴉片，往姨太太們的路上走？

〔註10〕

在張愛玲的生命歷史中，我們亦可清楚找到她於創作的文本間，這種「出走」
和「回歸」間的矛盾與衝突從中窺見當時的「新女性」如何處在不利於「新
女性」的宗法過度時期的社會中，致力追求經濟獨立和婚姻中所遇到的瓶頸。
在所處的家庭環境下張愛玲毅然決然「出走」，卻始終壓錯寶包括她自己與胡
蘭成的戀愛和與母親黃逸梵間的關係，這種屢爲經濟所困，正驗證了魯迅《娜
拉走後怎樣》的預言：「娜拉只有兩條路：不是墮落，就是回來。」〔註11〕這
種不斷想解脫又跳入，遊走於婚姻和自我正是受宗法壓制及來自於童年不快
經驗的張愛玲眞實內在和文本故事的受難複製原型。

## 第二節　愛的缺失

　　一般人總以爲父親和胡蘭成是張愛玲一生的痛點，看完《雷峰塔》和《易
經》，你才發覺傷害她更深的，其實是母親。「雷峰塔」一詞，囚禁女性意味
濃厚，也幾乎有《閣樓上的瘋婦》（The Madwoman in the Attic）的隱喻。她和
母親一樣，奮力想爭脫傳統的枷鎖，卻終其一生，帶著沉重的枷鎖傷了好幾
個人。女兒總是複製母親的悲劇，無止無歇，於張愛玲，還加上了對母親的
不信任，雷峰塔於是轟然倒塌。〔註12〕張愛玲帶著這童年的巨創，度衡並扭
曲了所有的人際關係，直到人生的終點，還在《對照記》裡戀戀於母親年輕
時的美麗，這種愛恨交織時的糾結，證明了她從來不曾從母親帶給她的傷害
中走出來。在《易經》這部自傳性很高的小說里中一個多時不見母親的女兒，
巴巴地轉兩趟公車到淺水灣飯店的對話更是讓人覺得「毛骨聳然」：

　　「我知道是你爸爸傷了你的心，可是你知道我不一樣。從你小

時候我就跟你講道理」不！琵琶想大喊，氣憤於露像個點頭之交，

自認爲極了解你。爸爸沒傷過我的心，我從來沒有愛過他。再開口，

---

〔註10〕　張愛玲：《傾城之戀：張愛玲短篇小說集之一》，第190頁，皇冠出版社，1991
　　　　年。

〔註11〕　魯迅：〈娜拉走後怎樣——1923年12月26日在北京女子高等師範學校文藝演
　　　　講〉，收入《魯迅全集》第一卷，第163頁，人民出版社，1980年。

〔註12〕　張愛玲著，趙丕慧譯：《易經》，第14頁，皇冠出版社，2010年。

　　聲音略顯沙啞。「比方說有人幫了你，我覺得你心裏應該要有點感覺，即使他是個陌生人。」是陌生人的話我會很感激，琵琶心裏想。陌生人跟我一點也不相干。「我是眞的感激，媽。」她帶笑說。「我說過我心裏一直過意不去。現在說是空口說白話，可是我會把錢都還你的。」〔註13〕

這個故事起緣於，母親楊露從國外回來探視正讀香港大學生活拮据的琵琶，當時歷史老師布雷斯代〔註14〕好心資助了琵琶一筆八百元的學費，琵琶將這好不容易得來的一筆錢全數交給了母親，後來竟無意間發現母親輕易把這筆錢輸在牌桌上了。楊露以爲女兒必然是以身體作了交換，她催促琵琶親自前往老師住處道謝，之後並偷偷窺看琵琶入浴的身體，想要發現異狀。這一點對張愛玲是很大的衝擊，多年後張愛玲仍未走出這種陰霾，張愛玲《私語》一文中曾提到「能愛一個人愛到他問他拿零用錢的程度，那是嚴格的是試驗」，「母親是爲我犧牲了許多，而且一直在懷疑著我是否值得這些犧牲」。在現實人生中，正是這些瑣碎的難堪，尤其是錢使她看清了母親，也一點一滴毀了她對母親的愛。

　　張愛玲母親所代表的西方現代文明生活方式，在內心上造成張愛玲本身的自卑與尷尬，在現實中的磨難不斷下逐漸摧毀了她對母親羅曼蒂克的愛；這種對母親的疏遠屬於深層次的母愛缺失，給與張愛玲內心情感上的重大打擊。在弗洛姆《愛的藝術》中對母愛有這樣的描述：「母愛是無條件的，是保護一切，寬恕一切的，因爲母親的愛是無條件的，所以它既不能控制，也不能習得。母愛的出現會使被愛的人產生一種幸福的感覺，母愛地消失會使人產生一種悵然若失的感覺。」〔註15〕這也難怪於在《造人》中張愛玲說：「小孩是從生命泉源裡分出來的一點心的力量，所以可敬，可怖。小孩不像我們想像的那麼糊塗。父母大都不懂得子女，而子女往往看穿了父母的爲人。」〔註16〕至於對張愛玲對於父親儘管多的是批判與憎恨，但血緣關係，又讓她對於

〔註13〕張愛玲著，趙丕慧譯：《易經》，第141～142頁，皇冠出版社，2010年。
〔註14〕這段情節《小團圓》稍稍提及，說的是這樣：「噯，你昨天輸了不少吧？」她問。「噯，昨天就是畢先生一個人手氣好。」蕊秋又是摺過一邊不提的口吻。「你們什麼時候回來的？」「我們回來早，不到兩點，我說來瞧瞧，查禮說累了。怎麼，說你輸了八百塊？」南西好奇的笑著。張愛玲：《小團圓》。第27頁，北京十月文藝出版社，2009年。
〔註15〕弗洛姆著，李健鳴譯：《愛的藝術》，第46頁，上海藝文出版社，2008年。
〔註16〕張愛玲：〈造人〉收入《流言》，第237頁，皇冠出版社，1991年。

父親依戀。在《私語》中張愛玲曾這樣表達：「我知道他是寂寞的，在寂寞的時候他喜歡我。」〔註17〕這種渴望父愛的反向作用表達在張愛玲的文本中正是「無父文本」，在心靈深處排斥父親地同時，其實是對久違父愛的渴望。

## 第三節　黑暗家園

　　張愛玲的母親黃素瓊，自己就因嫡母重男輕女，受了不少委曲，等到她成為一個家庭的主母，就下定決心改變這一狀況。佛洛伊德在《精神分析新論》中有言，童年初期虛弱和不成熟的自我在努力避開生命時期特有的危險時，是承受著極多加諸於他的壓力與長久傷害。兒童通過父母的關係而得到保護，以防止來自於外部世界的、威脅著他們的危險。他們為這種安全感付出的代價是——失去愛的恐懼。失去愛會使他們面對外部世界的危險處於孤立無援的境地，更甚者，若自我的發展落後於力比多的發展時，有可能導致神經病的致病情結。〔註18〕

　　在這點上冰心剛好可以成為張愛玲的對照組，相對於張愛玲，冰心是完全相反的人，是生活十分幸福的人。冰心自童年時代便承受了不同自然環境的陶冶和不同地域文化的薰染，具有東方女性端莊典雅、溫婉敦厚的女性隱藏在薄薄的低垂的帷幕後面，時而清晰、時而朦朧的閃露出東方知識女性的風韻這種家庭觀是非常獨樹一幟的。她深層了解要享受一個女人的幸福快樂，建全的家庭是十分重要的。文章中大部分體現了相同對於家庭天倫之樂、親情之愛的眷戀。文章特點是家庭以男性做本位，妻子承擔對丈夫對子女承擔著應盡的角色任務，而後更有了其下的文字，強調了家庭建全的重要性：

　　　　家庭是社會的細胞。

　　　　有了健全的細胞，才會有一個健全的社會，乃至一個健全的國家。

　　　　家庭首先由夫妻兩人組成。

　　　　夫妻關係是人際關係中最密切最長久的一種。

　　　　夫妻關係是婚姻關係，而沒有戀愛的婚姻是不道德的。

〔註17〕張愛玲：〈私語〉收入《流言》，同上，第 162 頁。
〔註18〕佛洛伊德：《精神分析新論》，第 238 頁，長春出版社，2004 年。

戀愛不應該只感情地注意到「才」與「貌」，而應該理智地注意
到雙方的「志同道合」……

在不太短的時間考驗以後，才能考慮到組織家庭。

……

婚姻不是愛情的墳墓，而是更親密的靈肉合一的愛情的開始。

……

在平坦的道路上，攜手同行的時候，周圍有和緩的春風，頭上
有明淨的秋月。兩顆心充份地享受著寧靜柔暢「琴瑟和鳴」的音樂。

在坎坷的路上，扶掖而行的時候，要堅忍地咽下各自的冤抑和
痛苦，在荊棘遍地的路上，互慰互勉，相濡以沫。〔註19〕

張愛玲的家庭無法達到這樣的水平，她文本下的家庭樣貌比較接近白薇所寫
的「跳關」，男人跳出狹小的家庭天地，「如魚在長江、大海，隨處能游來游
去」，而女人則如養在盆中、池裏的魚：

盆中池裡的魚，如不安於狹窄的苦悶：你跳，愛跳，跳吧！逃
出盆外或池外，是沒有水的乾池，硬岸，或荊棘，枯草，算不定有
貓兒，獺兒，等著捕而後吞噬你。〔註20〕

對家的回憶，張愛玲是充滿辛酸的。母親黃逸梵做爲新時代的女性。而父親
則是一個遺少沒有多少的實際生活能力。而後父母離異父親再娶，使得張愛
玲喪失了母親的保護傘。因此張愛玲對於家完整的渴望強烈於一般人，張愛
玲擁有的第一個家是與胡蘭成的結合；胡蘭成確實是一個才子卻是一個用情
不專的人，喪失民族立場的胡蘭成註定了他後半生只能遠渡日本生活。有人
對張愛玲兩次的婚姻都選擇比自己大很多的男人感到十分不能理解，其實這
歸咎於張愛玲的愛情堡壘是很容易攻破的。張愛玲不擅於在愛情與家庭這一
方面進行思考與運籌，所以兩次婚姻都給自己帶來了很大的拖累。〔註21〕

由此可知，張愛玲所寫的家，是一個自私的所在。你想進入這個家，這

---

〔註19〕 楊流昌：〈人同世紀壽，心與天地齊——記冰心奶奶〉，《當代作家評論》，1992
年第1期。

〔註20〕 閻純德：《二十世紀中國著名的女作家傳》（上冊），第38頁，中國文聯出版
社，1995年。

〔註21〕 劉鋒傑、薛雯、黃玉榮著：《張愛玲的意象世界》，第31頁，寧夏文學出版社，
2006年。

個家與你保持距離，使你永遠不會獲得身為一家的感覺（如曹七巧）；你若漂泊而重新回到自己的家，這個家也未必會無條件地接受你，使你重新體會家的溫暖（如白流蘇）；你就是在家，家也會忽略你，使你無法與家產生：我本一員的認同與熱情（如聶傳慶）。生命與家的關係，在張愛玲的筆下，好像是與生俱來的疏遠格隔膜。「人人都關在自己的小世界中，她撞破了頭也撞不進去」，這不僅僅是白流蘇的遭遇與感覺，也是張愛玲小說地中諸多女性的共同命運。她們不是被毀於家，就是被家所遺棄而毀於家外，家於她們密不可分，可家從不是提供生命活力的一方聖土。〔註22〕

　　從《金鎖記》到《怨女》其實都是寫著同一個故事，曹七巧到銀娣，我們或許可以推敲，張愛玲一再「重寫」的衝動，在於為她的原始創傷（trauma）找尋自圓其說的解釋，每一種說法都顯示出她與過去經驗角力的痕跡。比方說，《怨女》中的那個沒落世家姚府，就很容易讓我們聯想到張愛玲自己的身世。張不務正業、耽於鴉片妓女的父親，懦弱無能的弟弟，遠走高飛的母親，邪惡無行的繼母，似乎都為她的小說人物提供了現成原型，更不提張少年被父親幽禁，幾乎喪命的經驗，張愛玲藉文本來銘刻生命的創傷，將被壓抑的慾望與恐懼改頭換面，重現字裡行間。〔註23〕張愛玲一直小心翼翼處理這些文字和情感，帶一種冷靜的態度去審視一切。她失去太多的愛，在失落生活太久，養成了她心態上的荒涼以及在黑暗中挖掘人性黑暗面的習慣，因此這些創作出來的文本雖然是作家的原初體驗，但卻帶有作家情感色彩描繪的主觀世界，一個深俱人性深度與美學意蘊的國度。

## 第四節　離群索居

　　張愛玲在晚年離群索居，完成了「以文明成就為基礎重建天堂的願望」。如同馬爾庫塞所言：「記憶具有治療作用，是因為它具有真理價值。而它之所以具有真理價值，又是因為它有一種保存希望和潛能的特殊功能。雖然成熟的，文明的個體出賣了甚至剝奪了這些希望和潛能，但由於它在個體的朦朧的過去曾被實現過，因而也不會被個體完全忘卻……解放過去，並不是要使

〔註22〕劉鋒傑、薛雯、黃玉榮著：《張愛玲的意象世界》，第58頁，寧夏文學出版社，2006年。
〔註23〕王德威：《落地的麥子不死──張愛玲與「張派傳人」》，第5～6頁，山東畫報出版社，2004年。

過去和現在調和。與發現者自己施加的限制相反，面向過去的結果將是面向未來。追回失去的時間成了爲來解放的手段。」〔註24〕

　　張愛玲在回憶自己早年生活的《私語》中，曾寫到自己因與後母發生衝突，被父親關押在一間房裡，父親揚言要用手槍打死她，那時她對家的感覺發生了根本的變化：「這座房屋突然變成生疏了，像月光底下的，黑影中現出青白的粉牆，片面的，瘋狂的」〔註25〕她的小說裡經常寫到鐘，還有鏡子、屏風、床簾、舊相冊、乾花以及各種標誌著人物經歷過變遷、經歷過痛切時刻的對象，而其中的人物則常要在某些時刻和他們過往的情感記憶掙扎用以面對新的現實。〔註26〕

　　這種掙扎出來的情感記憶，形成了一種投射作用。榮格曾指出：投射活動本身，通常是一種不在意識控制之下的無意識過程。投射活動往往把無意識心理內容轉移到對象之中。〔註27〕在這個觀點上朱棟霖進一步闡釋認爲，認爲受心理經驗影響，創作「處理的是從人類知覺領域汲取來的觀來的材料例如生活的教訓，情緒的震動，激情的體驗，以及人類命運中通常遇到的危機，這一切，構成了人的知覺，特別是他的感情生活。」這種生活材料被詩人吸收到心裡去，被從平常的高度提到詩意的高度，並加以表達，把讀者平時迴避、忽視或只是渾渾噩噩地感覺到的東西全部完全塞進他的意識。〔註28〕張愛玲自己也說過「寫小說的期間或把自己的經驗用進去，是常有的事。」至於細節用實事，往往是這種的，方最顯出作者對背景的熟悉，增加真實感，作者的個性滲入，也是幾乎不可避免的。因此當我們讀到「她愛他們。他們不干涉她，只靜靜的躺在她血液中，在她死的時候再死一次」，這是我們可以從《對照記》中讀到的感覺。張愛玲自己又說：

　　　　回憶不管是愉快還是不愉快的，都有一種悲哀，雖然淡，她怕
　　那滋味。她從來不自我傷感，實生活裡有的是，不可避免的。但是

〔註24〕馬爾庫塞著，費勇、薛民譯：《愛欲與文明》，第 8 頁，上海譯文出版社，2005年。
〔註25〕張愛玲：《張愛玲文卷》第四卷，第 108 頁，安徽文藝出版社，1992 年。
〔註26〕李歐梵：《上海摩登——一種新都市文化在中國 1930～1945》，第 291 頁，北京大學出版社，2005 年。
〔註27〕〔瑞〕榮格著，馮川譯：《心理學與文學》，第 221 頁，三聯書店出版社，1987年。
〔註28〕朱棟霖：《中國現代作家作品選》，第 435 頁，高等教育出版社，2002 年。

> 光就這麼想了想，就像站在個古建築物門口往裏張了張，在月光與
> 黑影中斷瓦頹垣千門萬戶，一瞥間已經知道都在那裏。〔註29〕

張愛玲喜歡悲涼，她曾經說過：「她不喜歡壯烈。更喜歡蒼涼。壯烈只有力，沒有美，似乎缺少人性。悲壯則是大紅大綠的配色，是一種強烈的對照。但她的刺激性還是大於啓發性。蒼涼之所以有更深長的回味，就像因爲它像蔥綠配桃紅，是一種參差的對照。」她一生中經歷過兩次「大淪落」，一次是香港被日軍攻陷，另一次則是上海被日軍完全佔領。在《傾城之戀》裡，香港的陷落成就了白流蘇的愛情現實生活和《小團圓》中則讓張愛玲和九莉回到了上海。1931 年對照張愛玲傳中眞實的歷史，張愛玲父母離異且黃逸梵離婚手續一清去歐洲。讓我們看張愛玲如何在《小團圓》中描寫這段：

> 蕊秋一面化妝，像浴室鏡子裏說道：「我跟你二叔離婚了。這不
> 能怪你二叔，他要是娶了別人，會感情很好的。希望他以後遇見合
> 適的人。」九莉倚門笑道：「我眞高興」是替她母親慶幸，也知道於
> 自己不利，但是不能只顧自己。同時也得意，家裏有人離婚，跟家
> 裡出了個科學家一樣現代化。〔註30〕

蕊秋也同黃逸梵一樣手續一清就去了歐洲。而在《小團圓》中也提到了蕊秋和三姑從歐洲回來就如同張愛玲我們所熟知的張愛玲材料一般，緊接著考大學、太平洋戰爭爆發也如傳記裡所敘述的相同。最經典的莫過於現實中張愛玲與胡蘭成的結婚證書在《小團圓》中九莉和邵之雍也演繹了一次，出現了我們所不知道的細節和我們耳熟能詳的部分：

> 之雍一笑，只得磨墨提筆寫道：「邵之雍盛九莉簽訂終身，結爲
> 夫婦。歲月靜好，現世安穩。」因道：「我因爲你不喜歡琴，所以不
> 能用琴瑟靜好。」又笑道：「這裏只好我的名字在你前面。」兩人簽
> 了字，只有一張，只好有她收了起來，太大，沒處可擱，卷起來又
> 沒有絲帶可繫，只能壓箱底，也從來沒給人看過。〔註31〕

這是張愛玲所組的第一個家，她像白流蘇一樣取得了勝利卻不長久。范柳原在《傾城之戀》中和白流蘇結婚後，就定了心只把玩笑話留給外面的女人聽。雖然我們不知道白流蘇和范柳原接下來的故事會是什麼，但比起現實中張愛

---

〔註29〕 張愛玲：《小團圓》，第 69 頁，北京十月文藝出版社，2009 年。
〔註30〕 同上，第 81 頁。
〔註31〕 同上，第 220 頁。

玲和胡蘭成或者是《小團圓》的盛九莉和邵之雍都好過太多。他們當時的場景就像：「唐詩上的『淒淒去親愛，泛泛入煙霧』，可是那到底不像這裡的無牽無掛的虛空與絕望。人們受不不了這個，急於攀住一點踏實的東西，因而結婚了。」〔註32〕《小團圓》裡與現實中太近的東西太多，因此很容易對讀者產生干擾無法將小說和現實中的材料分開。張子靜曾說：「寫作不只是姐姐謀生的技能，更是她走出封閉心靈，與這個世界對話的最重要方式。……透過她的作品，我聽到了她心裡的聲音。她的不滿與壓抑，她對人事的歌頌與指控，點點滴滴都從作品裡宣泄了出來——在寫作的世界裡，姐姐是坦白的。」〔註33〕

張愛玲在她閉不出戶的最後時日裡，年輕時代的上海又開始在她記憶裡閃爍明亮了起來，她將自己沉緬於華麗的記憶裡，在幽暗的月光中獨自散步、獨自品嘗；他返迴心目中的理想世界，將生命的最後時光閉鎖在最完美的階段裡。這也是我們得以在之後看見《小團圓》、《易經》和《雷峰塔》的原因。

---

〔註32〕張愛玲：〈燼餘錄〉，收入《流言》，第14頁，皇冠出版社，1991年。
〔註33〕張子靜：《我的姐姐張愛玲》，第167頁，時報文化出版社，1997年。

# 第二章　記憶碎片

　　1947 年張愛玲在編撰的劇本「太太萬歲題記」裡寫到：「出現在《太太萬歲》的一些人物，他們所經歷的都是些註定了要被遺忘的淚與笑，連自己都要忘懷的。這悠悠的生之負荷，大家分擔著，只這一點，就應當使人與人之間感到親切的罷？『死亡使一切都平等』，但是爲什麼要等到死呢？生命本身不也使一切人都平等麼？」人之一生，所經歷過的事眞正使他們驚心動魄的，不都是差不多的幾件事麼？爲什麼偏要那樣地重視死亡呢？難道就因爲死亡比較具有傳奇性──而生活卻顯得瑣碎，平凡？」〔註 34〕其實不盡然，因爲張愛玲的作品在過去六十年裏的廣受歡迎本身就足以構成一部豐富的文化史，它與戰爭、革命、移民和城市變遷緊密的交織在了一起。隨著中日戰爭在 1945 年的結束，張愛玲的政治聲名受到了極大的打擊，這既是因爲她與汪精衛合作主義政權中的一個重要文化人物胡蘭成（1906～1981）之間的婚姻戀愛關係，也是因爲她與《雜誌》月刊和其它幾份由日本讚助的通俗文學期刊在寫作和出版上的聯繫〔註 35〕。張愛玲在戰後仍繼續創作，但作品量大爲減少，有時會使用筆名來發表自己的作品。她的第一部長篇小說《十八春》（後更名爲《半生緣》）在 1948 年以梁京的筆名連載發表在一份娛樂小報《亦報》上。

　　而後從 1952～1955 年間，張愛玲在美國新聞署（USIA）的香港支部擔當翻譯工作。她翻譯成中文的作品有厄內斯特・海明威的《老人與海》和拉爾

---

〔註34〕張愛玲：〈太太萬歲題記〉，《大公報》（1947 年 12 月 3 日）。
〔註35〕關於他們的感情生活，可參見胡蘭成：《今生今世》，第 167～200 頁，遠景出版社，2004 年。

夫‧愛默生的散文。她還將陳紀瀅《荻村傳》和其它一些政治宣傳材料翻譯成了英文，供新聞署在東南亞和其它第三世界地區散發。〔註 36〕在此同時《色、戒》、《相見歡》、《浮花浪蕊》的發表，我們可發現與張愛玲早期作品相比，這三篇小說也顯得零亂破碎。文章存在著幾個層次的敘述，不同的角度被緊鄰放置在了一起，往往還同時引入了幾個時間框架，全都以錯綜複雜的方式交織在一起，而情節卻幾乎沒有怎麼展開，描述語言艱澀，省略頗多，敘述者似乎是唯恐交代太多。這不僅展示張愛玲本身的記憶零亂外，我們也可從中嗅出背後的成因。之後在 20 世紀 50 年代中期至 70 年代末之間，張愛玲隱身於狂熱的公眾視線之外，尋找著一種新的敘事風格，以此來有效地捕捉海外華人在 20 世紀裏的多層次體驗，她對《紅樓夢魘》，《海上花》進行了研究，在這個時期裏，從大範圍來說張愛玲最終能夠將自己的上海記憶收拾包裹起來，將它們融入整個 20 世紀的大背景中去。

但有趣的是，最終竟是小說寫作中的一項傳統技巧使得張愛玲將所有的過去片段串成一個連續的過程，她在 50 年代離開香港的眞正意義由此脫穎而出。張愛玲將她自己的個人生活轉化成了文本，與比喻、象徵和故事情節一起滿滿地收入了行李箱之中。張愛玲自己的個人過去和大陸的民族歷史被整齊地放置在這裏，經受檢測、調製、包裝和塑封。香港並不只上海的一個鏡象，也不是一種漫長旅程中的短暫停泊之地。應當說，上海和香港共同實現了張愛玲對海外華人生活地描繪和對大陸形象的刻畫。〔註 37〕所以香港經驗和上海經驗就成了研究中繞不過去的一個環節。

## 第一節　香港經驗

張愛玲堪稱在爲「古中國」的時間性招魂，儘管她招來的只能是一些古舊的記憶「碎片」。本雅明曾經引用盧卡奇《小說理論》的一段話：「只有當主體從過去的生活支流中看到他的統一的整個生活的時候，內心和外部世界的二重性才能得到消除。」〔註 38〕張愛玲自己也曾說：「人覺得自己

---

〔註 36〕陳紀瀅：《荻村傳翻譯始末：兼記張愛玲》，第 92～94 頁，《聯合文學》（臺北）第 3 卷第 5 期（1987 年 3 月）。

〔註 37〕〔美〕黃心村：《亂世書寫：張愛玲與淪陷時期上海文學及通俗文化》，第 275 頁，三聯書店出版社，2010 年。

〔註 38〕瓦爾特‧本雅明（Walter Benjamin）著，陳永國、馬海良編：《本雅明文選》，第 306 頁，中國社會科學出版社，1999 年。

是被拋棄了。為要證實自己的存在，抓住一點真實的，最基本的東西，不能不求助於古老的記憶，人類在一切時代之中生活過的記憶，這比瞭望將來要更明晰、親切。」〔註39〕所以看過《流言》的人，一望而知裏面有〈私語〉、〈燼餘錄〉（港戰）的內容，儘管是《羅生門》那樣的角度不同。〔註40〕〈燼餘錄〉裡，談所經歷港戰中的事，屬回憶過往，和歷史有些關係所以一開頭便說自己喜歡的歷史是威爾斯《歷史大綱》式的——因為太合理化！不能列入正史，但顯然有趣，因為都是「小我與大我的鬥爭」〔註41〕，而「人生的所謂『生趣』全在那些不相干的事」。同樣的香港經驗還使用在《小團圓》、《雷峰塔》、《易經》中細節性描述港戰的過程，例如在戰爭中從學校宿舍樓上下樓時的猶豫：

> 琵琶自問該不該下樓？地下室惡濁的空氣與嘰嘰喳喳的講話聲到不打緊，就是太暗了沒法看書。命中註定會被炸彈炸死，躲哪兒去都會被炸死，樓上樓下沒兩樣。有人還許躲進了避難所倒死在裡面。〔註42〕

因此像她最好的朋友，比比（炎櫻）互相鼓舞彼此的有勇無謀。比比老是想上來睡覺而張愛玲則處於高度緊張中，像駱駝儲水一樣拼命存睡眠應付睡不著的夜晚。又或者是去跑馬地報名防空員，與同學共同做好「此日吾軀歸故土，他朝君體亦相同。」的準備。諸如此類的還有擔任看護、炸彈落在自己附近、淺水灣的描述及日本兵佔領香港前港大的文件燒毀：

> 「所有的文件都燒了，連學生的記錄、成績，全都燒了，」說罷，笑得像個貓。九莉這才知道他的來意。此地沒有成績報告單，只像發榜一樣，貼在布告板上，玻璃罩著，大家圍著擠著看。她也從來不好意思多看，但是一眼看見就像烙印一樣，再也不會忘記，隨即在人從中擠了出去。分數燒了，確是像一世功名付之流水。〔註43〕

張愛玲曾自述：「港大文科二年級有兩個獎學金被我一人獨得，學費膳宿費全

〔註39〕張愛玲：〈自己的文章〉，收入《流言》，第21頁，皇冠出版社，1991年。
〔註40〕宋以朗：〈張愛玲1976年1月3日的信〉，收入《小團圓》，第4頁，北京十月文藝出版社，2009年。
〔註41〕張愛玲：〈燼餘錄〉，收入《流言》，第34頁，北京十月文藝出版社，2006年。
〔註42〕張愛玲：《易經》，第207頁，北京十月文藝出版社，2010年。
〔註43〕張愛玲：《小團圓》，第61頁，北京十月文藝出版社，2009年。

免，還有希望畢業後免費送到牛津大學讀博士。」〔註44〕而這文件燒毀自此斷了她通過努力認眞學習免費出國的美夢。同樣的，〈燼餘錄〉也是這樣的一部作品，它發表於 1944 年的 2 月（《天地》雜誌）第 5 期，約在《傾城之戀》發表（1943 年 9～10 月）的 4 個月之後，二者的密關係相當明顯：《傾城之戀》小說的下半部就是以〈燼餘錄〉中所描寫的日軍傾占香港爲背景，小說只不過加上了兩個虛構的主人公──范柳原和白流蘇，以及前段的上海背景。但〈燼餘錄〉所寫的時間界限則較短，1941 年冬，地點也更集中──香港大學的宿舍附近。〔註45〕這篇散文的重要意義是它把戰亂和世俗的日常生活放在同一個特定的歷史時空中，因而造成了張愛玲所特有的歷史視野：她不但把歷史的「大敘述」或「主旋律」放在故事的背景後，甚至故意將之描寫得很模糊（日本人何時攻打香港，如何轟炸，如何佔領，隻字不提），同時把日常生活的現實放於前景。然而正因於這個歷史和日常生活的「錯置」才使得這篇散文顯得更不凡。〔註46〕將其相對照便會發現張愛玲在通過這些「香港經驗」在創作中實踐。

同樣地，在〈憶「西風」〉，1994 年 12 月 3 日於臺北《中國時報‧人間副刊》上，張愛玲曾這樣描述自己在香港求學中的一段生活「插曲」：

> 這私有的青衣島不在輪渡航線內，要自租小輪船，來回每人攤派十幾塊錢的船錢。我就最怕在學費膳宿與買書費之外再有額外的開銷，頭痛萬分，向修女請求讓我不去，不得不解釋是因爲父母離異、被迫出走，母親送我進大學已經非常吃力等等。修女也不能作主，回去請示，鬧得修道院院長也知道了。連跟我同船來的錫蘭朋友炎櫻都覺得丟人，怪我這點錢哪裡也省下來了，何至於，我就是不會撐場面。〔註47〕

這也可以表明爲何張愛玲會如此積極希望自己獲得獎學金，一方面是報答母親，一方面也是希望母親至此覺得培育是不後悔的決定。「我看得出我母親是爲我犧牲了許多，而且一直在懷疑我是否值得這些犧牲。我也懷疑著。」

---

〔註44〕 張愛玲：〈對照記──看老照相簿〉，《對照記》，第 49 頁，北京十月文藝出版社，2007 年。

〔註45〕 陳子善：《流言》，第 58 頁，浙江文藝出版社，2002 年。

〔註46〕 夏志清：〈張愛玲筆下的日常生活和「現時感」〉，收入李歐梵、夏志清、劉紹銘、陳建華等著：《重讀張愛玲》，第 9 頁，上海書店出版社，2008 年。

〔註47〕 張愛玲：〈憶「西風」〉，臺灣《中國時報‧人間》，1994 年 12 月 3 日。

〔註 48〕對於母親張愛玲是充滿矛盾之情的，在現實生活中的磨難逐漸減少了張愛玲對母親的愛。而後在 1952 年，張愛玲借廣州轉往香港，能出大陸憑的就是就是在香港大學的復學證明，因淪陷區的特殊氣氛讓張愛玲一舉成名，在「未變」與「轉變」中的 1949 年上海局勢對張愛玲不利，儘管她說還沒離開家已經想家：

> ……我從來沒聽見過這等考語。自問確是脂粉不施，穿著素淨的花布旗袍，但是二三個月前到派出所申請出境，也是這身打扮，警察一聽說要去香港，立刻沉下臉來，彷彿案情嚴重，就待調查定罪了。幸好調查得很不徹底，沒知道我寫作爲生，不然也許沒這麼容易放行，一旦批准出境，馬上和顏悅色起來，因爲已經是外人了，地位僅次於國際友人。像年底送灶一樣，要灶王爺「上天言好事」。
> 〔註 49〕

在香港展開以翻譯爲主的謀生生活爲香港的「美國新聞處」翻譯《老人與海》、《愛默生選集》、《美國七大小說家》等書，居住三年後終因《秧歌》與《赤地之戀》的不受好評於 1953 年依美國難民法令於 1955 年乘上克利夫總統號前往美國，像一片深褐的落葉，焦黃輕靈從枝頭飄落，與故鄉分別。

# 第二節　上海經驗

張愛玲曾被人認爲提供了「新的洋場鴛蝴體」。她的小說有著這層淵源關係，認爲其題目香豔，稱什麼《紅玫瑰與白玫瑰》、《鴻鸞禧》、《沉香屑：第一爐香》，可是她的敘述方式，心裡的質地，已經新穎得完全接得上西方現代派的血脈。這種現代主義傾向，正是海派現代品質的一個標誌。〔註 50〕而這也正來源於她的上海經驗和生活體驗：

> 張愛玲對現代都市民間文學的貢獻是她把虛擬的都市民間場景：衰敗的舊家族、沒落的貴族女人、小奸小壞的小市民日常生活，與新文學傳統中作家對人性的深切關注和對時代變動中道德精神的準確把握，成功地結合起來，再現出都市民間文化精神。因此她的作品在精神內涵和審美情趣上都是舊派小說不可望其肩項的。她不

---

〔註 48〕張愛玲：〈私語〉，收入《流言》，第 159 頁，皇冠出版社，1991 年。
〔註 49〕張愛玲：《對照記》，第 77 頁，北京十月文藝出版社，2007 年。
〔註 50〕吳福輝：《都市漩渦中的海派小說》，第 5 頁，湖南教育出版社，1995 年。

是直接描寫都市市民的生活細節而是抓住了社會大變動給一部分市
民階層帶來的精神惶恐，提昇了一個時代的特徵：亂世。那些亂世
男女的故事，深深打動了都市動蕩不安環境下的市民們。〔註51〕
我們可以這樣，作家只是生活著，假如可以這樣說的話只是在材料中生活
著，痛苦著、思索著、快樂著，參與大大小小的事件，自然、生活的每一
天都在他們的記憶裡，心上留下自己標誌和痕跡。以情感體驗的方式去佔
有材料，才能孕育和創造作品，那些「標誌和痕跡」就是做爲個人獨特的
情感感受和體驗。〔註52〕在《易經》中描述了琵琶從戰爭中拼命回到上海
的心情：

古人說：「富貴不歸故鄉，如衣繡夜行，誰知之者！」她並不是
既富且貴了。只是年紀更長，更有自信，算不得什麼，但是在這裡
什麼都行，因爲這裡是家。她極愛活著這樣平平淡淡的事，還有這
片土地，給歲月滋養得肥沃，她自己的人生與她最熟悉的那些人的
人生。這裡人們的起起落落、愛恨輾轉是最濃烈的，給了人生與他
處不一樣的感覺。〔註53〕

家庭領域通常都被視爲一個封閉性的空間，但是上海區淪陷的女性作家所構
建的家庭性概念的意義在於它滲透了整個文化領域。如同張愛玲所述，上海
在她心中在，成了大概念的「家」而自己家則是小範圍的。像是《小團圓》
中楚娣爲解釋九莉的奶奶，所述的九莉奶奶作品：「四十明朝過，猶爲世罔縈。
蹉跎暮容色，煊赫舊家聲。」不管好壞與否皆是張愛玲拋不掉的記憶。女性
作家描述了都市家庭的形成和鞏固，家庭空間內性別關係的調整協商，以及
私人空間和公共範疇之間變化不定的界限。〔註54〕

　　爲了杜絕敏感內心，張愛玲開始向外發展。在 1936 年張愛玲就讀於聖瑪
利亞女中時，張愛玲於校刊《國光號》上發表在《在黑暗中》一文，評判的
眼光獨到且嚴苛，唯對《莎菲的日記》有好評：「細膩的心理描寫、強烈的個

---

〔註51〕陳思和：〈民間和現代都市文化──兼論張愛玲現象〉，收入《陳思和自選集》，
　　　　第 289 頁，廣西師範大學出版社 1997 年。
〔註52〕康斯坦丁・格奧爾基耶維奇・帕烏斯托夫斯基著：（Константин Георгиевич
　　　　Паустовский），李時譯：《金薔薇》，第 75 頁，上海譯文出版社，1990 年。
〔註53〕張愛玲：《易經》，第 14 頁，皇冠出版社，2010 年。
〔註54〕黃心村：《亂世書寫・張愛玲與淪陷時期上海文學及通俗文化》，第 47 頁，三
　　　　聯書店出版社，2010 年。

性、頹廢美麗的生活，都寫得極好。女主角莎菲那矛盾的浪漫個性，可以代
表五四時期感到新舊思想衝突所帶來的苦悶的一般的女性們。」作者特殊的、
簡潔有力的風格，在這本書裡得以成熟。」〔註55〕1937 年的《霸王別姬》則
套用歷史故事和戲曲作了反諷的改寫，顛覆了另一篇寫於 1936 年的小説《牛》
中的被壓抑、被剝削的女性形象。關於這點林幸謙在《張愛玲的少作論——
壓抑的符碼與文本的政治含義》有詳細的論述：

> 在《牛》一文中不難看到少女時代的張愛玲，她的内心早已浮
> 滿女性遭受壓迫和剝削的歷史鏡頭。15 歲少女筆下的第一個生命，
> 竟已有歇斯底里與瘋狂的傾向，令人吃驚……從祿興娘子形象的塑
> 造開始，張愛玲筆下歇斯底里的女性就透露出她們的悲憤、不滿和
> 恐懼。這些壓抑的情緒都化爲憤怒的瘋牛，像祿興娘子一般艱難地
> 喘息著，最終帶著猙獰的眼神一頭撞死祿興。發瘋的牛不妨視爲祿
> 興娘子的精神化身，也是少女張愛玲移轉祿興娘子悲憤的對象，借
> 助歇斯底里的瘋牛，把所有悲憤在此表現出來。〔註56〕

相反地虞姬代表了具有顛覆傳統和反思力量的女性。原來的故事是虞姬爲了
表達忠貞，爲了減輕項王的心理負擔而自刎，張愛玲卻將它改寫爲虞姬對自
身處境的醒悟過程——不管項王是勝是敗，她都是男人的附屬品和犧牲品，
與其被動地被賜死，不如選擇主動地選擇赴死。上海的一切給了她透徹的想
法像是對於城市中的調情，張愛玲是這樣看的：

> 現代人多是疲倦的，現代婚姻制度又是不合理的。所以有沉默
> 的婚姻關係，有怕遭致負責，但求輕鬆一下的高等調情，有回覆到
> 動物的性欲的嫖妓——但仍然是動物式的人，不是動物，所以比動
> 物更爲可怖。還有便是姘居，姘居不像夫妻關係的鄭重，但比高等
> 調情更負責任，比嫖妓又是更人性的，走極端的人究竟不多，所以
> 姘居在今日成了很普遍的現象。〔註57〕

在 1949 年上海解放後，柯靈曾以筆名甲文在《文匯報》副刊《文化街》上發

---

〔註55〕張愛玲：〈黑暗中〉，《張愛玲散文全編》，第 488 頁，浙江文藝出版社，1992
年。

〔註56〕林幸謙：《張愛玲的少作論——壓抑的符碼與文本的政治含義》，第 99 頁，《當
代》，1995 年 5 月。

〔註57〕張愛玲：〈自己的文章〉，收入《流言》，第 98 頁，北京十月文藝出版社，2006
年。

表了題為《張愛玲與〈傳奇〉》的文章，向讀者推薦介紹重印的張愛玲小說集《傳奇》增訂本。文章很短，柯靈稱之為「小文字」：

> 上海在淪陷時期出了一個張愛玲，她的小說與散文頗為讀者所稱譽。但是正因為她成名於淪陷期間，發表作品較多，而又不甚選擇發表刊物，所以勝利之後，她不免受了「盛名之累」。
>
> 張愛玲的小說集《傳奇》兩年前曾經刊行，最近市上發現了偷印本。從這件事上可以看出市儈的伎倆，和他們的「趁人之危」的居心。但據筆者所知，目前正有一家出版社在重新排印這本書，其中添收張愛玲後期所做小說數篇，聞書前有她的新寫的題記，說明兩點：（一）她在淪陷的上海寫過文章，可是他從不跟政治發生任何關係。（二）她所寫的文章，從沒有涉及政治，她的兩本書（《傳奇》和《流言》）可為明證。也就是說，要求社會還她真實的評價。
>
> 〔註 58〕

整體來說，張愛玲在上海度過她人生中許多事件，像是父母離婚、與白俄老師學鋼琴被父親揚言用手槍打死、母親離婚後的再度出洋、準備出國留學考試和猶太籍老師補習數學以及插班入聖約翰大學就讀，胡蘭成的戀愛故事以及第一篇作品的發表。上海經驗構築了張愛玲的底氣，使得張愛玲創作出一系列的作品。正是這樣的悲喜交雜，使得張愛玲變得深邃如同烏納穆諾所言：「如果我們沒有經歷過或多或少的苦難，我們又如何知道我們的存在？除了受難之外，我們又如何能轉向自己而獲取到深思的意識呢？我們享樂的時刻我們忘了自己，忘記了我們的存在；這時候我們變成另外一個人，一個陌生的存在體，我們隔離了自己。惟有藉著苦難，我們再一度成為自己的中心，我們再回到自己。」〔註 59〕張愛玲也藉由這樣的方式在自我中不斷的出走和回歸。

## 第三節　家族底蘊

張愛玲在《私語》中對家的描寫，有一種耐人尋味的複雜意味：既有強

---

〔註58〕柯靈（甲文）：〈張愛玲與《傳奇》〉，《文匯報》副刊《文化街》，1946 年 10 月 1 日。

〔註59〕米蓋爾・德・烏納穆諾（MigueldeUnamuno）著，段繼承譯：《生命的悲劇意識》，第 76 頁，花城出版社，2007 年。

烈對冷漠家庭的控訴和憤怒，又有對家庭溫馨的渴望，渴望追尋一個「現世安穩」的依靠港灣，卻未遂願：

> 我後母也吸鴉片，結了婚不久我們搬家搬到一所民初式樣的老洋房裏去，本是自己的產業，我就是在那所房子裡生的。房屋裡有我們家的太多的回憶，像重重疊疊複印的照片，整個的空氣有點模糊。有太陽的地方使人瞌睡，陰暗的地方有古墓的清涼。房屋的青黑的心子裡是清醒的，有它自己的一個怪異的世界。而在陰暗交界的邊緣，看得見陽光，聽得見電車的鈴與大減價的布店裡一遍又一遍吹打著「蘇三不要哭」，在那陽光裡只有昏睡。〔註60〕

而後張愛玲又說：「有我父親的家，那裡什麼我都看不起，鴉片，教我弟做《漢高祖論》的老先生，章回小說，懶洋洋灰撲撲地活下去。像拜火教的波斯人，我把這世界強行分作兩半，光明與黑暗，善與惡，神與魔。屬於我父親這一邊的必定是不好的，雖然有時候我也喜歡，我喜歡鴉片的雲霧，霧一樣的陽光，屋裏亂攤著小報（直到現在，大疊的小報仍然給我一種回家的感覺），看著小報，和我父親談談親戚間的笑話──我知道他是寂寞的，在寂寞的時候他喜歡我。父親的房間裏永遠是下午，在那裏坐久了便覺得沉下去，沉下去。」張愛玲同時進一步強化了她對家庭「負面」印象的敘述：

> 我父親跟著拖鞋，拍達拍達衝下樓來。揪住我，拳足交加，吼道：「你還打人！你打人我就打你！今天非打死你不可！」我覺得我的頭偏到這一邊，又偏到那一邊，無數次，耳朵也震聾了。我坐在地下，躺在地下了，他還揪住我的頭髮一陣踢。終於被人拉開。
> 〔註61〕

瑞士心理學家皮亞傑在《認識發生論》中提出「圖式」說「同化」指將客體納入主體「圖式」中，引起「圖式」量的變化；「順應」指對主體不能「同化」的客體，主體則改變原有的「圖式」去適應環境的變化，「圖式」發生質的變化。認為一切刺激都只有為主體的圖式「同化」或「順應」才能發生效用。這也就是說人要□改變環境，要□被環境改變。張愛玲描述的父親形象，在性格上帶有內向、靦覥甚至軟弱的成分，在與黃逸梵離婚前後的「較量」中給

---

〔註60〕張愛玲：〈私語〉，《張愛玲全集》（第一卷），第 106 頁，海南出版社，1995年。

〔註61〕同上，第 110 頁。

人的感覺是女強男弱的。《小團圓》的乃德也如此，他不僅被盛九莉的母親笑話，被她冷淡，被她逼著離婚；與相好的妓女愛老三，也竟被她打破了頭。性格軟弱的人容易產生依賴。張廷重對前妻就表現出「餘情未了」的一種依戀。症狀之一是每當張愛玲要到生母那邊去，他總是答應的，《小團圓》裡就說乃德「總柔聲答應著」。張愛玲將此歸結爲卞瑞秋的「魔力也還在」。〔註62〕黃逸梵客觀地說，她有她的煩惱，有她的不幸，她有她的創傷，她自己的幸福尚不確定，在這麼多的問題前面，她還要照顧張愛玲，也因此會不耐煩表現出對於培養張愛玲到底值得不值得的懷疑。

周瘦鵑在《紫羅蘭》第二期（1943年5月）寫的那篇〈寫在《紫羅蘭》前頭〉的文章，提供了張愛玲初登文壇，在雜誌上發表她早期的重要作品的史料。而周瘦鵑對當時張愛玲投稿以及雜誌發表作品過程的細節化描述，更具有一定的參考價值，成爲傳記作者以及評論者繞不過去的一節。因此當我們走近張愛玲的小說，可以發現在敘述主題上著意描寫人間情愛的殘缺與畸形，其筆下人物無論是施虐和被虐角色，無不緊靠其內心活動做呈現。《紅玫瑰與白玫瑰》中佟振保的自戀，《茉莉香片》、《心經》中的戀父、戀母情結及《年輕的時候》裡愛畫小人的潘汝良的幻想世界等，均是代表之作。在文本中一再抒發「失愛」的心理創傷，療傷自己的同時，也引發讀者深入對人性及文化本質的反思與批判。

## 第四節　婚戀及交友

尋求不到家庭溫暖的張愛玲轉而在愛情上尋找立足點，爲此張愛玲有自己的一套理論說法，來說明男女之間的崇拜關係，例如：「一般人總是怕把女人的程度提高，一提高了，女人就會看不起男人。其實用不著擔憂到這一點。如果男女的知識程度一樣高（如果是純正地而不是清教徒式的的知識），女人在男人面前還是會有謙虛，因爲那是女性的本質，因爲女人要崇拜才會快樂，男人要被崇拜才快樂。」〔註63〕又如，「也許這些人總是在無聊中找事情給自己，他們花費一輩子的時間瞪眼看自己的肚臍，並且想法子尋找，可也有其

---

〔註62〕王一心：《小團圓・對照記・張愛玲人際譜系》，第31頁，文匯出版社，2009年。

〔註63〕張愛玲：〈蘇青張愛玲對談記〉，《雜誌》月刊（上海），第14卷第6號（1945年3月）。

它的人也感到興趣的，叫人家也來瞠眼看。」〔註64〕張愛玲認為這些對愛情的堅持是為了碰到懂自己的人，在她的理想狀態，認為兩人是需要心靈相通的：「於千萬人之中遇見你所遇見的人，於千萬年之中，時間的無涯的荒野裏，沒有早一步，也沒有晚一步，剛巧趕上了，那也沒有別的話可說，唯有輕輕的問一聲：『噢，你也在這裡嗎？』」〔註65〕是一種親切溫暖但又保持著一些神秘的距離，這種距離正是男女之間本質上的分界線。

因此張愛玲認為戀愛的定義之一是：「我想是誇張一個異性與其它一切異性的分別。在〈國語本《海上花》〉中，她以不同的角度提出嫖客願意經常「光顧」同一個人的舉動，認為這些嫖客從一而終的傾向，並不是從前的男子更有惰性，更是「習慣的動物」，不想換口味追求刺激，而是有更迫切更基本的需要，與性同樣必要——愛情。」〔註66〕但在閱讀世界中看得如此透徹的張愛玲卻在情愛的世界裏打了個盹，做了個不近情理的夢。胡蘭成多情、熱鬧、對愛絕不重然諾，他在《今生今世》中曾這麼說過：「我不但對於故鄉是蕩子，對於歲月亦是蕩子。」〔註67〕如此地「人選」，跟張愛玲的追求有極大的落差，這也是兩人最終走不到一塊的最主要原因。

胡蘭成對於張愛玲在愛情中的忍耐程度有過「高估」，亦或是他不願承認張愛玲的妒忌之心，在晚年時胡蘭成是這樣述說與張愛玲的交往：「我已有妻室，她並不在意。再或我有許多女友，乃至挾妓遊玩，她亦不會吃醋。她倒是願意世上的女子都喜歡我。一夫一婦原是人倫之正，但亦每有好花開出牆外，我不曾想到要避嫌，愛玲這樣小氣，亦糊塗得不知道妒忌。」但張愛玲卻不是胡蘭成想像地這般感受，對她而言，胡蘭成不斷和別的女人曖昧，對她而言實為痛苦之極，因此她嘗試在幻想中用刀「了結」對方：「現在在他逃亡的前夜，他睡著了，正好背對著她。廚房裏有一把斬肉的板刀，太沉重了。還有把切西瓜的長刀，比較伏手。對準了那狹窄的金色背脊一刀。他現在是法外之人了，拖下樓梯往街上一丟。『你要為不愛你的人而死？』她對自己說。」

〔註64〕張愛玲：〈童言無忌〉，收入《流言》，第92頁，北京十月文藝出版社，2009年。
〔註65〕張愛玲：〈愛〉，《雜誌》月刊（上海），第13卷第1期（1944年4月）。
〔註66〕張愛玲：〈國語本《海上花》譯後記〉，《對照記》，第231頁，北京十月文藝出版社，2007年。
〔註67〕胡蘭成：《今生今世‧我的情感歷程》，第8頁，中國社會科學出版社，2003年。

認為賢淑源於單純，溫柔源於赤誠的張愛玲產生了心理上的矛盾感，胡蘭成的「嬌妻美妾」並不是張愛玲所想要的愛情，張愛玲在明知道胡蘭成不是理想的對象的情況下，在幻海中浮沉了 3 年，而胡蘭成早已：「我是幼年時的啼哭都已還給了母親，成年後的號泣都已還給了玉鳳，此心已回到如天地不仁。」〔註68〕張愛玲雖說過：「兄弟如手足，妻子如衣服。」可是如果女人能夠做到「丈夫如衣服」的地步就很不容易。〔註69〕胡蘭成與張愛玲在情感上的參差，註定了一段如在《封鎖》小說中特定場合所迸發的愛之火花，註定在環境改變時也如同其《封鎖》小說一般等於沒發生。

之後，張愛玲赴美，此時張愛玲雖然結過一次婚，而且這時也不是一個羞答答的少女，但是，她始終是一個矜持的女人，因此人們不免感到詫異，為什麼這一次的羅曼史會發展得如此之快。其實張愛玲已意識到自己既寂寞又像是片無根之萍，儘管已搬到彼得堡來住了，但是這種居無定處、事無定職的漂泊感卻依舊如故……她為自己朦朧的未來心中無數感到焦慮。面臨多方面的窘迫，她選擇了賴雅作依靠。賴雅是個熱情而又關心人的男人，對她的工作既有興趣，對她的幸福也很關懷，這樣生活的掙扎促使張愛玲挑中了賴雅。〔註70〕

張愛玲的婚戀狀況深切地影響了她對生活的感悟，也就是說張愛玲的創作其實總歸根於愛。魯迅曾對創作活動進行概括，他道：「人感到寂寞時，會創作；一感到乾淨時，即無創作，他已經一無所愛。」〔註71〕懷抱著傷心的張愛玲在當時還未與胡蘭成分開時於《華麗緣》中寫「看戲」與「戲」中的男人與女人，看與被看，演不完的「華麗緣」。臺上臺下，都觸動張愛玲當時敏感的神經：

> 我忍不著想問：你們自己呢？我曉得他們也常有偷情離異的事件，不見得有農村小說裡特別誇張用來調劑沉悶的原始的熱情，但也不見得規矩到這個地步。〔註72〕胡蘭成老家在紹興，越劇的發源地。一切有關的人、物、事，都令人煩躁不安。在那場戲裡，有「二

---

〔註68〕 胡蘭成：《今生今世》，第 118 頁，中國社會科學出版社，2003 年。
〔註69〕 張愛玲：〈更衣記〉，收入《流言》，第 34 頁，皇冠出版社，1991 年。
〔註70〕 司馬新：《張愛玲在美國》，第 18 頁，文藝出版社，1996 年。
〔註71〕 魯迅：〈小雜感〉，收入《而已集》，第 511 頁，人民文學出版社，1973 年。原文發表於《語絲》周刊第 4 卷第 1 期（1927 年 12 月 17 日）。
〔註72〕 張愛玲：《華麗緣》，收入《鬱金香》，第 158 頁，十月文藝出版社，2006 年。

　　　美三美團圓」的結局想像：有朝一日他功成名就，奉旨完婚的時候，
　　　自會一路娶過來，決不會漏掉她一個。以前的男人是沒有負心的必
　　　要的。〔註73〕

這種依看劇情節而引發的感悟，源自於胡蘭成是個多情種子。在〈自己的文
章〉中張愛玲曾說：「她們的地位始終是不確定的。疑忌與自危使她們漸漸變
成自私者。」而同時她又說高級調情的第一個條件是距離——並不一定指身
體上的。保持距離，是保護自己的感情，免得受苦。〔註74〕張愛玲都明白但
也都不明白，缺失父愛的張愛玲兩次婚戀都尋求比她大的對象，她寫人生的
恐怖與罪惡，殘酷與委屈，讀者作為一個全知敘述者進行介入時不僅打破了
作者情人世界構建私密性，還間接沖淡了追憶情境的溫暖。讀者因而需要在
第三人稱與全知敘事者的視角走輾轉，並隨全知敘述者在過去與現在的時間
維度中穿梭，才會有更深的體悟，當情緒倍受感染而讀張愛玲作品的時候，
其實有一種悲哀，亦同時是歡喜的。因為透過一遍遍地書寫——「重寫過程」
讀者和作者一同饒恕了「他們」，並且撫愛那受委屈的部分，既使它已如印記
深深烙印在生命裡，也會得到一定程度上的「安慰」。

---

〔註73〕張愛玲：《華麗緣》，收入《鬱金香》，第 157 頁，十月文藝出版社，2006 年。
〔註74〕張愛玲：〈我看蘇青〉，第 16 頁，《天地》第 19 期（1945 年 4 月）。

# 第三章　敘事療癒

　　1944 年 8 月 26 日在張愛玲《傳奇》公開面世前幾天，下午 3 點《雜誌》社約請部分作家和學者在康樂酒店舉行了一次《傳奇》集評茶會。出席者除張愛玲與《雜誌》社同仁外，還有前雲南大學教授袁昌碩先生，譚正碧、堯洛川、錢公俠、谷正魁等作家評論家。〔註 75〕會中譚惟翰分析了張愛玲小說的三個特色：用詞新穎，色彩濃厚，比喻巧妙。吳江楓則認爲張愛玲製造氛圍的手腕很高以及作品中「涼」字用得特多，讀來有一種憂鬱感。至於具體作品班公認爲《金鎖記》、《傾城之戀》最高，南容以爲《沉香屑：第一爐香》最佳。柳雨生的書面發言中認爲：以結構論，〈年輕的時候〉《茉莉香片》最好；以深刻論《心經》最爲愜意。而《金鎖記》比《傾城之戀》還要好。對此張愛玲自己的看法是：別人喜歡她的《金鎖記》和《傾城之戀》，可她自己最中意的是〈年輕的時候〉，然而很少有人喜歡它；最不滿意的是《琉璃瓦》和《心經》前者淺薄，後者晦澀。眞是更有所愛，透過了解當時的茶會評論情況，有助於了解其作品的手法和技巧。

　　寫作表達的更深一層內涵，是張愛玲作品裡的意象，其展露的內容多半來自於其生活經驗的再創造與鋪墊。她在香港時，曾翻譯過海明威說的這句話：「一個文人的最好訓練是不快樂的童年。」這句話用來形容其童年，是相當準確的。張愛玲的童年，確實是不快樂的。甚至她的一生，快樂的時候也不多。四歲母親離家出國。十歲父母離婚。十四歲父親再娶，十七歲被父親監禁半年。十八歲逃出父親的家。從童年到青春，一次次都是情感上的高壓

---

〔註 75〕谷正魁（沉寂）：〈張愛玲的苦戀〉，《世紀》雜誌，1998 年第 1 期。

與生活上的高溫和煎熬。二十三歲，揚名上海灘。二十四歲，情繫胡蘭成。二十五歲，情傷胡蘭成。二十七歲，情碎胡蘭成。三十二歲，離家去國。四十七歲，痛失賴雅。五十二歲，自我封鎖。七十五歲，骨灰漂游太平洋。因此其弟弟──張子靜，是這麼敘述他姐姐的：人們看到的，也許只是她的鑽石光芒，我看到的，是那地層之下的無盡煎熬。〔註 76〕

　　然則張愛玲的家族史雖然給與她豐富的原始經驗和寫作素材，但她對自己「身份」的追求，卻是從脫離家族開始的。她一生中甚少認真地扮演某人之女、某人之妻，更沒為人母，她揚棄了一般女人被社會賦予的「天職」，甚至調侃「母愛」、「母性」、「聖母」這些誇大與虛幻的角色。在逃出父親與母親的家之前，她的文章都是以客觀的「她」為描寫對象，離開母親後，她才以「我」發聲，並發出天才的呼聲來確認自己。直到 20 世紀初，對於天才的認定，人們仍普遍抱持女性與天才無緣的觀點。有人甚至認為女天才違反自然。威爾・杜蘭就認為：「女性或許很有才情，但絕不會是天才，因為她們常常停留在主觀狀態。」〔註 77〕1971 年，臺灣作家水晶先生費盡周折訪問到張愛玲。張愛玲對他談到自己的作品中的人物和故事，「差不多『各事其本』」，她稱之為 documentaries（紀錄片）。談到《紅玫瑰與白玫瑰》，「她很抱歉的是說，寫完了這篇故事，覺得對不住佟振保與白玫瑰，這兩人她都見過，而紅玫瑰只是聽見過。」〔註 78〕

## 第一節　情節演繹

　　童年留下的心理暗疾，就像一棵樹苗上的傷痕，會隨著樹的長高長大而慢慢拓展，變成一生的隱痛。而這些傷痕，大多來自父母老師，他們不可能有惡意，他們只是被生活的重壓擠得失去耐心，一些言語，一些眼神輕易飛出，讓柔弱的小心靈獨自承受：

　　　　「生來莫為女兒身，喜樂哭笑都由人。」琵琶儘量不這樣想。
　　　　有句俗話說：「恩怨分明」，有恩報恩，有仇報仇。她會報復她父親
　　　　與後母，欠母親的將來也都會還。許久之前她就立誓要報仇，而且

---

〔註 76〕 張子靜：《我的姐姐張愛玲》，第 270 頁，吉林出版社，2009 年。
〔註 77〕 〔美〕威爾・杜蘭特（Will Durant）：《西洋哲學史話》，第 313 頁，三民書局，2004 年。
〔註 78〕 水晶：《張愛玲的小說藝術》，第 25～26 頁，大地出版社，1973 年。

　　說到做到，即使是爲了證明她會還清欠母親的債。她會將在父親家
的事畫出來，漫畫也好，毆打禁閉，巡捕房卻不願插手，只因蘇州
河對岸烽火連天。她會寄給報社。說不定巡捕會闖進屋子去搜鴉片。
　〔註79〕
如同張愛玲在《私語》中所述，充斥著琴聲、童話和狗的花園洋房，是張愛
玲對母親的美麗記憶而張愛玲的父親則是「令人討厭的可憐人」。她曾這樣概
括自己的生命：「悠長的像永生的童年，相當愉快的度日如年，……然後崎嶇
的成長期，也漫漫長途，看不見盡頭……滿目蒼涼，……然後時間加速，越
來越快，越來越快，繁絃急管轉入急管哀弦，急景凋年倒已遙遙在望。一連
串的蒙太奇，下接淡出，其餘不足觀也。」〔註80〕也正因爲不愉快的童年經
驗，所以張愛玲在創作中不斷地上演類似於童年經驗的情節演繹，而這也導
致了張愛玲的小說世界與個人的經驗世界緊密相關。在《心經》中張愛玲也
曾透過小寒這個角色回憶起曾經擁有的無邪和坦蕩父母之愛的幼年時光，帶
起甜蜜沉溺、沒有負擔的懷想：
　　　　啊，七八年前……那是最可留戀的時候，父母之愛的黃金時期，
　　沒有猜忌，沒有試探，沒有嫌疑……小寒插著兩首擱在胸口，緩緩
　　走到陽臺邊。沿著鐵欄杆，編著一帶短短的竹籬笆，木槽裡種了青
　　藤，爬在籬笆上，開著淡白的小花。夏季的黃昏，充滿了回憶。
　〔註81〕
許小寒性格及家庭環境設定爲自小便是極其敏感的女孩，敏感於父母婚姻生活
的隱隱不和，敏感於父親與母親的截然差距，張愛玲透過厄勒克特拉情節爲創
作爲基調，再加上故事的鋪陳，將人性中對父親愛慾的渴望及現實中自己所追
求不到的「高大完美」的父親形象，在《心經》中上演，甚至將其導向爲崇拜
父親和鄙視母親的心理狀態。在現代文學作家裡，張愛玲的身世是少見的傳奇，
「像七八哥話匣子同時開唱」。她的弟弟張子靜就說：「與她同時代的作家，沒
有誰的家世比她更顯赫。」那是清末四股權貴勢力的交匯，父系承自清末名臣
張佩綸、李鴻章，母系是長江水師提督黃翼升後人，繼母則是北洋政府國務總
理孫寶琦之女。都是歷代仕宦之家，家產十分豐厚，然而巨塔之傾，卻也只要

─────────────────────────────

〔註79〕張愛玲著，趙丕慧譯《易經》：第79～80頁，皇冠出版社，2010年。
〔註80〕張愛玲：《對照記》，第88頁，北京十月文藝出版社，2007年。
〔註81〕張愛玲：《心經》，收入《張愛玲全集》，第165頁，北京十月文藝出版社，2009
　　　年。

一代。〔註82〕家產因爲親戚占奪，加上坐吃山空，永遠付不出的學費，戒不掉的鴉片、嗎啡和姨太太，老宅子裡的煙霧繚繞，令人瞌睡的生活環境便在文本中不斷上演。〔註83〕在 1945 年 7 月 21 日張愛玲與李香蘭、金雄白、陳彬和座談的話：「要在兩行之間另外讀出一行」。就表達了情節演繹的這部分。

因張愛玲的童年創傷，使得張愛玲在文本中鞭撻父權，在多個文本中將男性角色視爲隱形人，像是《沉香屑──第一爐香》的梁太太、《沉香屑──第二爐香》的蜜秋兒太太、《心經》中的段老太太、《傾城之戀》的白老太太、《金鎖記》的姜老太太及《留情》的楊老太太，皆已排擠掉男性家長的主體性地位，如此男性家長的缺席象徵張愛玲極欲把封建男權抹滅及消逝，這類背景通常都設定爲半新半舊中或者是戰爭時代，除了暗示著他們的心跟不上現代思潮還停留在封建社會中同時也述說了在戰爭中什麼都是有可能的。而這其中的衝突與不適應讓他們選擇自我封閉與逃離，也就是因爲這樣的設定便讓張愛玲順理成章地展開「無父文本」的敘事。在《易經》中琵琶曾這樣說：「我們大多等到父母地形象瀕於瓦解才眞正了解他們。」

除了鞭撻父權療癒外，張愛玲也透過文本中女性人物與母親黃逸梵與這些人的差異，其母親黃逸梵具有傳統及半新半舊的婦女難以俱備的主，意識及獨立意識，主宰著自己的命運，敢於追求個人幸福與個人價值的實現，雖然在現實生活中母親早已缺席，但她在文字的療癒過程中，已然同意母親的選擇。用一種筆下人物的不完美性來傳達理解的認同，撫平對母愛的缺失與遺憾。至於張愛玲愛戀胡蘭成的主要原因是他能完全欣賞她的才華，在文學上刺激了她的靈感，引用張愛玲的話：「對於大多數的女人，『愛』的意思就是『被愛』。」「男子習慣愛女人，但有時也喜歡她愛他。」、「如果男女的知識程度一樣高，女人在男人面前還是會謙虛的，因爲那是女性的本質，因爲女人要崇拜才會快樂，男人要被崇拜才快樂。」、「男子的年齡應當大 10 歲或是 10 歲以上，我總覺得女人應當天眞一點，男人應當有經驗一點。」〔註84〕但也因爲胡蘭成的「濫情」使得張愛玲傷重過後，創作生命萎謝得過快，過早封閉了心靈的出路，並惶惶不可終日：

〔註82〕　張瑞芬：《童女的路途──張愛玲〈雷峰塔〉與〈易經〉導讀》，收入《雷峰塔》，皇冠出版社，2010 年。

〔註83〕　閭紅：《哪一種愛不千瘡百孔》，第 50 頁，天津教育出版社，2009 年。

〔註84〕　靜思：《蘇青與張愛玲對談記錄》，收入《張愛玲與蘇青》，第 66 頁，安徽文藝出版社，1994 年。此座談會時間爲 1945 年 2 月 27 日下午，地點在張愛玲的住處。

常常我一個人在公寓的屋頂陽臺上轉來轉去，西班牙式的白牆
在藍天上割出斷然的條與塊。仰臉向當頭的烈日，我覺得我是赤裸
裸的站在天底下了，被裁判著向一切的惶恐的未成年的人，因於過
渡的自誇與自鄙。〔註85〕

透過情節的演繹可以發現張愛玲的創作內容來自於其生活經驗，早在1944年
5月傅雷發表在《萬象》月刊上的〈論張愛玲的小說〉一文中就可看出，他透
過閱讀張愛玲已有作品的細節性整理，對張愛玲的小說作品，有一個重要性
的概括，他說：

戀愛與婚姻，是作者至此為止的中心題材；長長短短六七件作
品，只 Variations upon a theme。遺老遺少和小資產階級，全都為男
女問題這靨夢所苦。靨夢中老是霪雨連綿的秋天，潮膩膩，灰暗，
骯髒，窒息的腐爛的氣味，像是病人臨終的房間。煩惱，焦急，掙
扎，全無結果，靨夢沒有邊際，也就無從逃避。零星的磨折，生死
的苦難，在此無名的浪費。青春，熱情，幻想，希望，都沒有存身
的地方。〔註86〕

張愛玲雖在《造人》這邊散文說過：「父母大都不懂得子女，而子女往往看穿
了父母的為人。」但家庭創傷這難堪的華袍卻是離開了她生命中的上海和前
半生之後才開始近距離檢視自己的生命傷痕，在西方世界自我監禁了40年，
與外在環境無涉後才聚精會神反覆改寫自己的往事，在絮絮叨叨問候宋淇和
鄺文美的瑣碎裏，直到生命的終結：

1957年9月5日

新的小說第一章終於改寫過，好容易上了軌道，想趁此把第二
章一鼓作氣寫掉它，告一段落，因為頭兩章是寫港戰爆發，第三章
起轉入童年的回憶，直到第八章再回到港戰，接著自港回滬，約占
全書三分之一。此後寫胡蘭成的事，到1947年為止，最後加上兩三
章做為結尾。〔註87〕

---

〔註85〕張愛玲：《私語》，收入《流言》，第188頁，皇冠出版社，1991年。
〔註86〕傅雷：〈論張愛玲的小說〉，《張愛玲全集》（第三卷），第408頁，海南出版社，
1995年。
〔註87〕宋以朗：《《雷峰塔》／〈易經〉》引言，收入《雷峰塔》，第3頁，皇冠出版
社，2010年。

　　1961 年 2 月 21 日

　　小說改名 The Book of Change（易經）照原來計劃只寫到一半，已經很長，而且可以單獨成立，只需稍加添改，預算再有兩個月連打字在內可以完工。〔註88〕

　　1963 年 6 月 23 日

　　《易經》決定譯，至少譯上半部《雷峰塔倒了》，已夠長，或有十萬字。看過我的散文《私語》的人，情節一望而知，沒看過的人是否有耐性天天看這些童年瑣事，實在是個疑問。下半部叫《易經》，港戰部份也在另一篇散文裏寫過，也同樣沒有羅曼斯。〔註89〕

「許久之前她就立誓要報仇，而且說到做到，即使是為了證明她會還清母親的債。」因為如此，所以《雷峰塔》一開始就以孩童張愛玲（沈琵琶）的眼看大人的世界。她在《對照記》裏說的「那四歲時就懷疑一切的眼光，看著母親（楊露）和姑姑（沈珊瑚）打理行李出國，父親（沈榆溪）抽大煙，和姨太太廝混，宴客叫條子。在大宅子另一個陰暗的角落裡，廚子花匠男工閒時賭錢打牌，婢女老媽子做藤蘿花餅吃，老婆子們解開裹腳布洗小腳，說不完的白蛇法海雷峰塔。」從《私語》到《對照記》、《雷經》、《雷峰塔》透過不斷地「情節演繹」一遍又一遍地將創傷揭開再更徹底地療救自己，一次比一次的赤裸，甚至更改和修正。

# 第二節　改寫機制

　　在改寫機制中，張愛玲在 1983 年《惘然記》的序中提到《色，戒》、《浮花浪蕊》、《相見歡》，描述發現它們改寫的興奮，充分展現出作家在獲得新材料時的欣喜之情：

　　　　這三個小故事都曾經使我震動，因而甘心一遍遍改寫這麼多年，甚至於想起來只想到最初獲得材料的驚喜，與改寫的歷程，一點都不覺的這其間三十年的時間過去了。愛就是不問值不值得。這

---

〔註88〕宋以朗：《《雷峰塔》／《易經》》引言，收入《雷峰塔》，第 5 頁，皇冠出版社，2010 年。
〔註89〕同上，第 8 頁。

> 也就是「此情可待成追憶，只是當時已惘然」了。因此結集時題名
> 《惘然記》。〔註90〕

但這不是張愛玲第一次透露出「改寫」的想法，早在1966年香港《星島晚報》連載了張愛玲的長篇小說《怨女》時，張愛玲便將「改寫」想法付諸了實現，改寫了自己的作品，此篇小說保留了《金鎖記》的故事主幹，但有較多的發展變化。首先是在人物設定上，曹七巧成了銀娣，姜長白成了姚玉熹（姜公館也變成了姚公館），姜長安的故事在新作中隱匿了。張愛玲在作品中用了很多意象來寫情慾煎熬中的銀娣：「一上床就是一個人在黑暗裡，無非想著白天的事，你一言我一語，兩句氣人的話顛來倒去，說個不完。再就是覺得手臂與腿怎樣擺著，於是很快地僵化，手酸起來。翻過身再重新布置過，圖案又隨即明顯起來，像醜陋的花布簾一樣，永遠在眼前，越來越討厭。再翻個身換個姿態，朝天躺著，腿骨在黑暗中劃出兩道粗白線，筆鋒在膝蓋上頓一頓，踝骨上又頓一頓，腳底向無窮盡的空間直蹬下去，費力到極點。有時候她可以覺得裡面的一隻暗啞的嘴，兩片嘴唇輕輕的相貼著，光只覺得它的存在就不能忍受。」對於曹七巧，張愛玲則描述了她幽微而複雜的心理活動：

> 這些年了，他跟她捉迷藏似的，只是近不得身，原來還有今天！可不是，這半輩子已經完了——花一般的年紀已經過去了。人生就是這樣的錯綜複雜，不講理……爲了要遇見季澤，爲了命中註定她要和季澤相愛。……就算她錯怪了他，他爲她吃的苦抵過得她爲他吃的苦麼？好容易她死了心了，他又來撩撥她。她恨他。他還在看著她。他的眼睛——雖然隔了十年，人還是那個人呵！就算他是騙她的，遲一點發現不好麼？〔註91〕

這種潛藏的故事敘述，除了反應張愛玲對自己作品的完美傾向，同時也是對現實生活中的不滿，在眞實人生中1995年獨居上海的張子靜驟聞姐姐去世後來雖證實爲謠言，但在當下，他找出《流言》中的《童言無忌——再讀弟弟》，不禁在《我的姐姐張愛玲》一書中感慨滿懷，張子靜在書裡說：

> 父母生我們姐弟兩人，如今只餘我殘存人世了。姐姐待我，總是疏於音問，我了解她的個性和晚年生活的難處，對她只有想念，

〔註90〕張愛玲：《惘然記》，序，皇冠出版社，1983年。
〔註91〕張愛玲：《金鎖記》，第155頁，皇冠出版社，1991年。

　　沒有抱怨。不管世事如何幻變，我和她是同血緣，親手足，這種根
　　柢是永世不能改變的。〔註92〕

但張愛玲卻不是這樣想的，在《雷峰塔》中張愛玲在其中鋪陳了陵（張子靜）早死的伏筆，她在其中描述，後母老是讓陵跟她共杯，而後因爲琵琶出走不便再過問弟弟的事，卻因此導致弟弟再度得了肺結核，英年早逝：

　　琵琶也不知道怎麼會一點一滴都看在眼裡。陵勉強的表情肯定
　　錯不了。爲什麼？榮珠每每對陵表現出慈愛，榆溪也歡喜。陵不會
　　介意用同一個杯子，不怕傳染的話。但是陵這個人是說不准的。也
　　許是他不喜歡補品的味道，分量也太多了。低頭直瞪著看還剩多少，
　　一口口喝著，好容易喝完了，放下了杯子。〔註93〕

弟弟的死顯然不是事實，眞實人生的張子靜用他自己的話來說：「一生庸碌。」念書時辦刊物向自己的姐姐邀稿被拒：「你們辦的這種不出名的刊物，我不能給你們寫稿，敗壞自己的名譽。」又張愛玲虛構弟弟的血緣來源不當，疑心他不是中國人而是教唱歌的意大利人，至此陵死了之後，琵琶心中產生了迷惘「將來她會功成名就，報復她的父親與後母。陵曾不信她說這話是眞心的。現在也沒辦法證實了。他的死如同斷然拒絕。一件事還沒起頭就擱起來了。」在張愛玲的世界裡，她正如曹七巧拿著沉重的枷鎖去劈人，如同她文章所說的：「中國是什麼樣子？代表中國的是她父親、舅舅、鶴伯伯、所有的老太太，而她母親姑姑是最好的一切。」〔註94〕爲此張愛玲不斷重寫，革除掉記記中不好的部份和認爲不完美的部份，將其不斷地修正，甚至是補償，也因此張愛玲在小說情節中虛構弟弟的死。

# 第三節　記憶補償

　　弗洛伊德（Freud）認爲情緒性創傷體驗的記憶往往充滿著壓抑感，其中直接潛伏有神經症，對這種記憶的壓抑使之無法進入意識，然而此與相連的情緒卻一直持續影響著個體的內心世界。因此弗洛伊德認爲「我們的精神病人困耽於追憶」，其症侯是對特殊傷痛經驗的滯留和記憶性象徵。中國早期心理學家張耀翔先生在 1924 年《人生第一記》一文中提出，「食物，遊戲，學問，危

---

〔註92〕張子靜：《我的姐姐張愛玲》，第 150 頁，吉林出版社，2009 年。
〔註93〕張愛玲：《雷峰塔》，第 252 頁，皇冠出版社，2010 年。
〔註94〕同上，第 210 頁。

險，責罰，病痛，傷感七事，最能記憶」，而這七種記憶內容大都與自我體驗有密切的關係。〔註95〕同時他認爲孩子的缺失感主要來自父母關愛的缺乏，尤其是缺少了母愛的滋養，會造成孩子以後難以癒合的心靈創傷。他們在感受這個世界的時候，會將這種「缺失感」泛化，這種感覺會支配著他們有意無意地去追尋一直沒有得到的愛，通過與他人建立親密關係的愛情、通過賺取更多的金錢、掌握更多的權力等，來重新獲得本來就該擁有的愛的感受。童年缺失感越強烈，追尋彌補的心理動力越大，越執著。〔註96〕在這點上張愛玲也有深刻的認識在《張愛玲私語錄》中，張愛玲自己說到對於這種「無奈」的敘述：

> 面對一個不再愛你的男人，作什麼都不妥當。衣著講究，就顯
> 得浮誇，衣衫襤褸，就是醜陋。沉默使人鬱悶，說話使人厭倦。要
> 問外面是否還下著雨，又忍住不說，疑心已問過他了。〔註97〕

張愛玲知道，這源自於胡蘭成與她之間的巨大差異。胡蘭成曾經在《今生今世》裡這麼說過張愛玲，這雖然是他後來的回憶錄，但也代表著胡蘭成對張愛玲的看法：「愛玲總總使我不習慣。她從來不悲天憫人，不同情誰，慈悲布施他全無，她的世界裡是沒有一個誇張的，亦沒有一個委屈的。她非常自私，臨事心狠手辣。她的自私是一個人在佳節良辰上了大場面，自己的存在分外分明。她的心狠手辣是因爲她一點委屈受不得。她卻又非常順從，順從在她是心甘情願的喜悅。且她對世人有不勝其多的抱歉，臨時覺得做錯了事的，後悔不迭，她的悔是如同對著大地春陽，燕子的軟語商量不定。〔註98〕」而張愛玲則在《雷峰塔》裡借琵琶的口說：

> 是的，是她自己不好，被人誤解很甜蜜，隨波逐流很愉快，半
> 推半就很刺激，一件拉扯著一件。末了是婚禮，心裡既不感覺喜悅
> 也不感覺傷慘，只覺得重要，成就了什麼。完成了一件事，一生中
> 最大的事。然而倏然領悟她沒有理由在這裡，天地接上了，老虎鉗
> 一樣鉗緊了她。〔註99〕

---

〔註95〕 劉鋒傑：《小團圓的前世今生》，第 189 頁，安徽文藝出版社，2009 年。
〔註96〕 何清：《分離之殤——張愛玲創作心理再審視》，第 86 頁，西南交通大學出版社，2010 年。
〔註97〕 鄺文美：〈我所認識的張愛玲〉，收入張愛玲、宋淇、鄺文美著，宋以朗編：《張愛玲私語錄》第 38 頁，皇冠出版社，2010 年。
〔註98〕 同上，第 125 頁。
〔註99〕 張愛玲：《雷峰塔》，第 248 頁，皇冠出版社，2010 年。

既使是因爲這樣，張愛玲仍然希望自己與胡蘭成是幸福的。在《小團圓》中裏張愛玲曾爲此描述過她終其一生想要卻沒有的「美麗結局」：

> 青山上紅棕色的小木屋，映著碧藍的天，陽光下滿地樹影搖晃著，有好幾個小孩在松林中出沒，都是她的。之雍出現了，微笑著把她往木屋裏拉。二十年前的影片，十年前的人。她醒來快樂了很久很久。〔註100〕

藉此達到了記憶補償的效果。如今回頭來看這一切愛恨糾葛，眞可用張愛玲的話：「恨望卅秋一灑淚，蕭條異代不同時。〔註101〕」來爲她的記憶補償下注解。九莉在《小團圓》寫下自己30歲的心情：「在過30歲生日那天，夜裏在床上看見陽臺上的月光，水泥欄杆像倒塌了的石碑橫臥在那裏，浴在晚唐的藍色的月光中。一千多年前的月色，但是在她30年已經太多了，墓碑一樣沉重的壓在心上。〔註102〕而馬爾庫賽則言：「解放過去，並不是要使過去和現在調和。與發現者自己施加的限制相反，面向過去的結果將是面向未來。追回失去的時間成了爲來解放的手段。」從記憶補償上得到了治療和保存希望的作用，使得張愛玲能對自我產生重新認識才能對幼時被禁的形象和衝動開始說出爲理性否定的眞理，眞正到達「療救」的功效。

## 第四節　悲劇衝突

　　歌德曾說：「悲劇的關鍵在於有衝突而得不到解決，而悲劇人物可以由於任何關係的矛盾而發生衝突，只要這種矛盾有自然基礎，而且眞正是悲劇性的。」〔註103〕張愛玲的《十八春》正是這樣的代表，周作人談《十八春》是這樣說的：「我看《十八春》對於曼楨卻不怎麼關心，因爲我知道那是假的。」〔註104〕可是無數讀者讀《十八春》讀得如癡如醉，當讀到曼楨被姐夫污辱之後，大家無不義憤塡膺，一方面爲曼楨一掬同情之淚，一方面狠命詛咒曼璐和鴻才。甚至有很多讀者寫信給張愛玲，認爲非把這一對

---

〔註100〕張愛玲：《小團圓》，第235頁，北京十月文藝出版社，2009年。
〔註101〕張愛玲：《對照記》，第273頁，北京十月文藝出版社，2007年。
〔註102〕張愛玲：《小團圓》，第15頁，北京十月文藝出版社，2009年。
〔註103〕〔德〕愛克曼輯錄，朱光潛譯：《歌德談話錄》，第120頁，人民文學出版社，1978年。
〔註104〕周作人：〈疲勞的小夥子〉，《亦報》，1950年10月28日。

狗男女槍斃不可，同時也籲請作者不要讓曼楨的悲劇再發展下去。〔註105〕

祝鴻才姦污曼楨這一段情節即是相當典型的「張愛玲故事」，張愛玲一向對歌特式（Gothic）黑暗的深宅與私密那一類文學感性有著明顯的著迷這可追溯到她自己被監禁的經驗：

> 我父親揚言要用手槍打死我，我暫時被監禁在空房裏，我生在裡面的這座房屋忽然變成生疏的，像月光底下的，黑影中現出青白的粉牆，片面的，癲狂的。父親不能把我弄死，不過過幾年，等我放出來的時候已經不是我了。數星期內我已經老了許多……我希望有個炸彈掉在我們家，就同他們死我也願意。〔註106〕

張愛玲人性中的畸零與污穢有著獨特的愛好和實際的生活體驗所以她寫淒屬的故事，可以不留情地寫到徹底的絕滅。〔註107〕監禁的這種家庭悲劇衝突，不斷在文本中出現，除了在《傳奇》中可見外在，張愛玲在《小團圓》裡更刻畫出了細節：「洗了臉出來，忽見翠華下樓來了，劈頭便質問怎麼沒告訴她就在外面過夜，打了她一個嘴巴子，反咬她還手打人，激得乃德打了她一頓。大門上了鎖出不去，她便住到樓下兩天空房裏，離他們遠些，比較安全，一住下來就放心了些，那兩場亂夢顛倒似的風暴倒已經去遠了。似論無論出了什麼事，她只要一個人過一陣子就好了。」〔註108〕同樣的故事情節在《雷峰塔》中上演，也因此張愛玲藉九莉的口吻說：「人人都有一把刀。沒法子割外人的股肉往自己帶油水，就割自家人的。」〔註109〕

這種童年的不快影響著張愛玲，張愛玲雖然認爲自己的定力是「來自童年深處的一種渾」。但仍然認爲生活的戲劇化是不健康的。她認爲像我們這樣生長在都市文化的人，總是先看見海的圖畫，後看見海；先讀到愛情小說，後知道愛；我們對於生活的體驗往往是第二輪的，借助於人爲的戲劇，因此在生活與生活間的戲劇化之間很難劃界。〔註110〕就像琵琶母親誤解自己，琵琶卻始終釘著鏡中冰冷的歲月不侵的象牙雕像的臉，爲的是保持冷淡：

> 她受不了母親的哭泣，更受不了自己責難的沉默，每一分鐘都

---

〔註105〕叔紅（桑弧）：〈與梁京談《十八春》〉，《亦報》1950 年 9 月 17 日。

〔註106〕張愛玲：〈私語〉，收入《傳奇》，第 165 頁。

〔註107〕蘇友貞：〈張愛玲怕誰？〉，《萬象》，第 70 期（2005 年 3 月）。

〔註108〕張愛玲：《小團圓》，第 112 頁，北京十月文藝出版社，2009 年。

〔註109〕張愛玲：《雷峰塔》，第 138 頁，皇冠出版社，2010 年。

〔註110〕張愛玲：〈童言無忌〉，收入《流言》，第 28 頁，北京十月文藝出版社，2009 年。

更加痛苦。她痛苦受到誤解，渴望能說：「我不是那樣的，我不會裁判你，你並沒有做錯什麼，只是有時候對我錯了，而那是因爲我們不應該在一起。」〔註111〕

過去已化爲石頭，像現在擴展得太快，將她凍結凝固在相關連的塊料與沒有形狀的東西上。湧到口邊來了。嘴唇想移動，頭卻是無心的岩石。正因爲如此地戲劇張力和悲劇衝突，充滿了張愛玲的所有作品。而不僅限於是後期被挖掘出來的《小團圓》、《易經》和《雷峰塔》，因此胡蘭成在《雜誌》月刊《論張愛玲》中所說的一段話，便可拿來做矛盾與衝突的佐證，雖然作品看似很美但埋藏在底下的卻是連綿地黑暗：

> 張愛玲先生的散文與小說，如果拿顏色來比方，則其明亮的一面是銀紫色，其陰暗的一面是月下的青灰色。是這樣一種青春的美，讀她的作品，如同在一架鋼琴上行走，每一步都發出音樂。但她創造了生之和諧，而仍然不能滿足於這和諧。她的心喜悅而煩惱，彷彿是一隻鴿子時時要想衝破這美麗的山川，飛到無際的天空，那邊遠的，邊遠的去處，或者墜落到海水的極深去處，而在那裏訴說她的秘密。她所尋覓的是，在世界上有一點頂紅頂紅的紅色，或者是一點頂黑頂黑的黑色，作爲她的皈依。〔註112〕

正因爲童年的影響，使得張愛玲在其它作品尙挑戰著人倫關係的維繫，觸動著人與人間的緊張關係和人性眞實面的揭發。如同《傳奇》裏父權破壞與扭曲，女權受到極度的壓力，張愛玲在《金鎖記》和《傾城之戀》中也同樣體現了理智與感性、意志與情感的生存衝突，爲此臺灣作家王禎和曾這樣評價過張愛玲的文本，認爲：

> 張愛玲的小說，乍看寫的都像是小事，其實是很世界性的，很universal，一個時代就出這樣一個作家。她的《金鎖記》眞是了不起，在文學作品上已經是經典，是 Classic，是 Master-piece，文字運用得多好。《傾城之戀》也好，寫到如此極致的作品，電影怎麼能夠拍得出那種文字的感覺？《五四遺事》寫得眞好，形容詞運用得妙透了。〔註113〕

---

〔註111〕張愛玲：《易經》，第 144 頁，皇冠出版社，2010 年。

〔註112〕胡蘭成：〈論張愛玲〉，《雜誌》月刊第 13 卷第 2 期、第 3 期，（1944 年 5、6 月刊）。

〔註113〕王禎和：〈張愛玲在臺灣〉，收入于青、金宏達編：《張愛玲研究資料》第 83 頁，海峽文藝出版社，1994 年。

藉由悲劇衝突，張愛玲展現了人與自我的衝突、人與他人的衝突、人與社會的衝突，將文本主角置入重壓之下。在充滿艱辛、苦難的社會實踐歷程中，重新體悟、感悟與認知生命。藉由無法迴避的人生課題如死亡與苦難表現出自己對由情慾與理性、自由與束縛、個體與社會等交織而成的深刻矛盾與掙扎，再反覆敘事後，做爲對自己的創傷療救。

# 第四章　療救體現

　　做爲「重寫型敍事」全知敍述者的介入不僅打破了情人世界的私密性，還沖淡了追憶情境的溫暖。讀者因而需要在第三人稱與全知敍事者的視角走輾轉，並隨全知敍述者在過去與現在的時間維度中穿梭。余彬對《中國新聞周刊》表示，書中情節與她（指張愛玲）的經歷絲絲入扣，以至於這本書（指《小團圓》）你想不把它當自傳都難，「與之前的作品將『小說衝動』放在第一位不同，《小團圓》的自傳衝動已然壓倒了『小說』」。〔註114〕因此臺灣學者張瑞芬說：

> 讀張愛玲這部形同〈私語〉和《對照記》這部放大版的自傳小說，最好把自己還原爲一個對作者全無了解的路人甲，愈不熟知她愈好（正如讀《紅樓夢》不要拿榮寧二府人物表焦慮地去對照曹雪芹家譜）。你只管順著書裡的緩慢情調和瑣碎細節一路流淌而去，像坐在烏篷船裏聽雨聲淅瀝，昏天黑地，經宿爲眠，天明已至渡口。〔註115〕

以此表達，讀者在閱讀時需排除以往的經驗才能得到好的閱讀效果，而不被已有的知識框住，唯有跳出才能更清楚地看清現實。一切便成爲自然而然，水到渠成。張愛玲自傳體的上演（staging of the autobiographical）加重了讀者的感官力度：「我立在鏡子前面，看我自己的搐動的臉，看著眼淚滔滔流下來，像電影裡的特寫。我咬著牙說：『我要報仇。有一天我要報仇。』」〔註116〕這

---

〔註114〕萬佳欣：〈張愛玲的眞實拼圖〉，《中國新聞周刊》（2009 年第 13 期）。
〔註115〕張瑞芬：〈童女的路途——張愛玲《雷峰塔》與《易經》導讀〉，第 10 頁，收入《雷峰塔》，皇冠出版社，2010 年。
〔註116〕張愛玲：《流言》，第 12 頁，皇冠出版社，1991 年。

一場景是敘述者「我」童年時期的一個閃回。在這個指向性的時刻，鏡子替代了一盞比喻性油燈或者一個攝像鏡頭的位置。〔註117〕《童言無忌》張愛玲暗示的是自傳寫作所聲稱具有的坦率直白，然而她在文中所運用地敘述合影像技巧卻又立刻破壞了這種直白。第一人稱敘事的開門見山成了另一種形式的掩飾面具，就像是一個成年人在玩著兒童「假扮角色」的天眞遊戲。因此，張愛玲散文標題所蘊含的，是她對所謂「身邊文學」膚淺敘述地批評。〔註118〕做爲「重寫型敘事」研究，除了注意張愛玲如何重寫外，敘事手法也成爲一種了解張愛玲的途徑。透過「重寫」和「敘事」使得張愛玲更立體化，也更令人容易了解。

作品的虛構性質，突出了小說與現實之間的敘述距離，提醒讀者在試圖破解一篇文學文本的意義系統時必須考慮到這種距離的因素。通過強調敘述自我與體驗自我之間的不同，張愛玲沿襲的正是一種刻意保持距離的自我敘述。小說人物意識或曰敘述距離使得第一人稱的敘述者可以同時擔當「民族志研究者」的身份。就這樣，敘述者／民族志研究者與她自己的故事之間隔開了一段距離，充分了解應當如何運用自傳聲音的既表現又掩飾的複雜性，成功地操縱著這一多層次的聲音來戲劇性地描繪出一個戰亂年代的群體經驗。也因爲作家本身的特殊性，使得經驗雖具有共通性，比方說淪陷區的上海經驗，或者香港經驗。但作家自身的生活經歷，卻是別的作家無法模仿和體會的。因此托馬斯·沃爾夫說：每個作家的作品，都是他（她）本人的自傳。也因此張愛玲在命名她的著作所使用的自省式語言爲好奇的讀者提供了一個窗口，從中可以窺見她創作行爲的私密過程，乃至於作者本人創作時的思想狀態成了首先需要破解的文本。這也就是爲何要拉開距離欣賞作品，避免代入之前的經驗，卻又應該在保持客觀理智地同時解讀張愛玲的小說。

## 第一節　記憶與現實的維度交叉

同樣地張愛玲對童年進行回憶的實質並非只意在展示自傳的聲音如何揭開久已遺忘、深藏心底的秘密來做爲創傷和療救。同時也在表現這種文學手法何以能夠生動地喚回人們對過去的記憶。這樣一種聲音的顛覆力量正在於

---

〔註117〕黃心村：《亂世書寫·張愛玲與淪陷時期上海文學及通俗文化》，第196頁，三聯書店，2010年。

〔註118〕張愛玲：〈自己的文章〉，《流言》，第17～24頁，皇冠出版社，1991年。

此。張愛玲對自傳聲音的運用質疑了生活與寫作之間、小說與現實之間、過去的記憶與當下的即時感之間，以及知識與知識創作之間的固有界限。〔註119〕就像張愛玲《對照記》裏說的，悠長得像永生的童年，相當愉快的度日如年：「每個人都是甕聲甕氣的，倒不是吵架。琵琶頂愛背後的這些聲響，有一種深深的無聊與忿恨，像是從一個更冷更辛苦的世界吹來的風，能振振精神，和樓上的世界兩樣。」也像張愛玲在《私語》能愛一個人愛到他問他拿零用錢的程度，那是嚴格的試驗」，「母親是爲我犧牲了許多，而且一直在懷疑著我是否值得這些犧牲」。在現實人生中，正是這些瑣碎的難堪，尤其是錢使她看清了母親，也一點一毀了她對母親的愛。張愛玲母親所代表的西方現代文明生活方式，在內心上造成張愛玲本身的自卑與尷尬，在現實中的磨難不斷下逐漸摧毀了她對母親羅曼蒂克的愛；這種對母親的疏遠屬於深層次的母愛缺失，給與張愛玲內心情感上的重大打擊。不只在家庭遭到巨大的打擊，張愛玲在第一次婚姻上也受到了創傷。

柯靈《遙寄張愛玲》寫的是抗戰中他與張愛玲的交往，對抗戰勝利到 1949 年這一段，有幾句精彩的形容，幾成張愛玲的經典寫照：「內外交困的精神綜合症，感情上的悲劇，創作繁榮陡地萎縮，大片的空白忽然出現，就像放電影斷了片。」對照這一段年表，張愛玲在 1947 年與胡蘭成離婚後，創作確實頓然萎縮。如同張愛玲對胡蘭成說的：「你是到底不肯（與小周分手）。我想過，我倘使不得不離開，亦不致尋短見，亦不能再愛別人。我將只是萎謝了。」〔註120〕在那之前張愛玲於 24 至 26 歲（1943～1945）密集發表作品。

在 1943 年 4 月，張愛玲初識周瘦鵑。5 月～6 月在《紫羅蘭》月刊發表小說《沉香屑》第一爐香及第二爐香。7 月，初識柯靈。《雜誌》月刊，小說《茉莉香片》。8 月《雜誌》月刊，散文《倒底是上海人》；《萬象》月刊，小說《心經》（上）。9 月，初識蘇青。《萬象》月刊，小說《心經》（下）；《雜誌》月刊，小說《傾城之戀》（下）。11 月，《古今》半月刊，散文《洋人看京劇及其它》；《雜誌》月刊，小說《金鎖記》（上）；《天地》月刊，小說《封鎖》；《萬象》月刊，小說《琉璃瓦》。12 月，《古今》半月刊，散文《更衣記》；《雜誌》月刊，小說《金鎖記》（下）；《天地》月刊，散文《公寓生活記趣》。

1944 年 1 月《萬象》月刊，長篇小說《連環套》，共登六期，7 月自動腰

---

〔註119〕于青、金宏達編：《張愛玲研究資料》第 197 頁，海峽文藝出版社，1994 年。
〔註120〕胡蘭成：《今生今世》，第 246 頁，中國社會科學出版社，2003 年。

斬。2 月《天地》月刊，小說《年輕的時候》。3 月《雜誌》月刊，小說《花凋》；《天地》月刊，散文《談女人》。4 月《雜誌》月刊，散文〈論寫作〉；《雜誌》月刊，小品三則——《愛》、《有女同車》、《走！走到樓上去！》。5 月《天地》月刊，散文《童言無忌。》、《造人》；《雜誌》月刊，小說《紅玫瑰與白玫瑰》（上）；《萬象》月刊，迅雨（傅雷）〈論張愛玲的小說〉；《雜誌》月刊，胡蘭成〈評張愛玲〉（上）。6 月《雜誌》月刊《紅玫瑰與白玫瑰》（中）；《天地》月刊，散文《打人》；《雜誌》月刊，胡蘭成〈評張愛玲〉（下）。7 月《雜誌》月刊，散文《說胡蘿蔔》；《新東方》月刊散文〈自己的文章〉；《天地》月刊散文《私語》。8 月《雜誌》月刊，散文《詩與胡說》；《雜誌》月刊，散文〈寫什麼〉；《天地》月刊，散文〈中國人的宗教〉（上）；與胡蘭成結婚，炎櫻媒證。9 月《天地》月刊，散文《忘不了的畫》；《小天地》月刊第一期，散文《散戲》、《炎櫻語錄》；小說集《傳奇》由《雜誌》出版社出版。4 天及再版。10 月，《天地》月刊，散文〈中國人的宗教〉（下）。11 月《雜誌》月刊，小說《殷寶灩送花樓會——列女傳之一》；《天地》月刊，散文《談跳舞》；《苦竹》月刊（胡蘭成創辦）第一期，炎櫻散文《死歌》；12 月《雜誌》月刊，小說《等》；《苦竹》月刊，小說《桂花蒸・阿小悲秋》；《苦竹》月刊，散文〈自己的文章〉（重刊）；胡蘭成赴湖北辦《大楚報》；大中劇團在卡爾登戲院（今長江戲院）上演舞臺劇《傾城之戀》。1945 年 1 月《傾城之戀》繼續上演；散文集《流言》由中國科學出版公司出版。2 月《雜誌》月刊，小說《留情》；《天地》月刊，散文《卷首玉照及其它》。3 月，《雜誌》月刊，小說《創世紀》（上）；《天地》月刊，散文《雙聲》。4 月《雜誌》月刊，小說《創世紀》（中）；《雜誌》月刊，散文《吉利》；《天地》月刊，散文〈我看蘇青〉。5 月《雜誌》月刊，小說《創世紀》（下）；散文《姑姑語錄》。

　　從上述發表情況可以看出，對比晚期張愛玲在美國的發表情況，其在上海淪陷時期著實是高產狀態。張愛玲的生活經驗和秘密透過作品永遠都掩埋在這一逆轉過來的解讀之中，等待研究者解讀。然而現實這樣東西是沒有系統的，如張愛玲所述：像七八個話匣子同時開唱，各唱各的，打成一片混沌。在那不可解的喧囂中偶然也有清澄的，使人心酸眼亮的一剎那，聽得出音樂的調子，但立刻又被重重黑暗擁上來，淹沒了那點了解。〔註121〕對於日常生活的重新發現，儘管對於大多數淪陷區的作家來說，是出自生命的直覺（直

〔註121〕張愛玲：〈燼餘錄〉，《流言》，第 41 頁，北京十月文藝出版社，2006 年。

接體驗），帶有很大的不自覺性，但對其中的一部分作家（例如張愛玲）卻是與對人（個體與人類的人）的基本生存的深刻思考聯繫在一起的。〔註122〕

張愛玲赴美後開始爲電懋公司編寫劇本，首幾部電影劇本在她居美其間完成，此時劇本編寫成爲她的主要謀生工具，這批電影劇本包括《情場如戰場》（1957年首映，岳楓導演，林黛、秦羽、張揚、陳後主演。原初劇本名《情戰》，寫於1956年）、《人財兩得》（1958年，岳楓導演，李湄、丁皓、陳厚主演）、《桃花運》（1959年，岳楓導演，葉楓、吳厚主演），以及《六月新娘》（1960年，唐煌導演，葛蘭、張揚主演）。張在1961年因事經臺回港，此時又應宋淇之邀再度與電懋合作，邊寫劇本依次爲《南北一家親》（1962年，王天林導演，原著秦亦孚即秦羽，丁皓、白露明、雷震、張清主演）、《小兒女》（1963年，王天林導演，尤敏和雷震主演）、《南北喜相逢》（1964年，王天林導演，白露明和雷震主演）、《一曲難忘》（1964年，鍾啓文導演，葉楓、張揚主演）。這期間張曾計劃改編《紅樓夢》爲上下集，幾經波折而遭擱置。而張愛玲據《咆哮山莊》改編而成的《魂歸離恨天》，最終未得開拍。如把她在1949年前於上海完成的《不了情》和《太太萬歲》，以及現已散佚的張改編自己小說的《金鎖記》劇本計算在內，張的劇本編寫，是極具分量的。〔註123〕以上是關於現實的一些梳理，透過現實狀況的梳理，可以清楚看出其寫作軌跡是如何從散文、小說到劇本的跨變。因爲現實的所需，張愛玲於是用劇本來謀生存，但在張愛玲的內心世界裡還是傾向用小說來表達她對生活的深層感悟。也因此有了《小團圓》、《雷鋒塔》、《易經》這樣的作品。

至於爲何張愛玲用「小團圓」來命名她的小說，其間表達了兩層命意，第一層是藝術的命意，人生本已離散的人物，卻在她的小說裡相遇了，這是團聚，所以用「團圓」來命名。但又因爲這樣的「團圓」畢竟只是出現在小說的虛構世界裡，還不是眞的從四處匯攏來，集中在同一個屋簷下，聚匯於同一個餐桌上，因而也就只能用「小」的團圓稱謂。第二層實際的命意，儘管這些人物曾經在自己的生活中團圓過，如盛九莉與邵之雍的結合、盛九莉與母親的聚合、母親與父親的聚合、盛九莉與女傭的聚合，但他們最終又都

---

〔註122〕錢理群：〈總序〉，錢理群主編：《中國淪陷區文學大系・評論卷》，第5頁，廣西教育出版社，1988年。
〔註123〕鄭樹森：〈張愛玲與《哀樂中年》〉，收入《從現代到當代》，第81～84頁，三民書局，1994年。

離散。所以，他們的聚合是暫時的，離散是恒久的，終而只是「小」的團圓。〔註 124〕《小團圓》故事中男男女女的矛盾掙扎和顛倒迷亂，正映現了她心底深處諸般複雜的情緒。也展示了張愛玲記憶與現實中的交叉。在 1975 年 7 月 18 日張愛玲信中所說：「這種地方總是自己來揭發的好」，胡蘭成的《今生今世》是散文，張愛玲的《小團圓》是小說，我們開一個簡單人物對照表：《小團圓》——《今生今世》；九莉——張愛玲；邵之雍——胡蘭成；文姬——蘇青；緋雯——英娣；小康——小周；比比——炎櫻。〔註 125〕對此，就能有對人物有一個初步的認識。

值得注意的還有張愛玲對於文章的表達方式，早年在《天地》雜誌上有篇《雙聲》，記錄她和炎櫻的對談，其中正好說到了忌妒：「隨便什麼女人，男人稍微提到，說聲好，聽著總有點難過，不能每一趟都發脾氣。而且發慣了脾氣，他什麼都不對你說了，就說不相干的，也存著戒心，弄得沒有可談的了。我想還是忍著的好。脾氣是越縱容越大，忍忍就好了。」〔註 126〕但離開胡蘭成的張愛玲開始剔除掉了「忍」，在她年老的時候，對了讀者有個近似「自白」的交待。這種近乎「自白」式的交代，方便了讀者及研究者對其蘊涵的生活經驗及經歷進行交叉式剖析。

## 第二節 「酒精缸裡的『嬰屍』」

事實比虛構的故事有更深沉的戲劇性，向來如此。「這話恐怕有好些人不同意。不過事實有它客觀的存在，所以「橫看成嶺側成峰」，的確比較耐看，有回味。〔註 127〕如果除掉小說而言，電影劇本算是張愛玲最與創傷療救外無關的著作，但同時也是最商業化最迎合大眾口味的部份。張愛玲的電影劇本有兩個類型。第一類是「都市浪漫喜劇」（Urban Romantic Comedy）。這類作品的題材爲大都會裏的男歡女愛和兩性戰爭，情節鋪排地陰錯陽差、男女冤家的對立鬥智、人物的詼諧逗笑，似都受三四十年代美國好萊塢「神經喜劇」（Screwball Comedy）的啓發；片內中上階層的視野和生活趣味，更是不謀而

〔註 124〕劉鋒傑：《小團圓的前世今生》，第 87 頁，安徽文藝出版社，2009 年。
〔註 125〕同上，第 183 頁。
〔註 126〕曲靈均：《小團圓：張愛玲的傾城餘恨》，第 123 頁，天津人民出版社，2009 年。
〔註 127〕張愛玲：〈談看書〉，第 227 頁，收入《張看》皇冠出版社，1976 年。

合。〔註128〕第二則可稱爲「現實喜劇」（Realistic Comedy），以中下層和勞動階層爲對象，探討 50 年代香港社會裏不同族群的矛盾和融合，以當時北方外省移民和本地原住居民之間的語言隔閡和習慣殊異作逗笑喜劇元素，最後以下一代的戀愛和結婚收場。劇本對社會習俗、人生百態採取嘲弄挪揄的態度。

　　但以實際小說創作而言，身爲作家的張愛玲活到 30 歲之後就不再長歲數，剩下的美國歲月基本上是生活在對 30 歲之前的回憶裡。吳曉東舉了張愛玲對其母親態度的例子。他說 50 多歲的張愛玲「想講得平靜，講得不動聲色，這是小說總的敘事調子，我感覺小說的語言是最耐讀的，跟以往的小說比更爲爐火純青。但是張愛玲眞正寫到過去的生活，她就會發現自己其實感情上不能釋懷，無法做到眞正的平靜。所以大家會發現小說風格的調子，還有作者自己的姿態，具有一些矛盾的地方。比如這部小說還是有張愛玲一如既往的，包括早年小說的那些鋒芒，沒有鋒芒就不是張愛玲了，但是這種鋒芒在小說中同時也很內斂。」〔註129〕爲此臺灣作家袁瓊瓊也說：「書裡呈現的張愛玲是所有文學史料或她自己的文本裏完全不曾披露過、呈現過的。」而駱以軍則認爲：「我讀此書，愈往後讀愈是痛苦。一個不熟悉的、奇異的脆弱或自虐的感傷的張愛玲」王禎和則說：「回到小說本身，這是一本好小說，或這是張背了一生的斑斕織繡卻又朽壞扭曲的一架錦屏戲臺，一種含情脈脈、搖曳晃顫的慢速『張愛玲時間』。」專欄作家說：「某些章節裏的形象實在是有些不堪，但張愛玲不是爲了辯解和澄清，她只是在做眞實的陳述，甚至通過放大不堪來表達眞實。」〔註130〕從創作歷程上來看，1965 年到 1975 年，張愛玲的寫作重點在考證《紅樓夢》和《海上花列傳》這兩部小說上。這除了寫作趣味的轉變外還取決於其生活狀態的封閉，在封閉環境下生活的張愛玲無法寫出取材於美國生活的小說，張愛玲遂轉向追溯古老的文學傳統。這些生命的回溯工作，我們可以殷允芃的訪問來作註解：「生命自有它的圖案，我們惟有臨摹。」（1968 年）剛喪夫不久的張愛玲在接受訪問時，展現的是一個獨立、堅韌的創作者形象，她說：「人生的結局總是一個悲劇，但有了生命，就要活下去。」「人生是在追求一種滿足，雖然往往是樂不抵苦。」她又說：「只

〔註128〕鄭樹森：〈張愛玲與兩個片種〉，《聯合報》副刊，1997 年 6 月 19 日。
〔註129〕黃惲：〈從張愛玲的記憶看《小團圓》的眞實性〉，《萬象》，2010 年第 1 期。
〔註130〕袁瓊瓊：〈看《小團圓》多少恨：張愛玲未完〉，黃錦樹：〈看《小團圓》家的崩解〉，駱以軍〈看《小團圓》脈脈搖曳的張愛玲時間〉，《聯合報》（《小團圓》組稿），2009 年 3 月 8 日。

要我活著，就要不停地寫。」〔註131〕寫作帶給她的不僅是滿足，還是生命力的展現，她對創作的熱情堅定而強烈。

胡蘭成曾言張愛玲：「因爲她倔強，認眞，所以她不會跌倒，而看見了人們怎樣的跌倒，只有英雄能懂得英雄，也只有英雄能懂得凡人，跌倒者自己是不能懂得怎樣跌倒的。她的作品的題材，所以有許多跌倒的人物。因爲她的愛有餘，她的生命力有餘，所以能看出弱者的愛與生命的力的掙扎，如同《傾城之戀》裡的范柳原，作者描寫他的無誠意，卻不自覺地揭露了他被自己抑制著的誠意，愛與煩惱。幾千年來，無數平凡的人失敗了，破滅了，萎棄在塵埃里，但也是他們培養了人類的存在與前進。他們並不是浪費的，他們是以失敗與破滅證明了人生愛。他們雖敗於小敵，但和英雄之敗於強敵，其生死搏鬥是同樣可敬的。她的作品裏的人物之所以使人感動，便在於此」。爲此胡蘭成高估了張愛玲，正因她的愛讓她栽了一個大跟頭，至結束也沒能忘懷過。他曾說：「一個人可以後半生做和尚，靠著前半生絢爛的餘情來潤澤自己，到他坐化的時候還不涸竭。」〔註132〕對此，張愛玲確是靠自己的前半身來爲自己做後半生創作鋪墊，美國的生活單調和她自我的封閉時張愛玲增加不了強而有力的經驗。所以儘管張愛玲在 1976 年 4 月 22 日中提到：「這是一個熱情的故事，我想表達出愛情的萬轉千回，完全幻滅了也還有點什麼東西在。」但其實張愛玲如同「酒精缸裡的嬰屍」，30 歲之後就一直沒「長大」過，跟不上「生命的胡琴」。〔註133〕

## 第三節　重寫中的時間表述

張愛玲曾經說過強調人生飛揚的一面，多少有點超人的氣質。超人是生在一個時代裏的。而人生安穩的一面則有著永恒的意味，雖然這種安穩常是不安全的，而且每隔多少時候就要破壞一次，但仍然是永恒的。它存在於一切時代。她的表述體現了她的生活經驗，而張愛玲的作品同時使人看到，她如何在她的創作世界裡較好地調和了兩者──中國舊小說與西方現代小說的

---

〔註131〕殷允芃：〈訪張愛玲女士〉，收入《華麗與蒼涼》，第 160 頁，皇冠出版社，1996年。

〔註132〕胡蘭成：〈隨筆六則〉，第 7 頁，《天地》第 10 期（1944 年 7 月）。

〔註133〕張愛玲：《傾城之戀：張愛玲短篇小說集之一》，第 188 頁，皇冠出版社，1991年。

不同情調，在似乎「相剋」的藝術元素的化合中，找到了自己的那一種「調子」。這調子未必是最動人的，但對於張愛玲敘述故事。這就夠了。〔註134〕臺灣作家白先勇曾這樣評價過張愛玲：

> 她很細緻，她比我要細多了，寫一個椅子，她可以寫一頁，哈……眞會寫，生花妙筆……哈……一件事情可以長篇大論地寫下來，她是屬害得不得了……很細緻，很細緻，我想我比她粗枝大葉得多。〔註135〕

張愛玲的細膩地不止體現在敘述文本上，在情感上也擁有相同的細膩。她曾認爲可憐又可笑的男人或女人，多半會愛上他們最初的發現，當然，戀愛與結婚是於他們有益無損，可是自動地限制自己的活動範圍，到底是青年的悲劇。時代的車轟轟地往前開。我們坐在車上，經過的也許不過是幾條熟悉的街衢，可是在漫天的火光也自驚心動魄。我就可惜我們只顧忙著在一瞥即逝的店鋪的櫥窗裏找尋我們自己的影子——我們只看見自己的臉，蒼白，渺小：我們的自私與空虛，我們恬不知恥的愚蠢——誰都像我們一樣，然而我們每人都是孤獨的。〔註136〕

所以她在「重寫」的敘事中，就具有三大特徵，首先是緊迫性，在〈《傳奇》再版的話〉裡面張愛玲曾說：「出名要趁早呀！來得太晚的話，快樂也不那麼痛快。最初在校刊上登兩篇文章，也是發了瘋似地高興著，自己讀了一遍又一遍，每一次都像是第一次見到。就現在已經沒那麼興奮了。所以更加要催：快，快，遲了來不及了，來不及了。」透過快速地發表文章，一次又一次地檢閱自己的生命的底色。〔註137〕二是荒誕性，拉開她與時間的距離，在「距離」中表達所承受的壓抑和所承擔的苦難，但張愛玲也爲此質疑過自己的做法，她懷疑過這是否爲一個持續地狀態，意即：去掉一切的浮文，剩下的彷彿只有飲食男女這兩項。人類的文明努力要想跳出單純的獸性生活的圈子，幾千年來的努力竟是枉費精神？」〔註138〕還是不斷地書寫爲的就是追

---

〔註134〕趙園：〈張愛玲的《傳奇》：開向滬、港洋場社會的窗口〉，收入《論小說十家》，第283頁，浙江文藝出版社，1987年。

〔註135〕白先勇：〈白先勇與青年朋友談小說〉，《白先勇散文集》（下），第302頁，文匯出版社，1999年。

〔註136〕張愛玲：〈燼餘錄〉，《天地》月刊第5期（1944年2月）。

〔註137〕張愛玲：〈《傳奇》再版的話〉，《張愛玲全集》（第一卷），第297頁，海南出版社，1995年。

〔註138〕同注18。

求那「一撒手」〔註139〕，在那瞬間所有辛酸委曲都是會消解的。並在家庭外
尋找戀愛的溫暖試圖建立起自己的「安全」堡壘，所以她相戀於胡蘭成，但
卻情傷於胡蘭成已至於她所說過的話映證了自己的將來：

> 高級調情的第一個條件是距離──並不一定指身體上的。保持
> 距離，是保護自己的感情，免得受痛苦。應用到別的上面，這可以
> 說是近代人的基本思想結果生活地輕描淡寫的，與生命之間也有了
> 距離了。〔註140〕

情感糾葛使她迅速「萎謝」。胡蘭成在《今生今世》裡說：「她寧願擇取古典
的東西做材料，而以圖案畫的手法來表現。因爲古典的東西離現實越遠，她
越有創造美麗幻想的自由，而圖案畫的手法越抽象，也愈能放恣地發揮她的
才氣，並且表現她對於美寄以宗教般的虔誠。」〔註141〕同時，也表達了她拉
開與現實中距離的願望，直到胡蘭成徹底毀了她的愛，既使她已卑微再卑微，
如同張愛玲所說的：「我們縮小又縮小，怯怯的願望。」〔註142〕胡蘭成仍不願
選擇，並且說出：「我待你，天上地下，無有得比較；若選擇，不但於你是委
曲，亦對不起小周。」這種荒誕傷人的話語。〔註143〕最後則爲存在性，張愛
玲不斷地在文本中重複證明自己的存在性，原因爲：人在自己的一生中，特
別是在其童年時代，都可能因爲自己的幼小軟弱、無能爲力而蒙受某些外來
的恐懼，有過某些創傷性應驗。在爾後的生活中，任何對未來危險的遇見，
都可以因接觸到這些創傷性經驗而引發恐懼和焦慮。〔註144〕那些在童年未被
良好滿足和被壓抑了的正當需要，由於童年的無助而無力去實現的願望等，
就會被保留在童年經驗裡。童年的缺失性體驗會參與到作家成人後，當拿起
了筆，找到能夠實現和滿足自我願望的途徑時，創作就會沿著某種傾向性，
自動地選擇題材與表達方式，作品也呈現他們獨特的審美趣味來。

早在張愛玲18歲（1937年）時就在聖瑪利亞校刊《國光》半月刊上發表
《霸王別姬》，觀點是這樣的：項羽是「江東中國叛軍領袖」。虞姬是霸王身後
的一個蒼白的忠心的女人。霸王果然一統天下，她既時做了貴妃，前途也未可

---

〔註139〕張愛玲：〈更衣記〉，收入《流言》，第35頁，皇冠出版社，1991年。
〔註140〕張愛玲：〈我看蘇青〉，《天地》月刊第19期（1945年4月）。
〔註141〕胡蘭成：〈評張愛玲〉，《雜誌》，第2頁，第13卷第2期（1944年5月）。
〔註142〕張愛玲：〈我看蘇青〉，收入《餘韻》，第90頁，皇冠出版社1991年。
〔註143〕胡蘭成：《今生今世》，第335頁，遠景出版社，2004年。
〔註144〕馮川：《文學與心理學》，第224頁，四川人民出版社，2003年。

樂觀。現在，他是我的太陽，她是月亮，反射他的光。他若是有了三官六院，便有無數的流星飛入他們的天宇。因此她私下是盼望這仗一直打下去的。〔註145〕不同於內心獨白為表現人物明確意識層上的一種據線性發展的心理活動，《霸王別姬》捕捉的是意識與潛意識中間地帶未經自我檢核的心理狀態，而這影響張愛玲思維脈絡的主因則是來自童年的創傷，藉由虞姬表達出想被人認可的存在性。同樣的手法展現在《茉莉香片》裡聶傳慶煎熬受困於對言子夜的傾慕，對言丹朱的忌妒，對母親馮碧落的怨懟，以及對自己猥瑣性格的厭惡：

> 他伏在大理石桌面上。桌面冰涼的，像公共汽車上的玻璃窗。
> 窗外的杜鵑花，窗裏的言丹朱……丹朱的父親是言子夜，那名字，
> 他小的時候還不太識字，就見到了。在一本破舊的《早潮》雜誌封
> 面裏的空頁上她曾經一個字一個吃力的認著：「碧落女史清玩。言子
> 夜贈」他的母親是馮碧落。〔註146〕

如同余斌所言：「我們看到了人們內心的騷動，同時也看見他們的形貌、神態並且始終感覺到具體環境清晰的輪廓──它是固定的、時空中的一個確定的點。」因此胡蘭成曾這樣評價過張愛玲：「她的小說和散文，也如同她的繪畫，有一種古典的，同時又有一種熱帶的新鮮氣息，從生之虔誠的深處迸激出生之潑刺。」〔註147〕透過作品中，感覺到心靈的圖像。也因此在闊別多年後，胡蘭成在《今生今世》裡說到：「其實我並不覺得愛玲與我訣絕了有何兩樣，而且我亦並不一定要想再見她，我與她如花開水流兩無情，我這相思只是志氣不墜。」〔註148〕感慨其文也感慨其人。而用來確認自己存在的安穩，不只在文學史上追求，也在張愛玲的現實中持續不斷地追求：

> 文學史上素樸地歌詠人生的安穩的作品很少，倒是強調人生的
> 飛揚的作品多，但好的作品，還是在於它是以人生的安穩做底子來
> 描寫人生的飛揚的。沒有這底子，飛揚只能是浮沫，許多強有力的
> 作品只予人以興奮，不能予人以啟示，就是失敗在不知道把握這底
> 子。〔註149〕

---

〔註145〕張愛玲：《存稿》，第176頁，皇冠出版社1991年。
〔註146〕張愛玲：〈茉莉香片〉，《傾城之戀：張愛玲短篇小說集之一》，第13頁，皇冠出版社，1996年。
〔註147〕同上，第3頁。
〔註148〕胡蘭成：《今生今世》，170頁，遠景出版社，2004年。
〔註149〕同上，第189頁。

因此陳子善透過張愛玲的表現手法認爲回憶錄的最大價值在於爲歷史保留下一些眞實，比較客觀、坦然、眞實地對待自己與歷史，無疑是最爲重要的。〔註150〕正因爲從中可以考證出「成名要趁早」背後眞正的意涵。

〔註150〕陳子善：《〈天才夢〉獲獎考》，《作家》雜誌，第383期（2001年1月）。

# 結　語

　　錢鍾書《談藝錄》在談到揚雄的「心畫心聲」時指出：「『心畫心聲』，本爲成事之說，實渺先見之明。然所言之物，可以飾僞：臣奸爲憂國語，熱中人作冰雪文，是也。其言之格調，則往往流露本相：狷急人之作風，不能盡變爲澄淡，豪邁人之筆性，不能盡變爲謹嚴。文如其人，在此不在彼也。」〔註151〕這段話拿來用在張愛玲的特性，眞是絲毫不差。張愛玲透過「重寫」不斷地經由敘述來療救自己，書寫自己的生命。也因獨特的生命經驗，創造了自己獨樹一格的文風，她在卑微與委屈中成就她的倔強。張愛玲在 1973 年 5 月的〈談看書〉中曾寫道：「在西方近人有這句話：『一切好的文藝都是傳記性的。』當然實事不過是原料，我是對創作苛求，而對原料非常愛好，並不是『尊重事實』是偏嗜它特有的一種韻味，其實也就是人生味。」是故筆者在本書中使用散文及小說交叉《私語》、《對照記》、《小團圓》、《易經》、《雷峰塔》及其它作品，體現張愛玲的創傷及他是如何對自己進行療救。

　　如果說傅雷在 40 年代的《論張愛玲小說》是張愛玲研究史上的第一個里程碑，那麼十多年後夏志清的文章則是第二個里程碑。他們都不受主流話語的壓力和既有研究的羈限，洞見了張愛玲的藝術價值，夏志清曾這樣概括張愛玲的藝術人格，他的看法是：

> 　　一般青年女作家的作品，大多帶些顧影自憐神經質的傾向；但張愛玲的作品卻很少看到這種傾向。這原因是她能夠享受人生，對於人生小小的樂都不肯放過；再則，她對於七情六慾，一開頭就有

---

〔註151〕錢鍾書：《談藝錄》，第 162 頁，中華書局，1984 年。

> 早熟的興趣，即使在她最痛苦的時候，她都在注意研究它們的動態。
> 她能和珍‧奧斯汀一樣的涉筆成趣，一樣的筆中帶刺，但是刮破她
> 滑稽的表面，我們可以看出她的「大悲」──對於人生熱情的荒謬
> 與無聊的一種非個人的深刻悲哀。張愛玲一方面有喬叟式享受人生
> 樂趣的襟懷，可是在觀察人生處境這方面，她的態度又是老練的、
> 帶有悲劇感的──這兩種性質的混合，使得這位寫《傳奇》的年輕
> 作家，成爲中國當年文壇上獨一無二的人物。〔註 152〕

或許這稱讚有些值得商榷的部分，但可以看出的是張愛玲掌握語言的天賦，
可以說是：「掌握語言的人可以創造符號名詞，並附加特定的釋意方法，斷絕
他人思考反駁的能力，藉此傳達和灌輸唯我的意識形態，對依賴相同語言的
人進行洗腦。」〔註 153〕張愛玲將語言做爲藝術的魅力最終指向她本人的生活
經驗，張愛玲以愛情、婚姻、家庭作媒介，以其特有的描寫筆觸展現出了蘊
藉性和藝術性，將童年家庭生活的冷漠，遭背叛的愛情和內心隱秘與痛苦透
過「重寫」在創作中宣洩及滿足自己，在生活中觀察人性的慾望掙扎進而探
索出人生的價值。透過不斷地「重寫」最終才能眞正地放下，達到不執著。
在佛教裏大乘佛教強調不執著：有言說而不執著言說，有言說而不分別言說，
有名相而不執著、不分別名相，有心緣也不執著、不分別心緣，方是無礙智
慧。〔註 154〕而張愛玲與胡蘭成的故事也讓人掬淚，席慕容在一篇文章裡說：
如果你在年輕的時候，愛過一個人，請你一定要溫柔地對待他，那麼，所有
的時光都是一種無暇的美麗。也唯有愛對一個人才能「見了他，她變得很低
很低，低到塵埃里，但她心裏是歡喜的，從塵埃開出花朵」〔註 155〕而後眞正
達到「歲月靜好，現世安穩。」〔註 156〕不是明明充滿妒忌的心驚膽跳，卻只
能輕描淡寫：

> 他去華中第一封信就提起小康小姐。住在醫院裡作爲報社宿
> 舍，因爲醫院比較乾淨。有個看護才 16 歲，人非常好，大家都稱讚

---

〔註 152〕夏志清著，劉紹銘譯：《中國現代小說史》，第 400 頁，復旦大學出版社，2005
年。

〔註 153〕Elizabeth Grosz: Sexual Subversions-Three French Feminists. P.105, Allen
&Unwin Press.

〔註 154〕馬鳴：《大乘起信論》（梵文：Mahāyāna raddhotpada āstra），收入任繼愈編：《中
華大藏經》第 32 卷，第 18 頁，中華書局，1995 年。

〔註 155〕胡蘭成：《今生今世》，第 146 頁，遠景出版社，2004 年。

〔註 156〕同上，147 頁。

她，他喜歡跟她開玩笑。她回信問候小康小姐，輕飄地說了聲「我
是最妒忌的女人，但是當然高興你在那裡生活不太枯寂」。〔註157〕
這種輕描淡寫地背後，張愛玲的內心是受傷的，但胡蘭成卻認爲她能不斷地
包容自己，最終張愛玲選擇與其分開，在其後的日子裡透過各種書寫表達其
內心的傷痛，在一次次中達到逐漸療癒的效果，她的傷痛也就在書寫之中逐
漸淡化。這樣的作家是特別的，因爲她的作品，不僅能讀出表面的藝術，更
能看出其背後的內涵，耐咀嚼同時也可引發人內心脆弱的部分來進行對人生
的一些的思考。因此周芬伶曾這樣評價張愛玲：「有一種作家只書寫作品，他
們的作品比他們的生活精彩許多；有一種作家書寫自身的生命，他們的一生
比他們的作品精彩；另有一種作家同時創作作品與生命，他們的作品人生同
樣精彩。龍瑛宗是第一種，李叔同是第二種，張愛玲則是第三種。」〔註158〕
說得就是她這樣的特質所帶給讀者和研究者的感受。

〔註157〕張愛玲：《小團圓》，第 193 頁，北京十月文藝出版社，2009 年。
〔註158〕周芬伶：《哀與傷——張愛玲評傳》，序 2，上海遠東出版社，2007 年。